Prentice Hall LITERATURE

PENGUIN  EDITION

Reader's Notebook

Spanish Version

Grade Six

PEARSON

Upper Saddle River, New Jersey
Boston, Massachusetts
Chandler, Arizona
Glenview, Illinois

ACKNOWLEDGMENTS

Grateful acknowledgment is made to the following for copyrighted material:

Airmont Publishing Company, Inc.
"Water" by Helen Keller from *The Story of My Life.* Copyright © 1965 by Airmont Publishing Company, Inc.

Ricardo E. Alegría
"The Three Wishes" selected and adapted by Ricardo E. Alegría from *The Three Wishes: A Collection of Puerto Rican Folktales.* Copyright © 1969 by Ricardo E. Alegría.

Atheneum Books for Young Readers, an imprint of Simon & Schuster
"Stray" by Cynthia Rylant from *Every Living Thing.* Copyright © 1985 by Cynthia Rylant.

Susan Bergholz Literary Services
"Names/Nombres" by Julia Alvarez from *Nuestro, March, 1985.* Copyright © 1985 by Julia Alvarez. First published in *Nuestro. March, 1985.*

John Brewton, George M. Blackburn & Lorraine A. Blackburn
"Limerick (Accidents—More or Less Fatal)" from *Laughable Limericks.* Copyright © 1965 by Sara and John E. Brewton.

Curtis Brown Ltd.
"Adventures of Isabel" by Ogden Nash from *Parents Keep Out.* Originally published by *Nash's Pall Mall Magazine.* Copyright © 1936 by Ogden Nash. "Greyling" by Jane Yolen from *Greyling: A Picture Story from the Islands.* Copyright © 1968, 1996 by Jane Yolen. First published by Penguin Putnam.

Chronicle Books
"Oranges" from *New and Selected Poems* by Gary Soto. Copyright © 1995 by Gary Soto. Visit www.chroniclebooks.com.

Dell Publishing, a division of Random House, Inc.
"The Tail" Copyright © 1992 by Joyce Hansen from *Funny You Should Ask* by David Gale, Editor.

Acknowledgments continue on page 305, which constitutes an extension of this copyright page.

ISBN-13 978-0-13-369382-9
ISBN-10 0-13-369382-1

3 4 5 6 7 8 9 10   V069   13 12 11

Contenido de la UNIDAD 1: Ficción y no ficción
Contents of UNIT 1 Fiction and Nonfiction

SELECCIONES MODELO / MODEL SELECTIONS

"Greyling" / "Greyling" by Jane Yolen

"Mi corazón vive en las montañas" / "My Heart Is in the Highlands"
by Jane Yolen

"Greyling" / "Greyling"
"Mi corazón vive en las montañas" / "My Heart Is in the Highlands"

"Perdido" • "El regreso a casa"

"Perdido" / "Stray" by Cynthia Rylant

"El regreso a casa" / "The Homecoming" by Maya Angelou

Contents

CONTENIDO
Contents

Contenido de la UNIDAD 2: Cuentos
Contents of UNIT 2 Short Stories

SELECCIÓN MODELO / MODEL SELECTION

CONTENIDO
Contents

Contenido de la UNIDAD 3: Tipos de obras de no ficción
Contents of UNIT 3 Types of Nonfiction

SELECCIÓN MODELO / MODEL SELECTION

Contenido de la UNIDAD 4: Poesía
Contents of UNIT 4 Poetry

SELECCIÓN MODELO / MODEL SELECTION

CONTENIDO
Contents

CONTENIDO
Contents

Contenido de la UNIDAD 5: Drama
Contents of UNIT 5 Drama

CONTENIDO
Contents

Contenido de la UNIDAD 6: Literatura folclórica
Contents of UNIT 6 Folk Literature

SELECCIÓN MODELO / MODEL SELECTION

"Vaquero negro, caballos salvajes" / "Black Cowboy, Wild Horses"
by Julius Lester

"El tigre que sería rey" • "La hormiga y la paloma"

"El tigre que sería rey" / "The Tiger Who Would Be King" by James Thurber;
"La hormiga y la paloma" / "The Ant and the Dove" by Leo Tolstoy

"El león y los toros" / "The Lion and the Bulls" by Aesop; **"Un niño inválido" /
"A Crippled Boy"** by My-Van Tran

Prólogo de "El jinete de ballenas" • "Arachne"

CONTENIDO
Contents

Apéndices / Appendices

La **versión en español del** *Reader's Notebook* viene en un formato interactivo. Hay notas e instrucciones para que desarrolles tu vocabulario y para que pienses sobre la literatura y comentes. En estas páginas aparecen ejemplos de varias selecciones y se explica cómo usarios como apoyo mientras lees.

The format of the ***Reader's Notebook: Spanish Version*** is interactive. The notes and instructions will help you build your vocabulary and think and talk about the literature. These pages present examples of some of the features and show you how to use them as a companion when you read.

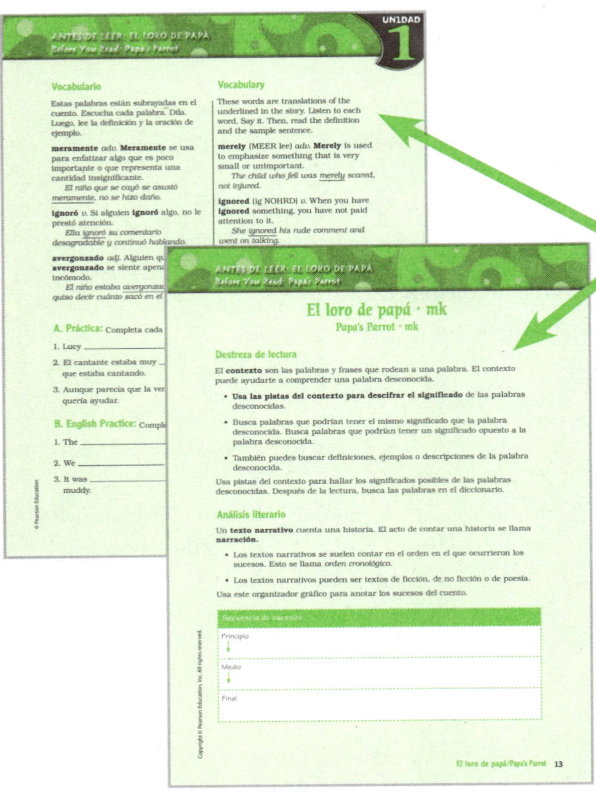

Antes de leer

En la primera página de *Antes de leer*, dale un vistazo a las destrezas de lectura y análisis literario que aprenderás al leer la selección. En la segunda, practica el vocabulario de la delección tanto en inglés como en español.

Before You Read

On the first *Before You Read* page, preview the reading and literary skills that you will learn about as you read the selection. On the second, practice the selection vocabulary in both Spanish and English.

Conexiones

La página *Conexiones* te ofrece un resumen de la selección. En ciertos grados, también te da la oportunidad de considerar cómo es que se relaciona la Gran pregunta con la selección

Making Connections

The *Making Connections* page presents a selection summary. In some grades, it also gives you an opportunity to consider how the Big Question may relate to the selection.

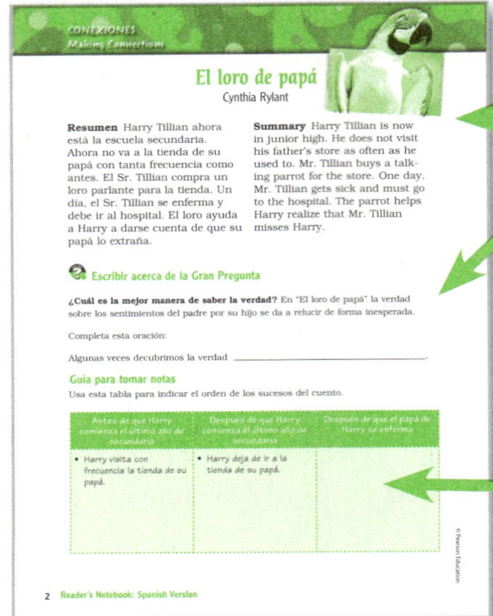

Sé un lector activo

La *Guía para tomar notas* te ayuda a organizar las ideas principales de la selección. Completa la guía mientras lees para repasar tu comprensión.

Be an Active Reader

A *Note-taking Guide* helps you organize the main ideas of the selection. Complete the guide as you read to track your understanding.

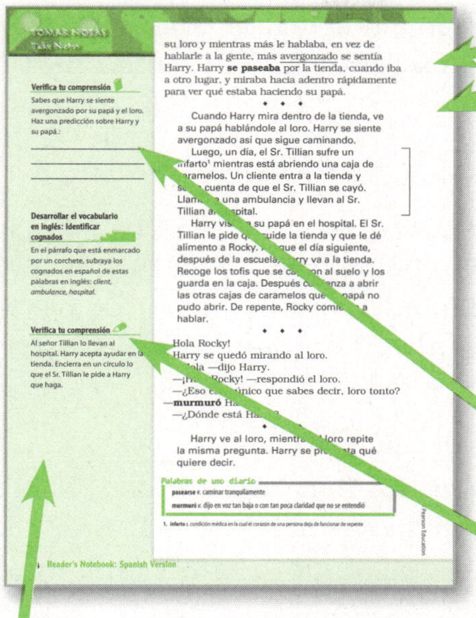

Lee el texto

El texto en los renglones más largos incluye las palabras originales del autor.

El texto en los renglones más cortos ofrece un resumen o detalles de la selección.

Read the Text

Text set on a wider measure provides the author's actual words.

Text set on a narrow measure provides a summary of selection events or details.

Responde a las preguntas y marca el texto

Usa las líneas en blanco para responder a las preguntas de la columna del margen. También puedes escribir ahí tus propias notas.

Cuando veas un lápiz, debes subrayar, encerrar en un círculo o marcar el texto como se te indica.

Answer Questions and Mark the Text

Use write-on lines to answer questions in the side column. You may also want to use the lines for your own notes.

When you see a pencil, you should underline, circle, or mark the text as indicated.

Toma notas

Las preguntas de la columna del margen actúan como un instructor particular que te ayuda a comprender la lectura.

Take Notes

Side-column questions serve as a built-in tutor to help you understand what you read.

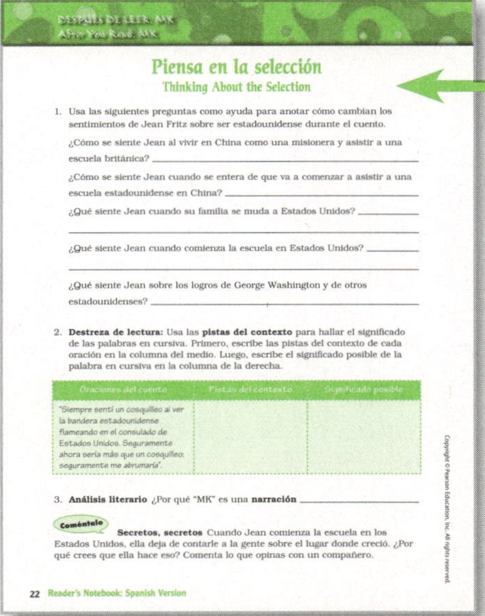

Piensa en la selección

Hacer preguntas después de cada selección te ayuda a pensar en lo que leíste. Luego, comenta tus ideas con un grupo o por medio de actividades de escritura.

Thinking About the Selection

Questions after every selection help you think about the selection. Then, share your ideas in discussions or writing activities.

Materiales de apoyo para las selecciones y las destrezas

Las páginas de tu *Cuaderno de lectura* se corresponde con la edición de tapa dura del estudiante. Las páginas del *Cuaderno de lectura* te permiten participar en la instrucción de la clase y tomar notas sobre los conceptos y las selecciones.

Antes de leer

Antes de leer Sigue el tema en tu *Cuaderno de lectura* a medida que tu maestro presenta los conceptos de **Análisis literario** y las **Destrezas de lectura** de la selección. Luego, continúa con la página del **Vocabulario** de la selección. Completa las oraciones de **Práctica de vocabulario** directamente en el *Cuaderno de lectura.*

Conexiones

- El **Resumen** te brinda un bosquejo de la selección.
- La sección **Escribir acerca de la Gran pregunta** te ayuda a entender la idea principal de la selección y participar en discusiones en clase sobre las ideas.
- Usa la **Guía para tomar notas** al leer la selección. La Guía te ayudará a organizar y recordar la información que necesitarás más adelante para responder preguntas sobre la selección.

Al leer

Texto de la selección y notas marginales Puedes leer el texto de una de las selecciones de cada par en tu *Cuaderno de lectura.*

- Escribe en tu *Cuaderno de lectura.* Subraya los detalles importantes para que los puedas encontrar más tarde.
- Usa la columna de **Tomar notas** para apuntar tus reacciones, ideas y respuestas a las preguntas acerca del texto. Si tu selección asignada no está incluida en el *Cuaderno de lectura,* usa notas adhesivas para hacer tu propia sección de **Tomar notas** en la columna lateral a medida que lees la selección en la edición del estudiante.

Después de leer

Después de leer Usa esta página para responder preguntas acerca de la selección directamente en tu *Cuaderno de lectura.* También puedes completar el organizador gráfico directamente en la página.

Otros componentes del *Cuaderno de lectura*

- Páginas de explorar los géneros y otros materiales de apoyo para las selecciones modelo
- Glosario en español, Manual de lectura y términos literarios, y Manual de gramática, estilo y uso del lenguaje
- Ejemplos de criterios de evaluación analítica para la escritura
- Páginas para ampliar el vocabulario en inglés

Selections and Skills Support

The pages in your **Reader's Notebook** go with the pages in the hardcover student edition. The pages in the **Reader's Notebook** allow you to participate in class instruction and take notes on the concepts and selections.

Before You Read

Before You Read Follow along in your **Reader's Notebook** as your teacher introduces the **Literary Analysis** concepts and **Reading Skills** from the selection. Then, go on to the **Vocabulary** page for the selection. Complete the **Vocabulary Practice** sentences by writing directly in your **Reader's Notebook.**

Making Connections

- The **Summary** gives you an outline of the selection.
- Use **Writing About the Big Question** to understand the big idea of the selection and join in the class discussion about the ideas.
- Use the **Note-taking Guide** while you read the selection. The Guide will help you organize and remember information you will need to answer questions about the selection later.

While You Read

Selection Text and Sidenotes You can read the text of one selection in each pairing in your **Reader's Notebook.**

- Write in your **Reader's Notebook.** Underline important details to help you find them later.
- Use the **Take Notes** column to jot down your reactions, ideas, and answers to questions about the text. If your assigned selection is not the one that is included in the **Reader's Notebook,** use sticky notes to make your own **Take Notes** section in the side column as you read the selection in the hardcover student edition.

After You Read

After You Read Use this page to answer questions about the selection right in your **Reader's Notebook.** You can also complete the graphic organizer directly on the page.

Other Features in the *Reader's Notebook*

- Exploring the Genre and Support for the Model Selection pages
- A Spanish Glossary, a Reading and Literary Terms Handbook, and a Grammar Handbook
- Examples of Writing Rubrics
- English Vocabulary Builder pages

¡IMAGÍNALO!

Picture It!

Manual para la comprensión

Propósito del autor

El propósito del autor es la razón principal por la cual escribe. Por ejemplo, un autor puede tener la intención de entretener, informar o persuadir al lector o expresar algo. A veces el autor intenta enseñar una moraleja o reflexionar sobre una experiencia. Un autor puede tener más de un propósito al escribir.

Causa y efecto

Un efecto es algo que ocurre. Una causa es la razón por la que algo ocurre. A veces, un efecto tiene más de una causa. A veces, una causa tiene más de un efecto. Algunas palabras clave que implican causa y efecto son *porque, como resultado, en consecuencia* y *para que.*

Comparar y contrastar

Comparar y contrastar es buscar semejanzas y diferencias entre las cosas. Una palabra clave que indica semejanza es *como*. Algunas palabras clave que indican diferencias son *pero* y *al contrario*.

Pistas del contexto

Puedes usar pistas del contexto, o palabras y frases que rodean una palabra desconocida, para determinar el significado de una palabra que no conoces.

Sacar conclusiones

Cuando sacamos conclusiones, tomamos decisiones bien pensadas o damos una opinión razonable después de pensar en los hechos y los detalles de la lectura.

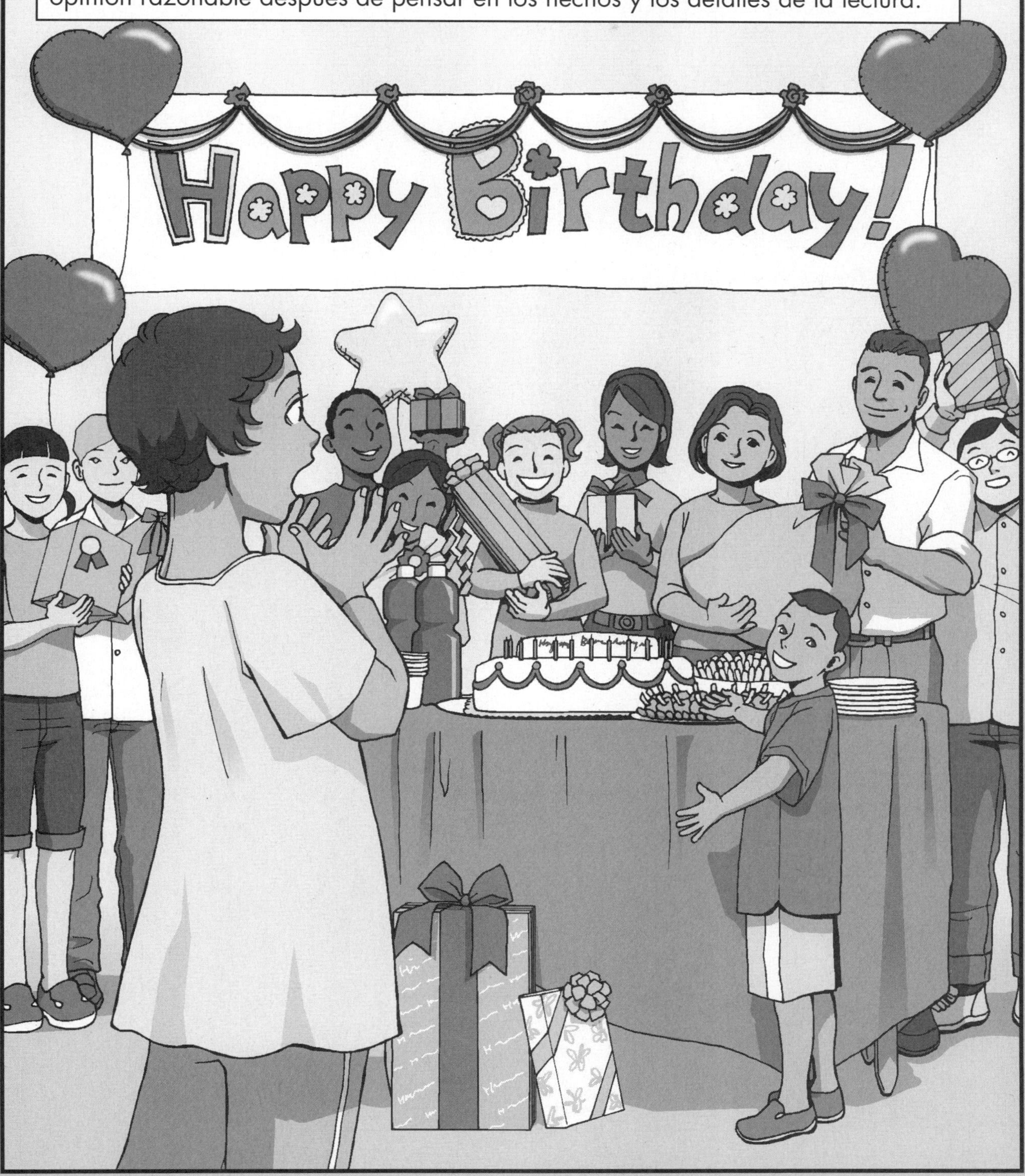

Hecho y opinión

Un hecho es algo que se puede comprobar. Los hechos se basan en evidencia. Las opiniones son ideas y se basan en la interpretación de la evidencia.

Idea principal y detalles

Hacer predicciones

Al hacer predicciones, usamos el texto, gráficas y conocimientos previos para anticipar lo que puede ocurrir en un cuento o lo que puedes aprender de un texto. A medida que lees, la información nueva te puede llevar a predicciones nuevas o a cambiar tu predicción.

Hacer inferencias

Cuando hacemos inferencias, o inferimos algo, sacamos una conclusión basada en un detalle que el autor presenta en el texto.

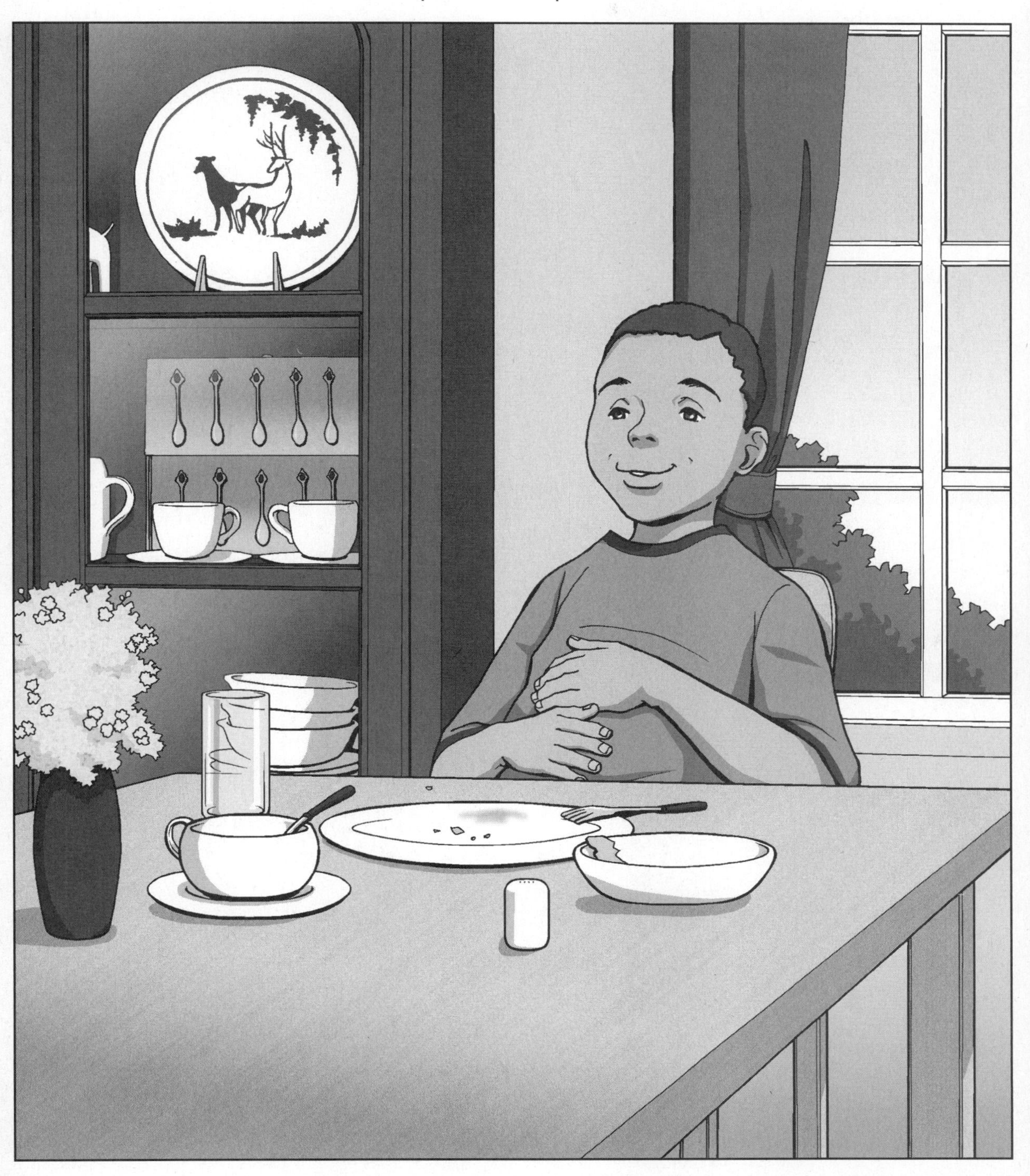

Parafrasear

Parafrasear es repetir una oración o una idea con tus propias palabras. Parafrasear nos puede ayudar a comprender mejor lo que leemos.

Establecer el propósito de la lectura

Cuando establecemos el propósito de una lectura, abordamos el texto con un objetivo particular al que queremos llegar o con una pregunta específica que queremos responder. Establecer el propósito de la lectura guía la comprensión al concentrar nuestra atención en información específica.

Resumir

Al resumir, repetimos las ideas principales de un texto o los sucesos principales de una trama. En un resumen, dejamos fuera los detalles de apoyo.

Greyling
Greyling

La **ficción** es un tipo de texto. En los textos de ficción se cuentan historias sobre personajes y sucesos inventados. La ficción siempre tiene las mismas características:

- personas o animales llamados **personajes**

- un conjunto de sucesos llamado **trama**

- un tiempo y un lugar llamados **entorno**

- alguien llamado **narrador** que cuenta la historia

- un mensaje o idea sobre la vida llamado **tema**

- un **punto de vista**

Existen dos tipos de punto de vista.

El **punto de vista de primera persona** indica que el narrador es parte de la historia. Este narrador usa la palabra "yo" para contar lo que sucedió.

El **punto de vista de tercera persona** indica que el narrador **no** es parte de la historia. Este narrador usa las palabras "él" y "ella" para contar lo que le ocurrió a otros.

El propósito de los textos de ficción es entretener.

Ejemplos de ficción		
Tipo	Longitud	Características
Novela	larga, con muchos capítulos	• **trama** con muchos sucesos • muchos **personajes** que enfrentan desafíos • a menudo, más de un **entorno** • a menudo, más de un **tema**
Novela corta	más corta que la novela, pero más larga que el cuento	• **trama,** a menudo, con menos sucesos que la de la novela • muchos **personajes** que enfrentan desafíos • a menudo, más de un **entorno** • a veces, más de un **tema**
Cuento	suficientemente corto para poder leerse de una vez	• **trama** con algunos sucesos relacionados • uno o más **personajes** • generalmente, un **entorno** principal • generalmente, un **tema** principal

Mi corazón vive en las montañas
My Heart Is in the Highlands

Las obras de **no ficción** son textos que dan información. También pueden incluir la opinión del autor sobre un tema.

- Las obras de no ficción tratan sobre personas, sucesos o ideas reales.

- Las obras de no ficción dan información sobre la **perspectiva del autor.** La perspectiva del autor es la manera en que el autor ve las cosas. El **tono** del texto es la actitud o los sentimientos del autor respecto de un tema determinado.

- Los escritores de textos de no ficción pueden tener muchas razones para escribir. Estas razones se llaman **propósito del autor.**

Las obras de no ficción se escriben para lograr estos objetivos:

- explicar

- persuadir

- informar

- entretener

Ejemplos de obras de no ficción	
Ejemplos	Características
Biografía	la historia de la vida de alguien contada por otra persona
Autobiografía	la historia de la vida del autor
Carta	mensaje escrito de una persona a otra para compartir información, pensamientos o sentimientos
Diario	informe escrito de sucesos diarios y de los pensamientos y sentimientos del escritor
Ensayo	texto breve en el que el autor da su opinión
Texto informativo	texto en el que se brinda información, como los libros de texto, las solicitudes, las instrucciones y los manuales
Discurso	texto creado para ser recitado ante un público

Vocabulario

Estas palabras están subrayadas en el cuento. Escucha cada palabra. Dila. Luego, lee la definición y la oración de ejemplo.

bulto *s.* Cuando se atan muchas cosas juntas a modo de paquete, se forma un **bulto.**

La niña dejó un bulto *de periódicos en nuestro porche.*

añoraba *v.* Cuando una persona **añora,** está muy triste porque extraña algo o a alguien.

Mi hermano menor añoraba *el pez que tenía como mascota porque murió.*

lustroso *adj.* Cuando algo está **lustroso,** luce liso y brillante.

Cuando Ling salió del salón de belleza, su cabello se veía lustroso.

Vocabulary

These words are translations of the words underlined in the story. Listen to each word. Say it. Then, read the definition and the sample sentence.

bundle (BUN dul) *n.* Many things tied together as a package are a **bundle.**

The girl left a bundle *of newspapers on our porch.*

grieving (GREEV ing) *v.* A person who is **grieving** is very sad about something because they miss that thing or person.

My little brother is grieving *because his pet goldfish died.*

sleek (SLEEK) *adj.* When something is **sleek,** it looks smooth, and shiny.

Ling's hair looked sleek *after she left the beauty salon.*

A. Práctica: Completa cada oración con la palabra correcta de vocabulario.

1. Mi abuela ______________________ el pueblo en el que nació y vivió de niña.

2. La encargada de la limpieza quitó todo el polvo del mueble y lo dejó muy ______________________.

3. Susana lleva un ______________________ de ropa a la lavandería.

B. English Practice: Complete each sentence with the correct vocabulary word.

1. Please bring the ______________________ of mail back from the mailbox.

2. Jonah was ______________________ over the loss of his baseball cards.

3. The panther at the zoo looked ______________________ and happy.

"Greyling"
Jane Yolen

Resumen Un pescador y su esposa no pueden tener hijos. Un día, el pescador trae a la casa una foca bebé. La foca se convierte en un niño, a quien llaman Greyling. Ellos no dejan que Greyling se meta en el mar. Un día, Greyling tiene que salvar a su padre. Y cuando se mete en el agua descubre lo que es realmente.

Summary A fisherman and his wife cannot have a child. One day the fisherman brings home a seal pup. The seal turns into a child they name Greyling. They do not let Greyling go into the sea. One day Greyling has to save his father. He finds out what he really is when he jumps into the sea.

Guía para tomar notas

Los personajes de ficción quieren y necesitan cosas. Completa esta tabla con lo que quieren los personajes del cuento.

Lo que quiere la esposa	Lo que quiere el pescador	Lo que quiere Greyling
Quiere tener un hijo. Quiere que su hijo no se meta nunca en el mar.		

"Greyling"
Jane Yolen

¿Alguna vez encontraste tesoros en la costa: caracoles, trozos de vidrio lisos y de colores, o rocas y guijarros de colores? En "Greyling", Jane Yolen escribe acerca de un pescador que encuentra en la playa un tesoro realmente extraordinario: una **cría** de foca. Pero ésta no es una foca común y corriente. Es una foca mágica, que se transforma en persona cuando sale del agua. El pescador la lleva a su casa y la foca se convierte en el hijo que el pescador y su esposa nunca tuvieron. Llaman Greyling al niño y no lo dejan ir al agua. ¿Regresará Greyling al mar alguna vez?

La historia comienza cuando el pescador encuentra a la cría de foca.

◆　◆　◆

Érase una vez, cuando abundaban los deseos, un pescador y su esposa que vivían en la costa. Todo lo que comían provenía del mar. Su cabaña estaba cubierta con delicados musgos que los mantenían frescos en verano y cálidos en invierno. Y no había nada que les faltara o desearan, excepto un hijo.

◆　◆　◆

Todas las noches la esposa llora mientras mece la cuna, pero año tras año la cuna sigue vacía. El pescador también está triste porque no tienen un hijo. Un día, mientras iba hacia su bote, encuentra una pequeña foca gris varada en la playa. Se quita la camisa y envuelve a la foca cuidadosamente. Luego regresa a la casa donde está su esposa.

—No es nada —dice— más que una cría de foca que hallé varada. Pensé que podríamos cuidarla y

---

Palabras de uso diario

cría *s.* animal bebé

Activar conocimientos previos

¿Qué sabes sobre las focas? Escribe dos datos acerca de ellas.

____

____

Verifica tu comprensión 

En los cuentos de ficción, el **entorno** es el lugar donde ocurre el cuento. ¿Cuál es el entorno de este cuento? Subraya el texto que indica el lugar donde ocurre.

Desarrollar el vocabulario en inglés: Identificar cognados

Los cognados son palabras que comparten el mismo origen o raíz. En el párrafo que está enmarcado por un corchete, subraya los cognados en español de estas palabras en inglés: *coast, delicate, except.*

Comprensión cultural

Las focas mágicas son comunes en las tradiciones populares de Inglaterra, Irlanda, Escocia y Gales.

Verifica tu comprensión 

Resume los sucesos del cuento respondiendo lo siguiente: ¿Dónde ocurre el cuento? ¿Quiénes son los personajes? ¿Qué les sucede?

____

____

____

Desarrollar el vocabulario en inglés: Identificar cognados

En el párrafo que está enmarcado por un corchete, subraya los cognados en español de estas palabras en inglés: *magic, creatures, correct.*

protegerla hasta que sea lo suficientemente grande para buscar a su familia.

◆ ◆ ◆

La mujer del pescador asintió y tomó el <u>bulto</u>. Lo deshizo y lanzó un fuerte grito.

—¡Nada! —dijo—. ¿A esto llamas nada?

El pescador echó un vistazo. En lugar de la foca, envuelto en la camisa había un extraño niño de hermosos ojos grises y cabello grisáceo, que le sonreía.

◆ ◆ ◆

El pescador inmediatamente se da cuenta de que el bulto contiene una foca mágica. Le explica a su esposa que las focas mágicas son criaturas que son seres humanos en la tierra y focas en el mar. La pareja decide que la foca mágica debe quedarse en tierra porque ambos desean tener un hijo con toda su alma. Pero el pescador piensa que, de algún modo, no es lo correcto.

◆ ◆ ◆

—Lo llamaremos Greyling —dijo la esposa del pescador— porque sus ojos y su cabello tienen el color del cielo cuando se aproxima una tormenta.

◆ ◆ ◆

Y a pesar de que viven en la costa, nunca permiten a Greyling ir al agua. El niño se convierte en joven. Junta madera para el hogar de su madre y ayuda a cuidar las **redes** y el bote de su padre.

◆ ◆ ◆

Y, aunque con frecuencia permanecía cerca de la costa o en los altos acantilados grises del pueblo, y desde allí miraba, deseaba, y <u>añoraba</u> con todo su corazón algo que no sabía realmente qué era, nunca iba al mar.

◆ ◆ ◆

Palabras de uso diario

redes *s.* materiales hechos con sogas, cables o hilos entrelazados y con espacios regulares entre ellos

Una mañana, quince años después del día en que los pescadores encontraron a Greyling, se desata una terrible tormenta. Olas gigantes devoran la pequeña cabaña. Greyling y la esposa del pescador se ven obligados a escapar hacia el pueblo, sobre los acantilados. Desde allí pueden ver el bote del pescador que está mar adentro. El pescador se aferra al **mástil** quebrado.

La esposa del pescador grita:

—¿Nadie va a salvarlo?

Pero los habitantes del pueblo la ignoran. Nadie está dispuesto a arriesgar su vida.

◆　◆　◆

—Dejen que vaya el muchacho —dijo un viejo, y señaló a Greyling con su bastón—. Parece un muchacho fuerte.

Pero la esposa del pescador sujetó a Greyling y le tapó los oídos. No quería que fuera al mar. Temía que nunca regresara.

◆　◆　◆

Antes de que la mujer pueda detenerlo, Greyling se libera del abrazo. Se lanza desde lo alto del acantilado y desaparece bajo las olas. Las aguas salvajes le desgarran la ropa. Incluso parece mudar de piel, hasta nadar, libre al fin, con el cuero <u>lustroso</u> y gris de una gran foca gris. La foca mágica ha regresado al mar.

◆　◆　◆

La lustrosa foca gris, sin hacer ningún esfuerzo, llevó con cuidado al pescador a la costa, a pesar de que las olas eran turbulentas y brillaban con la espuma. Luego, con un saludo final, dio la espalda a la tierra y se adentró alegremente en el mar.

◆　◆　◆

El pescador, su esposa y los habitantes del pueblo buscan por toda la playa, pero no hallan rastros de Greyling, excepto por sus zapatos y su camisa. "Fue un hijo valiente", dice la gente. Ahora que Greyling se ha ido, el pescador y su esposa

Verifica tu comprensión 

Piensa en lo que sabes acerca de Greyling. ¿Qué crees que le sucederá al pescador?

____

____

____

____

Desarrollar el vocabulario en inglés: Identificar cognados

En el párrafo que está enmarcado por un corchete, subraya los cognados en español de estas palabras en inglés: *terrible, escape, boat, mast.*

Verifica tu comprensión 

¿Por qué no quiere la esposa del pescador que Greyling vaya al mar? Subraya el texto que indique sus temores.

Palabras de uso diario

mástil *s.* poste alto del que cuelgan las velas de un barco

Activar conocimientos previos

El pescador y su esposa cuidaron a Greyling, pero ahora él debe cuidar de sí mismo. Piensa en las cosas para las que antes necesitabas ayuda y ahora puedes hacer solo. Nombra algunas de ellas.

____

____

____

Verifica tu comprensión 

¿Por qué regresa Greyling una vez al año? En el texto, encierra la respuesta en un círculo.

Desarrollar el vocabulario en inglés: Identificar cognados

En el fragmento que está enmarcado por un corchete, subraya los cognados en español de estas palabras en inglés: *recognize, human*.

reconocen que es lo mejor, porque el muchacho es, al mismo tiempo, ser humano y foca. Han cuidado de él, pero ahora él debe cuidar de sí mismo. Una vez más, viven solos en la costa en una nueva cabañita. Sin embargo, una noche al año, se ve una gran foca gris cerca de la casa del pescador.

Pero no es una foca común. Es el mismo Greyling, que regresa a casa: viene a contar a sus padres historias de las tierras que están más allá de las aguas y a cantarles sobre las maravillas que están más allá del mar.

Vocabulario

Estas palabras están subrayadas en el cuento. Escucha cada palabra. Dila. Luego, lee la definición y la oración de ejemplo.

estructura *s.* La **estructura** es el armazón de algo.

> *La estructura del edificio estaba hecha de piedra.*

advertencia *s.* Una **advertencia** es una señal o indicación de que algo es peligroso.

> *Las nubes negras eran una advertencia de que se aproximaba una tormenta.*

reflejados *adj.* Cuando algo está **reflejado,** se deja ver en otra cosa.

> *Las niñas vieron sus rostros reflejados en el lago.*

Vocabulary

These words are translations of the words underlined in the story. Listen to each word. Say it. Then, read the definition and the sample sentence.

fabric (FAB rik) *n.* **Fabric** is the framework of something.

> *The fabric of the building was made from stone.*

warning (WAWR ning) *n.* A **warning** is a sign or statement that something is dangerous.

> *The dark clouds served as a warning that a storm was coming.*

reflected (ri FLEK tid) *adj.* When something is **reflected** it is shown in another thing.

> *The girls saw their faces reflected in the lake.*

A. Práctica: Completa cada oración con la palabra correcta de vocabulario.

1. Antes de salir, mis padres me dieron la ______________________ de no abrir la puerta a desconocidos.

2. Los niños parecían estar ______________________ en el rostro de su madre: eran idénticos a ella.

3. El techo de la casa tenía una ______________________ de hierro.

B. English Practice: Complete each sentence with the correct vocabulary word.

1. The ______________________ of our country is described in the U.S. Constitution.

2. Without any ______________________, the hikers fell into a hole.

3. The king loved to see his crown and chains ______________________ in the mirror.

"Mi corazón vive en las montañas"

Jane Yolen

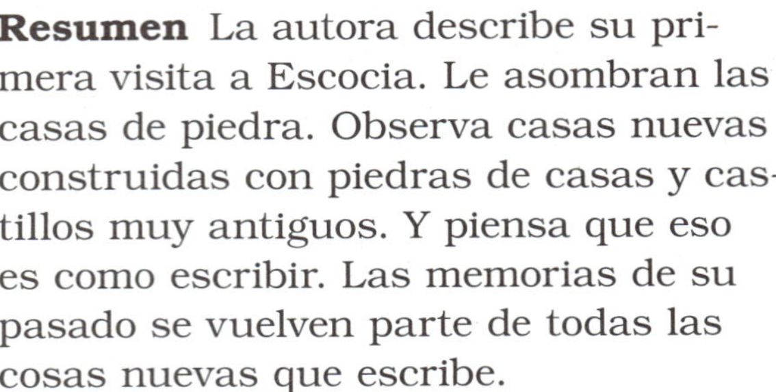

Resumen La autora describe su primera visita a Escocia. Le asombran las casas de piedra. Observa casas nuevas construidas con piedras de casas y castillos muy antiguos. Y piensa que eso es como escribir. Las memorias de su pasado se vuelven parte de todas las cosas nuevas que escribe.

Summary The author describes her first visit to Scotland. The stone houses amaze her. She sees new homes built from the stones of very old homes and castles. She thinks that this is like writing. Memories from her past become part of everything new that she writes.

Guía para tomar notas

Completa esta tabla con la manera en que la autora usa los recuerdos para escribir.

¿Qué hacen los escritores con las "piedras del pasado"?	¿De qué "está hecha" la autora?	¿Qué hace la autora con las "piedras de historia"?
Las modifican y reconstruyen con ellas.		

"Mi corazón vive en las montañas"

Jane Yolen

La autora y su esposo fueron por primera vez a Escocia a mediados de la década de 1980. Recorrieron la región montañosa en automóvil y la autora quedó encantada con las acogedoras **cabañas** de piedra y las enormes mansiones de piedra. Los libros sobre la historia de la región indican que ambos tipos de casas con frecuencia se construyeron sobre el sitio que anteriormente ocupaban otras casas más antiguas. Pero no sólo los sitios de edificación se usaron nuevamente.

◆ ◆ ◆

Volvieron a usarse las mismas piedras. Por ese motivo, en Escocia la historia yace sobre la historia. Como indica un maravilloso librito sobre el burgo real de Falkland, en el Reino de Fife[1]: "Asimilar piedras de una casa en la estructura de la que vendrá es… una manera de conservar el pasado".

◆ ◆ ◆

Los obreros construyen con piedras viejas para conservar al pasado. Los escritores hacen algo similar cuando escriben libros. Sus piedras son los recuerdos del pasado. Ellos modifican sus recuerdos cuando construyen sus historias. Todos los textos de ficción están compuestos por recuerdos adornados, intensificados y modificados de alguna manera.

◆ ◆ ◆

Como escritora, estoy hecha de los pequeños bloques de construcción de mi propia historia y lo que sé sobre el mundo sobre el que ya se ha reconstruido.

Palabras de uso diario

cabañas *s.* casas pequeñas que se construyen en el campo

---

1. **burgo real …Fife:** El reino de Fife en Falkland, fundado por los condes de Fife, es un pueblo escocés creado por cédula real.

Activar conocimientos previos

¿Escribiste alguna vez sobre algo de tu pasado? Si lo hiciste, ¿sobre qué escribiste?

____

____

____

Verifica tu comprensión

¿A quiénes compara la autora con obreros? ¿Por qué?

____

____

____

____

Desarrollar el vocabulario en inglés: Identificar cognados

Los cognados son palabras que comparten el mismo origen o raíz. En el párrafo que está enmarcado por un corchete, subraya los cognados en español de estas palabras en inglés: *motive, history, conserve, structure.*

Activar conocimientos previos

Nuestros padres, maestros y amigos nos dan advertencias para evitar que corramos peligro. Piensa en alguna advertencia que te hayan dado y escríbela.

____

____

____

____

Verifica tu comprensión 

¿Qué advertencia da la autora al lector? Subraya la respuesta en el texto.

Desarrollar el vocabulario en inglés: Identificar cognados

En el párrafo que está enmarcado por un corchete, subraya los cognados en español de estas palabras en inglés: *author, inspiration, block, construction.*

Los bloques de la autora comienzan con las historias que sus padres le contaron cuando era bebé. Después se construyen más bloques con las fotografías de su niñez, cosas que escribió cuando era adolescente y más cosas que escribió al entrar en la adultez.

◆　◆　◆

Simplemente tomo esas piedras de historia y vuelvo a usarlas cada vez que construyo algo nuevo.

◆　◆　◆

A veces la autora roba detalles y sucesos de la vida de sus amigos, su esposo y sus hijos.

◆　◆　◆

Advertencia: si llegan a conocerme bien, seguramente se verán reflejados en uno de mis libros.

◆　◆　◆

La autora dice que la mayoría de las personas no se reconocen en sus libros. Puede usarlos como inspiración para crear un animal o un soplo de **brisa**. A veces ni siquiera la misma autora sabe a quién ha usado como bloque de construcción.

La autora cree que la ficción es como un espejo extraño. El escritor lo mira y ve su propia vida, levemente cambiada.

Palabras de uso diario

brisa *s.* viento suave

Piensa en la selección
Thinking About the Selection

1. En "Mi corazón vive en las montañas", la autora compara las piedras que se usan para construir casas con las que se usan para construir historias. Completa la siguiente tabla con detalles acerca de cada tipo de piedra.

Casas	Historias
En Escocia, las casas…	Los bloques de la autora…
Los obreros usan las mismas piedras para…	La autora usa las mismas piedras…

2. La autora refleja a personas que conoce en sus libros porque _________________
   ____
   ____ .

Coméntalo **Decisiones difíciles**

En "Greyling", el pescador y su esposa decidieron que Greyling no debía ir al mar. ¿Fue una decisión acertada? ¿Por qué sí o por qué no? Comenta lo que opinas con un compañero.

Creo que el pescador y su esposa _______________________________________ .

Escríbelo **¿Cuál es tu opinión?**

¿Crees que estuvo bien que el pescador y su esposa prohibieran a Greyling ir al mar? Escribe más acerca de lo que opinas. Argumenta tu opinión con detalles del cuento.

Creo que el pescador y su esposa _____________________________________
____
____ .

Perdido · El regreso a casa
Stray · The Homecoming

Destreza de lectura

Una **predicción** es una adivinanza sobre qué pasará en el cuento. Puedes usar tus **conocimientos previos** para hacer predicciones. El conocimiento previo es lo que ya sabes sobre el mundo y sobre cómo actúan las personas. También puedes usar detalles del cuento para hacer predicciones.

Análisis literario

La **trama** es el orden de sucesos en un cuento. La trama incluye:

- **Marco:** la presentación del entorno, los personajes y la situación básica

- **Conflicto:** el problema central o la lucha del cuento

- **Acción creciente:** sucesos que aumentan la emoción del cuento

- **Clímax:** el punto más alto del cuento cuando el resultado o fin se clarifica

- **Acción decreciente:** los sucesos después del clímax

- **Resolución:** el fin o el resultado final del cuento

Usa este diagrama para anotar los detalles sobre los elementos de la trama a medida que lees.

Clímax:

Suceso: _______________________ Suceso: _______________________

Suceso: _______________________ Suceso: _______________________

Acción creciente

Acción decreciente

Marco

Resolución

Conflicto

Vocabulario

Estas palabras están subrayadas en el cuento. Escucha cada palabra. Dila. Luego, lee la definición y la oración de ejemplo.

suavemente *adv.* Cuando algo se hace **suavemente,** se hace de manera suave o delicada.

> *Aunque estaba enojado, Marcos habló suavemente.*

miraron *v.* Cuando una persona **mira** algo, lo observa.

> *Los turistas miraron los letreros de la calle para saber hacia dónde ir.*

ignorándola *v.* **Ignorar** significa no prestar atención a algo.

> *Mindy estaba triste. Su mejor amiga pasó todo el día ignorándola.*

Vocabulary

These words are translations of the words underlined in the story. Listen to each word. Say it. Then, read the definition and the sample sentence.

mildly (MYLD lee) *adv.* **Mildly** describes something that is done softly or gently.

> *Although he was angry, Marco spoke mildly.*

glanced (glansd) *v.* Someone who **glanced** at something looked at it briefly.

> *The tourists glanced at the street signs to decide which way to turn.*

ignoring (ig NAWR ing) *v.* To **ignore** something means to pay no attention to it.

> *Mandy was sad. Her best friend spent the whole day ignoring her.*

A. Práctica: Completa cada oración con la palabra correcta de vocabulario.

1. _________________________ no lograrás nada. Llámala y arreglen sus diferencias.

2. Los demás lo _________________________ con admiración.

3. El veterinario acarició _________________________ al perro para que se calmara.

B. English Practice: Complete each sentence with the correct vocabulary word.

1. The wind blew _________________________ last night.

2. The doctor _________________________ at the papers the nurse gave him.

3. If you keep _________________________ the directions, you may get lost.

"Perdido"
Cynthia Rylant

Resumen Doris y sus padres no pueden salir de su casa durante una tormenta de nieve. Doris encuentra un perrito perdido. Sus padres le advierten que sólo puede quedárselo hasta que pase la tormenta. Ella está muy triste. Pero Doris pronto descubre cuánto amor siente su familia por el perro.

Summary Doris and her parents are stranded at home during a snowstorm. Doris finds a stray puppy. Her parents say that she can keep it only until the snow clears. She is heartbroken. Doris soon finds out how much her family has come to love the dog, too.

 ## Escribir acerca de la Gran pregunta

¿Cómo podemos decidir si algo es verdadero? En "Perdido", Doris está triste porque sus padres le dicen que no tienen dinero suficiente para mantener al perro que había hallado. ¿Es verdad que tener un perro como mascota es costoso? Completa esta oración:

Antes de decidir si puedes tener una mascota, debes determinar __________________

____ .

Guía para tomar notas

Cada uno de los personajes del cuento siente algo diferente en relación con el perro. Usa esta tabla para enumerar los detalles que muestran los sentimientos de los personajes del cuento.

Personaje	Sentimientos en relación con el perro	Detalles (pensamientos y acciones) que muestran sentimientos
Doris	Le gusta.	Abrazó al perro.
Señor Lacey		
Señora Lacey		

"Perdido"

Cynthia Rylant

Una mañana nevada, Doris Lacey estaba paleando nieve. Las clases estaban suspendidas por el mal tiempo. De pronto, un perrito apareció deambulando por la calle. Se notaba que tenía mucho frío y estaba muy asustado. Doris soltó la pala y lo llamó. El perrito se detuvo y movió la cola, tiritando de frío. Doris lo cargó en sus brazos y lo llevó a su casa.

◆　◆　◆

—¿De dónde salió *eso*? —preguntó la señora Lacey cuando Doris entró en la cocina con el perrito.

El señor Lacey estaba sentado a la mesa, limpiándose las uñas con su navaja de bolsillo. La nieve le impedía ir a trabajar al almacén y por eso estaba en casa.

—No sé de dónde viene —dijo <u>suavemente</u>—, pero sé muy bien adónde irá.

Doris abrazó al perrito con fuerza, sin decir nada.

Como sería muy difícil viajar por las carreteras durante varios días, el señor Lacey no pudo salir de inmediato para llevar al animal a la **perrera** de la ciudad, y permitió que el perrito durmiera en el sótano.

◆　◆　◆

La nevada continuó durante cuatro días. Doris calculó que el perrito tendría unos seis meses de edad. Parecía estar contento en el sótano. Cuando Doris abría la puerta, lo encontraba estirado en el primer escalón de la escalera del sótano, siempre meneando el rabo, feliz por la compañía.

Palabras de uso diario

perrera *s.* un refugio para perros

Activar conocimientos previos

Piensa en personas que conozcas que hayan adoptado animales. ¿Dónde hallaron los animales?

____

¿Qué sabes sobre los refugios para animales?

____

____

Análisis literario 

El **marco** presenta el entorno, los personajes y la situación básica del cuento. Encierra en un círculo el párrafo de marco en esta página.

Desarrollar el vocabulario en inglés: Identificar cognados

Los cognados son palabras que comparten el mismo origen o raíz. En el párrafo que está enmarcado por un corchete, subraya los cognados en español de estas palabras en inglés: *continued, calculated, content, company.*

Destreza de lectura 

Puedes hacer **predicciones** o adivinar qué sucederá si usas tus **conocimientos previos** o lo que ya sabes. ¿Qué conocimientos previos tienes acerca de lo que el señor y la señora Lacey sienten por el perro?

____

¿Qué crees que harán cuando se derrita la nieve?

____

____

____

Análisis literario 

Una parte de la **trama** del cuento es el **conflicto** o problema que enfrentan los personajes. ¿Cuál es el conflicto en este cuento?

____

____

____

Desarrollar el vocabulario en inglés: Identificar cognados

En el párrafo que está enmarcado por un corchete, subraya los cognados en español de estas palabras en inglés: *permit, impossible, opinion.*

Doris sabía que sus padres no le permitirían quedarse con el perrito. Tenían muy poco dinero y era imposible adoptarlo. También sabía que lo llevarían a la perrera en cuanto dejara de nevar y se despejaran las carreteras. Sin embargo, una noche, durante la cena, trató de hacer que sus padres cambiaran de opinión.

◆　◆　◆

—Es un buen perrito, ¿verdad? —dijo Doris, con la esperanza de que alguno de ellos estuviera de acuerdo.

Sus padres se <u>miraron</u> y siguieron comiendo.

—No hace mucho alboroto —añadió Doris— y me gusta.

Les sonrió, pero ellos siguieron <u>ignorándola.</u>

—Creo que es muy listo —le dijo Doris a su madre—. Podría enseñarle algunas cosas.

◆　◆　◆

Sus padres no dijeron nada.

Doris deseaba que siguiera nevando. Pero ese sábado las carreteras se despejaron. El señor Lacey tomó al perrito y lo llevó a su automóvil.

Doris se abrazó a una almohada y lloró. Le suplicó a su madre que le permitiera quedarse con el animal, pero fue inútil. Entonces oyó que el auto de su padre se alejaba.

Todavía era temprano, pero Doris estaba tan triste que se metió en la cama y lloró hasta quedarse dormida. Soñó que estaba buscando algo especial que había perdido. Cuando despertó ya era casi de noche. Tenía hambre, pero no quería ver a sus padres. Tampoco quería pasar frente a la puerta del **sótano.**

Palabras de uso diario

sótano *s.* habitación o habitaciones de un edificio que están por debajo del nivel del suelo

Sus padres estaban terminando de cenar cuando
Doris entró en la cocina. Nadie dijo nada. De
repente, su padre la sorprendió. Le dijo que debía
alimentar a su perrito.

Doris no podía creer lo que oía.

—¿No lo llevaste a la perrera? —preguntó.

◆　◆　◆

—Sí, claro que lo llevé —respondió su padre—. Pero es
el lugar más feo que he visto. Hay diez perros en cada
jaula, y el olor es insoportable.

◆　◆　◆

El señor Lacey le cuenta a Doris que no se
atrevió a dejar al perrito en la perrera. Por eso lo
trajo de regreso a casa. La señora Lacey sonrió.
Hubo una larga pausa.

◆　◆　◆

—Bueno —dijo el señor Lacey—, ¿le darás de comer
o no?

Activar conocimientos previos

¿Has visto algún perro perdido
alguna vez? Escribe lo que hiciste
al verlo.

____

____

Análisis literario 

La **resolución** es la parte de la
trama que sigue al **clímax.** ¿Qué
le sucede al perrito?

____

____

Verifica tu comprensión 

Explica lo que hace el padre de
Doris. ¿Por qué Doris termina
quedándose con el perrito?

____

____

____

____

Piensa en la selección
Thinking About the Selection

1. Al principio, el padre de Doris no dejaba que ella se quedara con el perro. Luego, cambió de idea. ¿Qué razones tenía al principio? ¿Qué razones tuvo luego? Escribe sus razones.

   ____

2. **Destreza de lectura:** Los lectores usan sus **conocimientos previos** y las pistas del cuento para hacer **predicciones.** Usa esta tabla para mostrar cómo predices las respuestas a las siguientes preguntas. Ya hay una pregunta como ejemplo. Ejemplo: ¿Qué hará Doris con el perrito que encuentra?

   a) ¿Qué dirán sus padres sobre el perrito?

   b) ¿Qué hará su padre cuando el clima finalmente mejore?

Conocimientos previos	Detalles del cuento	Predicciones
Los perritos son lindos.	Abandonan al perrito.	Doris querrá quedárselo.
a)		
b)		

3. **Análisis literario:** El clímax es el punto más alto de la trama de un cuento. ¿Cuál es el clímax de este cuento? Explica tu respuesta.

   ____

   ____

Escríbelo ➤ **¿Qué opinas?** ¿Crees que Doris cuidaría bien de un perrito? Escribe más acerca de lo que opinas en las líneas que siguen. Argumenta tu opinión con detalles del cuento.

   Creo que Doris ____

   ____ .

Vocabulario

Estas palabras son traducciones de las palabras que están resaltadas en el cuento. Escucha cada palabra. Dila. Luego, lee la definición y la oración de ejemplo.

reconocer *v.* **Reconocer** a una persona implica conocerla y recordarla.

> *¿Pudiste reconocer a tus viejos compañeros en la reunión?*

caritativo *adj.* Una persona es **caritativa** cuando presta ayuda a los necesitados de una manera amable y generosa.

> *Prepararle la cena a su vecino fue un acto caritativo de su parte.*

murmuró *v.* Si una persona **murmuró** al hablar, significa que hizo un sonido bajo y continuo, difícil de entender.

> *Cuando vio el plato de sopa humeante, murmuró agradecida.*

Vocabulary

These words are highlighted in the story. Listen to each word. Say it. Then, read the definition and the example sentence.

recognize (REK uhg nyz) *v.* To **recognize** a person means to know and remember that person.

> *Do you recognize the actor from television?*

charitable (CHAYR uh tuh buhl) *adj.* **Charitable** is a word to describe someone who is kind and generous in giving help to others in need.

> *Cooking a meal for her neighbor was a charitable act.*

murmured (MER merd) *v.* If a person **murmured** when speaking, it means he or she made a low, continuous sound that was difficult to understand.

> *He murmured appreciatively when he saw the steaming bowl of soup.*

A. Práctica: Completa cada oración con la palabra correcta de vocabulario.

1. El dueño del restaurante es _____________________ y siempre ofrece comida a los niños pobres.

2. El jefe me _____________________ al oído que aceptaría la propuesta de los clientes.

3. Fue difícil _____________________ a mi amigo después de tantos años sin verlo.

B. English Practice: Complete each sentence with the correct vocabulary word.

1. Silvia could _____________________ Jamie because of his freckles.

2. My grandmother is a _____________________ woman who always helps others.

3. Emily _____________________ sleepily when her mother woke her up.

"El regreso a casa"
Laurence Yep

Resumen Un leñador se distrae en el camino y se olvida de ir a trabajar. Le promete a su esposa que cortará leña. Ella le recuerda que no hable con nadie. En el bosque, el leñador encuentra a dos jugadores de ajedrez. El tiempo que pasa con los jugadores de ajedrez le traerá una sorpresa.

Summary A woodcutter gets sidetracked and forgets his work. He promises his wife he will cut wood. She reminds him not to talk to anyone. He finds two chess players in the woods. The time he spends with the chess players results in a surprise.

Escribir acerca de la Gran pregunta

¿Cómo podemos decidir si algo es verdadero? "El regreso a casa" es un cuento de ficción, pero contiene una "verdad" o una lección de vida. Completa esta oración:

Por más que un cuento sea de ficción, puedo aprender lecciones si _________________

____.

Guía para tomar notas

Completa esta tabla con detalles sobre el leñador.

Por qué el leñador va al bosque	¿Qué le aconseja su esposa?	¿Qué hace el leñador?	¿Qué descubre el leñador cuando regresa a su pueblo?
Quiere talar robles altos.			

Piensa en la selección
Thinking About the Selection

1. Los habitantes del pueblo decían que el leñador "sabía un poco de todo y mucho de nada". Usa la información del cuento para describir al leñador.

   Si cavaras un pozo, él ____.

   ____ conoce una receta mejor.

2. **Destreza de lectura:** Completa la tabla para mostrar cómo hiciste una **predicción** para responder a cada pregunta. Usa los **conocimientos previos** y detalles del cuento. Hay una pregunta como ejemplo. Ejemplo: ¿Qué hará el leñador en el bosque?

   a) ¿Qué hará el leñador cuando vea a los dos hombres jugando al ajedrez?

   b) ¿Qué sucederá cuando el leñador se vaya del bosque?

Conocimientos previos	Detalles del cuento	Predicción
A los entrometidos les gusta hablar con la gente.	El leñador es entrometido.	El leñador se detendrá a charlar.
a)		
b)		

3. **Análisis literario:** El **conflicto** es el problema central o la lucha en un cuento. ¿Cuál es el conflicto en la trama de este cuento?

   ____

   ____

Coméntalo **¿Decisiones acertadas?**

La curiosidad hace que las personas aprendan acerca de otras cosas y personas. A veces es bueno ser curioso, pero otras veces no lo es. ¿Crees que es buena la curiosidad del leñador? Comenta lo que opinas con un grupo pequeño. Asegúrate de apoyar tus opiniones con detalles del cuento.

Películas de autocine • El perro del mercado
The Drive-In Movies · The Market Square Dog

Destreza de lectura

Las **predicciones** son adivinanzas sobre lo que sucederá en el cuento. Usa detalles del cuento para hacer predicciones. También puedes usar detalles de tus propias experiencias. Luego, **sigue leyendo para comprobar tu predicción.**

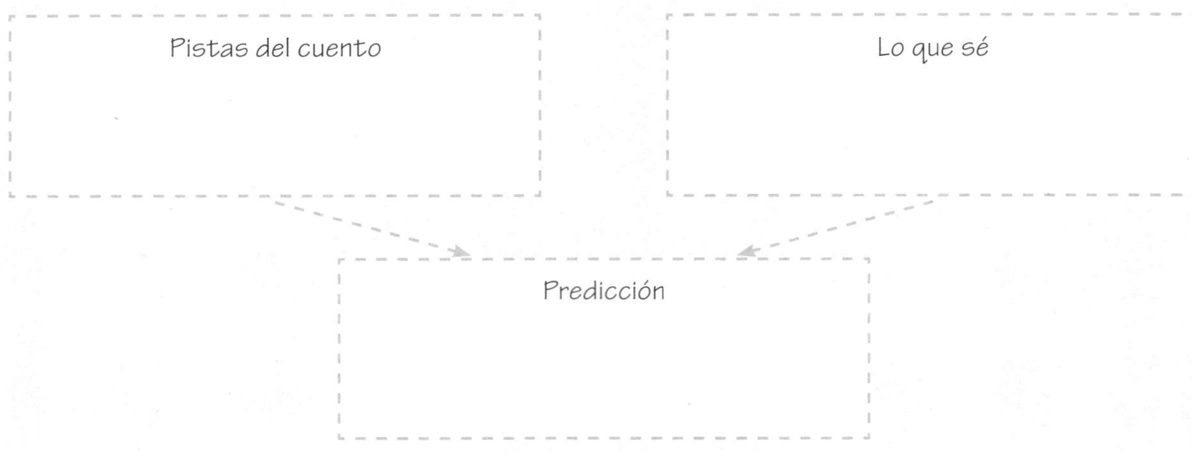

Análisis literario

El **narrador** es la voz que cuenta el cuento. Los cuentos pueden ser verdaderos o imaginados. El **punto de vista** es la postura desde donde se cuenta el cuento.

Dos puntos de vista comunes son:

- **Punto de vista de primera persona:** El narrador es parte del cuento. El narrador se refiere a él mismo como "yo". Los lectores sólo conocen lo que piensa y siente el narrador.

- **Punto de vista de tercera persona:** El narrador no es parte del cuento. El narrador puede compartir información que los personajes no conocen. También puede contar qué piensan o sienten otros personajes.

Vocabulario

Estas palabras están subrayadas en el cuento. Escucha cada palabra. Dila. Luego, lee la definición y la oración de ejemplo.

excepcional *adj.* La palabra **excepcional** describe algo que es fuera de lo común.

El libro de historietas es excepcional, por lo que vale mucho dinero.

apresuráramos *v.* Cuando las personas se **apresuran** para hacer las cosas, tienen prisa por hacerlas.

Como olvidamos hacer la tarea, nuestra maestra nos dijo que nos apresuráramos para terminarla a tiempo.

vigorosamente *adv.* La palabra **vigorosamente** describe una acción que se hace con fuerza o energía.

Subió y bajó las escaleras vigorosamente.

Vocabulary

These words are translations of the words underlined in the story. Listen to each word. Say it. Then, read the definition and the sample sentence.

rare (RAYR) *adj.* **Rare** describes something that is unusual.

The comic book is rare, so it is worth a great deal of money.

scramble (SKRAM buhl) *v.* When people **scramble** to do things, they rush to do them.

I forgot about my homework, so I had to scramble to finish it in time.

vigorously (VIG uh ruhs lee) *adv.* **Vigorously** describes an action that is done forcefully or energetically.

He ran vigorously up and down the stairs.

A. Práctica: Completa cada oración con la palabra correcta de vocabulario.

1. Elías corrió _____________________ hasta la estación para no perder el tren.

2. El espectáculo estuvo _____________________, por lo que el público estalló en aplausos.

3. Mamá nos dijo que nos _____________________ si no queríamos perder el vuelo.

B. English Practice: Complete each sentence with the correct vocabulary word.

1. The _____________________ bird had feathers in bright colors.

2. We must _____________________ to complete the cake.

3. Tom _____________________ raked the garden for weeds.

"Películas de autocine"

Gary Soto

Resumen Gary Soto recuerda un sábado de su infancia. Él, su hermano y su hermana quieren ir a ver películas al autocine. Y saben que su madre los llevará si está contenta. Soto comienza a limpiar la casa sin que su madre se lo pida. Todo su arduo trabajo fue recompensado esa noche con las películas.

Summary Gary Soto remembers a Saturday from his childhood. He and his brother and sister want to go to the drive-in movies. They know that their mother is more likely to take them if she is happy. Soto does his chores without being asked. All of his hard work catches up with him at the movies that night.

 ## Escribir acerca de la Gran pregunta

¿Cómo podemos decidir si algo es verdadero? En "Películas de autocine", un niño intenta ser "súper bueno" para complacer a su madre y obtener una recompensa. Completa esta oración:

El valor que da una persona a una recompensa puede afectar ____________________

____.

Guía para tomar notas

Usa esta tabla para anotar lo que hacen los personajes en el cuento.

Personajes	Acciones
el autor	
su hermano	Ayuda a encerar el auto.
su hermana	
su mamá	

"Películas de autocine"
Gary Soto

Ir al cine, para mi familia, era algo excepcional. Pero si mi mamá despertaba contenta el sábado en la mañana, cabía la posibilidad de que en la tarde, nos apresuráramos a abordar el **Chevy** azul y llegáramos al autocine Starlight antes de que cayera la noche. Mis hermanos lo sabían. Yo también lo sabía. Por eso, tratábamos de portarnos bien el sábado, y nos sentábamos ante el televisor a ver programas de dibujos animados con el volumen bien bajo.

Un sábado quise portarme mejor que nunca. Mamá salía del dormitorio a la vez que se amarraba el cinturón de la bata, y con un bostezo enorme parpadeaba con ojos enrojecidos ante el café aguado que yo le había preparado. Le hice tostadas con mermelada de fresas que unté hasta en las esquinas del pan y le puse delante las tres cajas de cereal. Si no quería comer el cereal, podría ojear las cajas mientras se tomaba el café.

◆　◆　◆

El autor sale al jardín a quitar la maleza de las flores. Luego corta el césped.

◆　◆　◆

Esta tarea no era tan aburrida porque a medida que yo empujaba el cortacésped podía ver que iba quedando limpio. Mis hermanos observaban desde una ventana con los cachetes llenos de cereal. Era la tercera vez que comían. Les hice una mueca cuando me preguntaron por qué seguía trabajando. Rick señaló una porción del césped.

—Se te quedó ése ahí.

No le hice caso y le puse atención al remolino de las hojas de yerba cortada.[1]

Análisis literario 

El **narrador** es la voz que cuenta el cuento. El **punto de vista** es la perspectiva desde donde se cuenta el cuento. Encierra en un círculo las palabras que muestren que el narrador usa el **punto de vista de primera persona.**

Verifica tu comprensión 

Haz una predicción sobre el plan de Soto. ¿Funcionará? ¿Por qué sí o por qué no?

____

____

____

____

Desarrollar el vocabulario en inglés: Identificar cognados

Los cognados son palabras que comparten el mismo origen o raíz. En el párrafo que está enmarcado por un corchete, subraya los cognados en español de estas palabras en inglés: *family, possibility, programs, volume.*

Chevy *s.* tipo de automóvil

1. **el remolino de las hojas de yerba cortada** El narrador se refiere a la apariencia del césped que corta.

Activar conocimientos previos

Una recompensa es un premio que se da a una persona porque hizo algo bueno. En el cuento, el autor recibe la recompensa de ir a ver películas a cambio de ayudar a su madre. ¿Recibiste alguna vez una recompensa a cambio de algo? Escríbelo.

____

____

____

____

Análisis literario

El autor comparte sus pensamientos y sentimientos en relación con su trabajo usando el punto de vista de primera persona. Lee y encierra en un círculo los pensamientos y sentimientos del autor con respecto a sus trabajos.

Desarrollar el vocabulario en inglés: Identificar cognados

En el párrafo que está enmarcado por un corchete, subraya los cognados en español de estas palabras en inglés: *filter, garage, exterior.*

Una abeja pica con su aguijón al autor en el pie. Está a punto de echarse a llorar pero, en lugar de hacerlo, saca el aguijón y sigue trabajando.

♦ ♦ ♦

Barrí los escalones de la entrada de la casa, saqué la basura, limpié el filtro de la secadora de ropa[2] (eso es fácil), saqué el pelo acumulado en el desagüe del lavadero del garaje (eso también es fácil), lavé el patio con la manguera, aplasté tres caracoles que estaban chupándose la pintura del exterior de la casa (eso es desagradable pero divertido), amarré un montón de periódicos, recogí unos juguetes y, al notar que casi todo estaba hecho, y que el sol ya estaba muy alto en el cielo, comencé a encerar el automóvil.

♦ ♦ ♦

Su hermano se acerca a ayudar. Entre los dos enceran las partes **cromadas** del auto. Luego empiezan a encerar la pintura. Usan toda la botella de cera para encerar la mitad del automóvil. No quedaba suficiente para terminar. Los niños creen que encerar la mitad es mejor que nada. Entran a almorzar. Después del almuerzo, salen otra vez.

♦ ♦ ♦

Rick y yo casi nos morimos del susto. La mitad encerada del auto estaba blanca y opaca. Comenzamos a frotar vigorosamente con un paño, casi llorando, pero esa capa opaca no se iba. Yo le eché la culpa a Rick y él me culpó a mí. Ahora sí que no sólo no iríamos al cine, sino que además, Mamá seguro que le arrancaría una rama al ciruelo y nos perseguiría por todo el patio para pegarnos con ella.

Mamá salió y se quedó mirándonos fijamente con las manos sobre las caderas que el delantal cubría:

—Ustedes han trabajado tanto —dijo al fin.

Entonces, abrió la llave pegada a la manguera y lavó el automóvil. Esa noche fuimos al autocine. La primera película no tenía importancia.

---

2. **filtro de la secadora de ropa** la parte que atrapa los hilos sueltos de la ropa

La segunda fue Cenicienta, protagonizada por Jerry Lewis.[3] Traté de no quedarme dormido. Para lograrlo, me metí un montón de palomitas de maíz, hechas en casa, en un lado de la boca y reía cuando Jerry Lewis se metía pelotas de golf por la nariz. Me frotaba los ojos húmedos de la risa y miraba a Mamá. Me dije a mí mismo que no trabajaría tanto el sábado siguiente. A los veinte minutos de haber comenzado la película, ya yo estaba dormido con una mano dentro de la bolsa de las palomitas de maíz.

Destreza de lectura 

Vuelve a leer tu **predicción** sobre el plan del narrador. ¿Coincide el final del cuento con tu predicción? Explica tu respuesta.

____

____

____

Verifica tu comprensión 

¿Qué le ocurre al narrador en el autocine? Subraya la oración que lo describe.

Desarrollar el vocabulario en inglés: Identificar cognados

En el párrafo que está enmarcado por un corchete, subraya los cognados en español de estas palabras en inglés: *second, humid, minutes.*

---

3. **Jerry Lewis** comediante que actuó en muchas películas entre las décadas de 1950 y 1960

Piensa en la selección
Thinking About the Selection

1. Soto quería que su madre los llevara a ver películas. Por eso, trabajó muchísimo en toda la casa. ¿Qué tareas hizo? Completa con detalles del cuento.

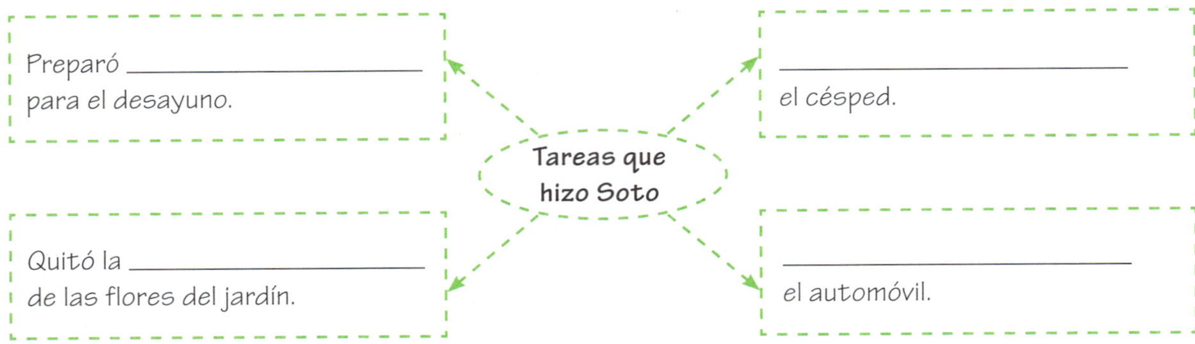

2. **Destreza de lectura:** Hiciste predicciones sobre los sucesos del cuento o los adivinaste. ¿Alguna predicción cambió a medida que leías el cuento? Explica.

____

3. **Análisis literario:** Soto escribe usando el **punto de vista de primera persona.** Eso significa que los lectores sólo saben lo que les cuenta Soto sobre los sucesos. Usa esta tabla para mostrar de qué manera el **punto de vista** de Soto afecta lo que los lectores saben sobre los sucesos. Sigue el ejemplo.

Suceso	Detalles dados por el narrador
Una abeja pica al narrador.	La picadura duele.

Coméntalo   **Hacer planes** Soto creía que tenía un buen plan para asegurarse de que su familia fuera a ver películas esa noche. Su plan funcionó, pero las consecuencias fueron inesperadas. ¿Crees que estuvo bien que Soto se esforzara tanto en las tareas domésticas ese sábado? Comenta tus ideas con un grupo pequeño de compañeros.

Creo que estuvo bien/no estuvo bien que se esforzara tanto porque ___________.

Vocabulario

Estas palabras son traducciones de las palabras que están resaltadas en el cuento. Escucha cada palabra. Dila. Luego, lee la definición y la oración de ejemplo.

trotó *v.* Cuando una persona o un animal **trotó,** se movió con gracia a un ritmo que está entre la caminata y la carrera.

Mi caballo trotó hasta que desaparecer de mi vista.

ansiosamente *adv.* La palabra **ansiosamente** describe a alguien que actúa con preocupación o intranquilidad.

"¿Llegué tarde?", preguntó ansiosamente.

devoró *v.* Si alguien **devoró** algo, lo comió con ansia o apresuradamente.

Juan devoró su cena y pidió que le sirvieran más.

Vocabulary

These words are highlighted in the story. Listen to each word. Say it. Then, read the definition and the example sentence.

trotted (TRAHT id) *v.* If an animal **trotted,** it moved gracefully at a pace that is between a walk and a run.

My horse trotted out of sight.

anxiously (ANK shuhs lee) *adv.* **Anxiously** describes someone acting in a worried or uneasy way.

"Am I late?" she asked anxiously.

devoured (dee VOWRD) *v.* If something was **devoured,** it was eaten hungrily or greedily.

John devoured his supper and asked for more.

A. Práctica: Completa cada oración con la palabra correcta de vocabulario.

1. Joaquín ________________ todo lo que había en el plato sin dejar ni una miga.

2. Como necesitaba hacer ejercicio, Pedro ________________ alrededor del parque.

3. Todos esperábamos ________________ el resultado de nuestros exámenes.

B. English Practice: Complete each sentence with the correct vocabulary word.

1. The children ________________ to the playground.

2. I looked ________________ for my lost jacket.

3. My baby brother ________________ the cereal.

"El perro del mercado"

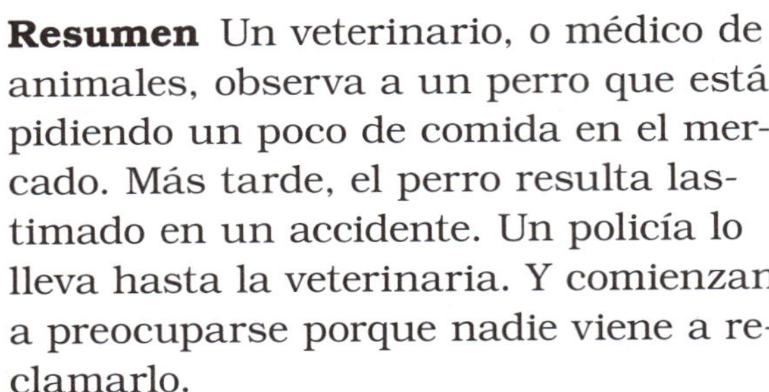

James Herriot

Resumen Un veterinario, o médico de animales, observa a un perro que está pidiendo un poco de comida en el mercado. Más tarde, el perro resulta lastimado en un accidente. Un policía lo lleva hasta la veterinaria. Y comienzan a preocuparse porque nadie viene a reclamarlo.

Summary A veterinarian, or animal doctor, sees a dog begging for food in a market square. Later, the dog is injured in an accident. A policeman brings the injured dog to the veterinarian. They become worried when no one comes to claim the dog.

 ## Escribir acerca de la Gran pregunta

¿Cómo podemos decidir si algo es verdadero? En "El perro del mercado", hay un perro perdido en adopción, pero nadie desea adoptarlo. El veterinario cree que no lo quieren porque es de raza mixta y prefieren un perro "más elegante". ¿Qué opinas sobre esto? Completa esta oración:

Para que un perro sea una mascota verdaderamente buena, tiene que ser

____.

Guía para tomar notas

Responde las preguntas en esta tabla con los detalles del cuento.

¿**Quién** es el narrador?	El narrador es un veterinario.
¿**Dónde** ve al perro por primera vez?	
¿**Qué** hace el policía cuando encuentra el perro lastimado?	
¿**Cómo** ayuda al perro el veterinario?	
¿**Quién** adopta al perro? ¿**Por** qué?	

Piensa en la selección
Thinking About the Selection

1. Escribe dos oraciones acerca del perro usando la información del texto:

   El perro parecía perdido porque _______________________________________

   y porque ____.

2. El narrador no va a ver las carreras de caballos con su esposa porque

   ____

   ____.

3. **Análisis literario:** El **conflicto** es el problema central o la lucha en un cuento.

   ¿Cuál es el conflicto en la trama de este cuento? _______________________

   ____

   ____

Escríbelo ▷ **Tomar decisiones**

¿Cómo cambiaría el cuento si el narrador quisiera quedarse con el perro? Escribe
un breve final alternativo para el cuento.

   Creo que el narrador ____

   ____

   ____

   ____.

Pánico escénico · Mi papá, Mark Twain
Stage Fright · My Papa, Mark Twain

Destreza de lectura

Las obras de no ficción suelen incluir la opinión del autor y también hechos. Un **hecho** es información que se puede demostrar. Una **opinión** es el pensamiento o creencia de una persona. Para **reconocer pistas que indiquen opiniones,** haz lo siguiente:

- Busca frases que muestren una opinión. Una frase puede ser: *Creo que...* o *Me parece que...*

- Busca palabras que muestren una opinión personal o un sentimiento. Esas palabras pueden ser: *increíble* o *terrible.*

- Presta atención a las palabras que muestren una actitud o un punto de vista personal. Estas palabras podrían ser: *siempre, nadie, peor* y *todo.*

Análisis literario

La **perspectiva del autor** es el punto de vista que usa para escribir.

La perspectiva del autor proviene de:

- su lugar de procedencia o sus orígenes.

- sus creencias.

La perspectiva de un autor muestra sus sentimientos. También muestra su interés en un tema.

Usa este diagrama para anotar los detalles que muestran la perspectiva del autor.

Detalle

Detalle

Perspectiva del autor

Vocabulario

Estas palabras están subrayadas en el cuento. Escucha cada palabra. Dila. Luego, lee la definición y la oración de ejemplo.

formada *v.* Si una cosa está **formada** por otra, significa que está hecha de eso.

Las clase está formada por niñas solamente.

raramente *adv.* Cuando algo ocurre **raramente,** significa que no ocurre a menudo.

Karina raramente llega tarde a algún lado.

interesante *adj.* La palabra **interesante** describe algo que llama la atención o causa impresión y, en ocasiones, es poco común.

El vestuario del actor era interesante.

Vocabulary

These words are translations of the words underlined in the story. Listen to each word. Say it. Then, read the definition and the sample sentence.

consist (kuhn SIST) *v.* When things **consist** of something, they are made up of that thing.

The two classes consist of all girls.

seldom (SEL duhm) *adv.* Something that **seldom** happens does not happen often.

Kyle is seldom late for anything.

interesting (IN te ruh sting) *adj.* The word **interesting** describes something very noticeable or impressive and sometimes unusual.

The actor's costume was interesting.

A. Práctica: Completa cada oración con la palabra correcta de vocabulario.

1. Mi mamá _______________ hace comidas que no me gusten.

2. El autor escribió un libro muy _______________.

3. La banda estaba _______________ por músicos muy famosos.

B. English Practice: Complete each sentence with the correct vocabulary word.

1. The teams _______________ of students from two schools.

2. Hannah is very organized, so she _______________ loses anything.

3. The sunset was quite _______________ after the storm passed.

"Mi papá,
Mark Twain"

Susy Clemens

Resumen Susy Clemens, de trece años de edad, escribe sobre su famoso padre, Mark Twain. Las cariñosas descripciones del aspecto, acciones y redacciones de su padre demuestran cuánto lo quiere.

Summary Thirteen-year-old Susy Clemens writes about her famous father, Mark Twain. Her kind descriptions of her father's looks, actions, and writing show how she feels about him.

Escribir acerca de la Gran pregunta

¿Cómo podemos decidir si algo es verdadero? En "Mi papá, Mark Twain", una niña da su punto de vista personal acerca de su padre. Ese punto de vista es muy diferente de la imagen pública de Mark Twain. Completa esta oración:

Para saber cómo es una persona realmente, tienes que ______________________

____ .

Guía para tomar notas
Usa esta red para anotar los pensamientos y sentimientos de Susy Clemens respecto de su padre.

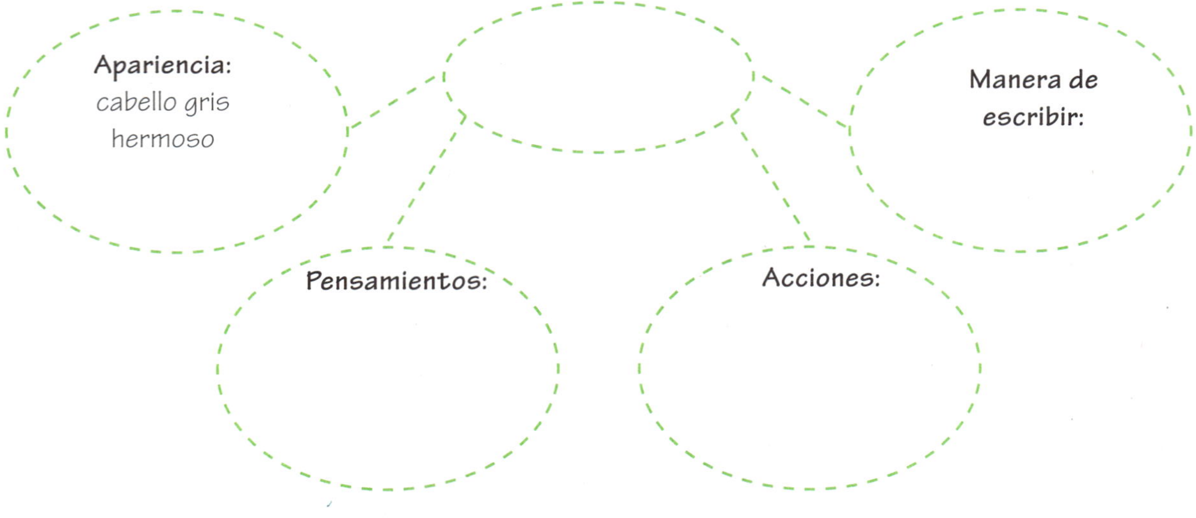

"Mi papá, Mark Twain"
Susy Clemens

La nuestra es una familia muy feliz. Está <u>formada</u> por Papá, Mamá, Jean, Clara y yo. Escribiré sobre Papá, y no me será difícil hallar qué decir acerca de él, porque es un personaje *muy* <u>interesante</u>.

◆ ◆ ◆

La autora dice que Papá tenía cabello gris hermoso, una nariz atractiva, ojos bondadosos y **bigote.** Era un hombre muy apuesto y estaba en buena forma. Además era un hombre bueno y muy gracioso. A veces estaba de mal humor, pero eso les pasaba a todos los de su familia. A veces era olvidadizo. Y a veces caminaba sin descanso de un lado a otro de la habitación mientras pensaba.

◆ ◆ ◆

Papá quiere mucho a los animales, sobre todo a los gatos. Una vez tuvimos un hermoso **gatito** gris, al que Papá llamó "Perezoso" (Papá siempre se viste de gris para que su ropa combine con su cabello y sus ojos), y lo llevaba a todas partes sobre el hombro, era algo digno de ver, el gato gris profundamente dormido sobre el gris del abrigo y del cabello de Papá.

◆ ◆ ◆

El padre de la autora les ponía nombres muy graciosos a los gatos de la familia; por ejemplo, Gato Perdido, Buffalo Bill y Sall **Jabonosa.**

El padre de la autora usaba lenguaje fuerte con frecuencia y no le gustaba que lo interrumpieran. Decía que no le gustaba escuchar otra voz que no fuera la suya. La autora dice que lo decía en broma, pero que en el fondo ¡había algo de verdad!

◆ ◆ ◆

Palabras de uso diario

bigote *s.* vello que crece sobre el labio superior de los hombres

gatito *s.* un gato joven

jabonosa *adj.* que contiene jabón o algo parecido al jabón

TOMAR NOTAS
Take Notes

Verifica tu comprensión 

Escribe una breve descripción de Mark Twain según lo que has aprendido hasta el momento.

____

____

____

Desarrollar el vocabulario en inglés: Identificar cognados

Los cognados son palabras que comparten el mismo origen o raíz. En el párrafo que está enmarcado por un corchete, subraya los cognados en español de estas palabras en inglés: *animals, combine, profoundly.*

Verifica tu comprensión 

Los humoristas son personas que hacen reír. Subraya palabras o frases del texto que indiquen que Mark Twain tenía buen humor.

Activar conocimientos previos

¿Escribiste alguna vez sobre algún ser querido o alguien que admiras? Si lo hiciste, describe quién era y por qué escribiste sobre esa persona.

____

____

Desarrollar el vocabulario en inglés: Identificar cognados

En el párrafo que está enmarcado por un corchete, subraya los cognados en español de estas palabras en inglés: *moments, humor, passages, details.*

Análisis literario 

La **perspectiva** del autor muestra sus sentimientos y creencias acerca de un tema. ¿Qué diferencias habría en esta biografía si la hubiese escrito alguien que no perteneciera a la familia de Mark Twain?

____

____

____

Uno de los últimos libros de Papá es "El príncipe y el **mendigo**", que es, sin duda, la mejor de sus obras. Algunos quieren que mantenga su viejo estilo, un **caballero** le escribió: "Disfruté muchísimo de Huckleberry Finn y me alegra ver que ha regresado a su antiguo estilo". Eso me molestó, me molestó mucho, porque me fastidia que tan pocas personas conozcan a Papá, quiero decir, que realmente lo conozcan, muchos creen que Mark Twain es sólo un humorista que se ríe de todo.

◆ ◆ ◆

La autora cuenta que a su padre lo describían de las maneras más extrañas. Por ejemplo, decían que tenía el cabello rojo y alborotado, y la cara arrugada y triste. La autora dice que eso no es verdad. Y que su papá no siempre era gracioso. Ella quería que escribiera un libro en el que mostrara su lado suave y amable. Cree que lo logró con "El príncipe y el mendigo".

◆ ◆ ◆

Nunca vi a un hombre con sentimientos tan variados como Papá. "El príncipe y el mendigo" está lleno de momentos conmovedores, pero siempre tienen un toque de humor en alguna parte. Papá raramente escribe pasajes sin detalles humorísticos, y no creo que vaya a hacerlo.

◆ ◆ ◆

Cuando el padre de la autora era pequeño, trataba de escapar de la escuela todo el tiempo. ¡A veces llegaba incluso a simular que estaba muriendo con tal de no ir a clases! En vez de obligarlo a ir a la escuela, su madre le permitía trabajar en una imprenta.

◆ ◆ ◆

Eso hizo, y poco a poco fue aprendiendo lo suficiente para prosperar casi tanto como aquéllos que habían sido más estudiosos en su juventud.

◆ ◆ ◆

Palabras de uso diario

mendigo *s.* persona muy pobre

caballero *s.* hombre educado y de buena conducta

Piensa en la selección
Thinking About the Selection

1. Susy describe "El príncipe y el mendigo" como ________________________

   ____

   ____.

2. **Destreza de lectura:** En la tabla escribe dos **opiniones** que Susy da sobre su padre. Luego, escribe las pistas que te ayudaron a saber que son opiniones.

Opinión	Pista

3. **Análisis literario:** Puedes comprender la **perspectiva del autor** si averiguas detalles sobre su vida. Da un detalle de la vida de Susy Clemens que te ayude a ver la perspectiva de la autora.

   ____

   ____

Escríbelo ▷ **Puntos de vista**

Susy veía a Mark Twain de una manera diferente de la que otras personas lo veían. Twain era su papá y ella escribió sobre él con mucho cariño. ¿Cómo cambiaría este cuento si una persona que no sintiera admiración por Twain lo hubiera escrito?

Una persona que no sintiera admiración por Twain hubiera dicho que él era

____

____.

Vocabulario

Estas palabras son traducciones de las palabras que están resaltadas en el cuento. Escucha cada palabra. Dila. Luego, lee la definición y la oración de ejemplo.

compasión *s.* La **compasión** es la comprensión de los sentimientos de otra persona; en este caso, el sufrimiento.

Marcos sintió compasión por su hermana cuando estaba enferma.

atentamente *adv.* La palabra **atentamente** describe una acción hecha con atención o determinación.

Bruno siempre hizo su tarea atentamente.

hereditario *adj.* Cuando algo es **hereditario,** es una característica que pasa de generación en generación.

En la clase de ciencias, aprendimos sobre un mal hereditario que afecta a los niños solamente.

Vocabulary

These words are highlighted in the story. Listen to each word. Say it. Then, read the definition and the sample sentence.

sympathy (SIM puh thee) *n.* **Sympathy** is understanding and sharing another person's feelings, in this case, their suffering.

Mark felt sympathy for his sister when she was sick.

intently (in TENT lee) *adv.* **Intently** describes an action that is done with great attention or determination.

Bruce always worked intently on his homework.

hereditary (huh RED uh tayr ee) *adj.* **Hereditary** describes a characteristic passed down from generation to generation.

In science class, we learned about hereditary diseases that only affect children.

A. Práctica: Completa cada oración con la palabra correcta de vocabulario.

1. Como el color de ojos es _____________________, puede servirte para identificar personas de una misma familia.

2. Ana sintió _____________________ por el perro abandonado y se lo llevó a su casa.

3. Mi prima estudia _____________________ para aprobar el examen de matemáticas.

B. English Practice: Complete each sentence with the correct vocabulary word.

1. I felt _____________________ for the boy who forgot his homework.

2. Meredith worked _____________________ to fix her broken watch.

3. Isabelle's dark hair is _____________________.

"Pánico escénico"

Mark Twain

Resumen Mark Twain nos cuenta su primera experiencia frente a una audiencia. Estaba tan asustado que había pedido a varios de sus amigos que se repartieran por toda la audiencia. Una de sus amigas comenzó a reírse cuando Twain la miró. Su plan resultó más divertido de lo que él esperaba.

Summary Mark Twain tells about his first time in front of an audience. He was so scared that he had friends scattered around the audience. One friend was to laugh when Twain looked at her. The way his plan works has a funnier result than he intended.

 Escribir acerca de la Gran pregunta

¿Cómo podemos decidir si algo es verdadero? En "Pánico escénico", un humorista famoso debe ocultar sus verdaderos sentimientos. Aunque tiene pánico escénico, debe aparentar que está tranquilo frente a una audiencia. Sus amigos tratan de ayudarlo. Completa esta oración:

La conducta de una persona (siempre/no siempre) indica lo que le ocurre

verdaderamente porque ____

____.

Guía para tomar notas

A Mark Twain se lo conocía como un escritor divertido. Completa la tabla con detalles del cuento que indiquen que es divertido.

Piensa en la selección
Thinking About the Selection

1. Twain sabía que le iba a costar dar la conferencia. Completa los siguientes recuadros para indicar cómo se aseguró de que daría la conferencia.

> Twain tenía miedo de dar la conferencia, entonces

> él

> él

> él

2. **Destreza de lectura:** Una **opinión** es lo que piensa y cree una persona. Twain da opiniones en su discurso. Anota dos **opiniones** de Twain. Luego, indica las pistas que te ayudan a identificar cada opinión.

   Opinión: ____.

   Pista: ____.

   Opinión: ____.

   Pista: ____.

3. **Análisis literario:** "Pánico escénico" está escrito desde el punto de vista de Mark Twain. ¿En qué se diferenciaría la perspectiva del autor si su hija hubiese escrito el ensayo?

   ____

   ____

Coméntalo   **¿Es buena idea?** Twain miró a la esposa del gobernador cuando no debía. ¿Por qué ella tuvo la reacción que tuvo? ¿Fue una reacción apropiada? Comenta tus opiniones con un grupo pequeño de compañeros.

   Creo que la reacción fue apropiada porque ____________________.

   Creo que la reacción no fue apropiada porque ________________.

La dama y la araña • Names/Nombres
The Lady and the Spider • Names/Nombres

Destreza de lectura

Debes saber la diferencia entre **hecho** y **opinión.** Te ayudará a comprender las obras de no ficción.

- Un *hecho* se puede probar.

- Una *opinión* es una creencia que se puede apoyar, pero no probar.

Para **comprobar hechos, puedes usar recursos** tales como diccionarios, enciclopedias y sitios web confiables.

Usa esta tabla para anotar los hechos de estas selecciones.

Hecho	Fuente de referencia	Verdadero	Falso
Los tigres viven sólo en climas fríos.			√

Análisis literario

Los escritores tienen pensamientos y opiniones sobre el tema y el público para su obra. Estos pensamientos y sentimientos se llaman **tono.**

- El tono a menudo se puede describir con una palabra, tal como *divertido, serio* y *gracioso.*

- La elección de palabras, la estructura y la longitud de las oraciones ayudan a crear un tono.

Observa de qué manera la elección de palabras puede crear un tono amigable:

Si planeas con anticipación, ¡te prometo que tendrás la mejor fiesta de tu vida!

A medida que lees, busca detalles que muestren un tono determinado.

Vocabulario

Estas palabras están subrayadas en el cuento. Escucha cada palabra. Dila. Luego, lee la definición y la oración de ejemplo.

desordenado *adj.* La palabra **desordenado** describe algo que es confuso o no tiene un orden.

Con todos los invitados, nuestro apartamento estaba desordenado.

inscripción *s.* Una **inscripción** es algo que está escrito en alguna superficie.

El reloj tenía una inscripción con mis iniciales.

confundió *v.* La palabra **confundir** significa entender mal o identificar incorrectamente.

Ella confundió su movimiento de cabeza con un sí.

Vocabulary

These words are translations of the words underlined in the story. Listen to each word. Say it. Then, read the definition and the sample sentence.

messy (MES ee) *adj.* The word **messy** describes something that is confused or disordered.

Our house became messy with all the guests.

inscription (in SKRYP shuhn) *n.* An **inscription** is something that is written on a surface.

The watch had an inscription with my initials.

mistook (mi STOOK) *v.* The word **mistook** means misunderstood or identified incorrectly.

She mistook his nod for a yes.

A. Práctica: Completa cada oración con la palabra correcta de vocabulario.

1. Pedro no se _____________________ en ningún ejercicio, entonces su maestra le puso un cien en la prueba de matemáticas.

2. Al llegar de nuestras vacaciones, encontramos todo _____________________ porque habían entrado ladrones.

3. El perrito llevaba una medalla que tenía una _____________________ con el nombre y la dirección de sus dueños, por si se perdía.

B. English Practice: Complete each sentence with the correct vocabulary word.

1. The room was so _____________________ that I couldn't find my books anywhere.

2. The book had an _____________________ on its cover.

3. He _____________________ my name as Annie rather than Andy.

"Names/Nombres"

Julia Álvarez

Resumen La joven Julia Álvarez y su familia son llamados con diferentes nombres cuando llegan a los Estados Unidos. Los nombres no son los nombres en español con que ellos se llaman en el hogar. Julia se pregunta qué nombre usará cuando se convierta en una escritora famosa.

Summary Young Julia Alvarez and her family are called by different names when they come to America. The names are not the Spanish names they use at home. Julia wonders what name she will use when she becomes a well-known writer.

Escribir acerca de la Gran pregunta

¿Cómo podemos decidir si algo es verdadero? En "Names/Nombres", una niña duda sobre si debe corregir a las personas que pronuncian mal su nombre, aunque le moleste que lo hagan. Oculta sus sentimientos para poder "adaptarse". Completa esta oración:

A veces hay que ser valiente para demostrar los sentimientos verdaderos

porque ____.

Guía para tomar notas

En este ensayo, Julia Álvarez describe nombres. Las personas pronuncian mal su nombre. Sus amigos no la llaman Julia, sino de otras maneras. Además, tiene apodos. Completa esta tabla con los diferentes nombres o pronunciaciones de nombres que aparecen en el cuento de Álvarez.

Nombres con que llaman las personas a su padre	Nombres con que llaman las personas a su madre	Nombres con que llaman las personas a Julia
Señor Elbures		
Señor Alberase		

Destreza de lectura 

Un **hecho** se puede demostrar. Una **opinión** se puede apoyar pero no se puede demostrar. Lee el párrafo que está marcado por un corchete. ¿Qué **hecho** afirma Julia Álvarez?

____

____

Verifica tu comprensión 

¿De qué maneras diferentes pronuncian las personas de Estados Unidos el nombre de la narradora? Encierra en un círculo algunas de las maneras en las que las personas pronunciaban los nombres *Julia* y *Álvarez*.

Desarrollar el vocabulario en inglés: Identificar cognados

Los cognados son palabras que comparten el mismo origen o raíz. En el párrafo que está enmarcado por un corchete, subraya los cognados en español de estas palabras en inglés: *immediately, immigration, declare.*

"Names/Nombres"
Julia Álvarez

¿Alguna vez has estado en una situación en la que te sentiste un extraño? ¿Qué te hubiese gustado hacer para parecerte más a los demás? En "Names/Nombres", Julia, la narradora, cuenta cómo deja que la llamen con diferentes nombres para parecer más estadounidense. No le gusta que le pregunten de dónde es ni que le pidan que diga su nombre en español.

Al comienzo del ensayo, Julia cuenta qué sucede con el apellido de su familia, Álvarez, cuando llegan a la ciudad de Nueva York:

◆　◆　◆

Cuando llegamos a la ciudad de Nueva York, nuestros nombres cambiaron casi inmediatamente. En Inmigración,[1] el agente le preguntó a mi padre, *Mr. Elbures*, si tenía algo que declarar.

◆　◆　◆

El padre de Julia responde a la pregunta, pero a Julia le molesta que el agente de inmigración no sepa pronunciar el apellido de su familia. No se atreve a corregirlo. Dice su apellido una y otra vez para sus adentros, y le parece que tiene un sonido muy lindo.

◆　◆　◆

Al principio cuando nos mudamos al edificio de apartamentos, el **súper** le puso el nombre de *Alberase* a mi papá, y las vecinas amigas de mi mamá pronunciaban su nombre *Yu-li-a* en vez de *Ju-li-a*. Yo, con el mismo nombre, en casa era *Julia* pero, en la escuela era *Judy* o *Judith*.

Palabras de uso diario

súper *s.* encargado o persona que maneja un edificio de apartamentos

---

1. **Inmigración** *s.* agencia del gobierno que se ocupa de los inmigrantes

Hasta que una vez, una maestra de inglés <u>confundió</u> mi nombre con *Julieta.*

Transcurrió algún tiempo hasta que me acostumbré a mis nuevos nombres. Me pregunté si debía o no corregir a mis maestras y nuevas amistades. Pero mi mamá decía que no tenía importancia:

— Tú sabes, como dijo tu amigo Shakespeare: "Una rosa, aunque llevara otro nombre tendría el mismo perfume".

Mi padre adquirió el hábito de referirse a cualquier escritor famoso como "tu amigo" porque en la clase de inglés había escrito mis primeros poemas y cuentos.

◆ ◆ ◆

En la escuela secundaria, los estudiantes le tienen simpatía a Julia. Le dicen *Jules* o *Hey Jude.* Algunos la llaman Alcatraz. Julia imagina que ese nombre le permitirá hacer diabluras. Y cuando "JUDY ALCATRAZ" aparezca en los afiches de "Se busca", nadie podrá probar que es ella.

La hermana mayor de Julia, *Mauricia*, tiene el nombre que suena más extranjero. *Mauricia* es una combinación de *Maurán* y *Felicia*, los nombres de sus dos abuelas. Parece que a los estadounidenses les resulta difícil pronunciar *Mau-ri-cia*. Incluso les cuesta decir *Mu-ri-sha,* así que la llaman *María,* o Marsha, o Maudy, por su apodo *Maury.* La hermana menor de Julia, *Ana,* no tiene problemas con su nombre. Todos la llaman *Anne.*

Julia está contenta de ser Judy y confundirse con las Sally y las Jane de su salón. Pero su acento y su color la delatan. Cuando sus compañeros le preguntan de dónde es, ella responde que es de la República Dominicana.

◆ ◆ ◆

Análisis literario 

El **tono** muestra la actitud o los sentimientos del escritor sobre el público y el tema. Lee el segundo párrafo. ¿Cómo describirías el **tono** de Álvarez o su actitud hacia las personas que no la llaman Julia?

____

____

Verifica tu comprensión 

Las personas les ponen muchos sobrenombres a Julia y sus hermanas porque les resulta difícil pronunciar sus nombres. Encierra en un círculo algunos de los sobrenombres.

Desarrollar el vocabulario en inglés: Identificar cognados

En el párrafo que está enmarcado por un corchete, subraya los cognados en español de estas palabras en inglés: *habit, famous, class, poems.*

Análisis literario 

Hasta ahora, el ensayo de Álvarez tiene un **tono** gracioso y amigable. Lee el primer párrafo. Los amigos de Álvarez le preguntan de dónde es. Ella describe cómo se siente debido a la curiosidad de ellos. ¿Ha cambiado el **tono** del ensayo? Explica tu respuesta.

____

____

Verifica tu comprensión 

En el párrafo que está enmarcado por un corchete, Julia dice su nombre completo. ¿Por qué es tan largo su nombre?

____

____

Desarrollar el vocabulario en inglés: Identificar cognados

En el párrafo que está enmarcado por un corchete, subraya los cognados en español de estas palabras en inglés: *pronouncing, bazaar.*

Sólo tenían curiosidad, yo lo sabía. Pero me enfurecía de vergüenza cada vez que me señalaban como "extranjera", una amiga rara y exótica.

◆　◆　◆

Un día, Julia deja boquiabiertos a sus compañeros al recitarles su nombre completo, que incluye muchos apellidos de generaciones pasadas. Sus compañeros le ruegan que los diga otra vez.

◆　◆　◆

—Julia Altagracia María Teresa Álvarez Tavárez Perelló Espaillat Juliá Pérez Rochet González —dije pronunciando despacio ese nombre tan <u>desordenado</u> con sonidos de **bazar** del Oriente Medio o de día del mercado en un pueblito de Sudamérica.

◆　◆　◆

La familia numerosa de Julia, que incluye muchas tías, tíos y primos, va a su graduación de la secundaria. Es difícil presentárselos a sus amigos. Son muchos y los nombres son muy complicados. Los amigos de Julia rara vez tienen más de una mamá y un papá a quienes presentar. Julia y sus amigos firman sus anuarios con apodos como "Beans" y "Pepperoni" y "Alcatraz". Se abrazan, lloran y prometen mantenerse en contacto.

◆　◆　◆

Los adioses se prolongaron. Escuché a mi papá llamándome desde el estacionamiento:
　—¡Ju-li-a! ¡Vámonos!

◆　◆　◆

Después de la graduación, la familia de Julia hace una fiesta en su honor en su casa. Toda la familia está allí: tíos, tías, primas, padres y hermanas.

Palabras de uso diario

bazar *s.* mercado que a menudo se monta al aire libre

Todos disfrutan de la comida hispanoamericana y de un postre especial con la inscripción *Happy Graduation, Julia.* Julia recibe muchos regalos, hasta alhajas y dinero.

◆　◆　◆

El de mayor tamaño fue una maquinilla portátil, regalo de mis padres para que tuviera con qué escribir cuentos y poemas.

Algún día, predijeron, mi nombre sería muy conocido en todos los Estados Unidos. Reí para mis adentros, pensando en cuál de ellos habría de usar.

Verifica tu comprensión 

¿Qué opinión tiene la familia de Julia sobre su futuro? En el texto, encierra la respuesta en un círculo.

Desarrollar el vocabulario en inglés: Identificar cognados

En el párrafo que está enmarcado por un corchete, subraya los cognados en español de estas palabras en inglés: *special, inscription, receive.*

Análisis literario

Lee la última oración del ensayo. ¿Cuál es el **tono** de esa oración? Explica tu respuesta.

____

____

____

Piensa en la selección
Thinking About the Selection

1. Álvarez escribe sobre cómo se tuvo que adaptar a diferentes versiones de su nombre. ¿Cuáles son algunos de los nombres con los que la llamaban? Escribe los apodos de Álvarez.

   ____

   ____

2. **Destreza de lectura:** Álvarez escribe "Los adioses se prolongaron" para contar sobre su graduación, ¿Es un *hecho* o una *opinión?* Explica tu respuesta.

   ____

   ____

3. **Análisis literario:** "Names/Nombres" está escrito en un tono informal o amigable. Usa esta tabla para reescribir dos oraciones con un tono más serio o formal.

Tono informal	Tono formal
"Tú sabes, como dijo tu amigo Shakespeare: "Una rosa, aunque llevara otro nombre tendría el mismo perfume".	
"Mi mamá se sonrojó y dijo al grupo el nombre real del bebé".	

Coméntalo ¿Qué importancia tiene un nombre?

Julia dejaba que las personas la llamasen por sus apodos u otros nombres. ¿Crees que estaba bien lo que hacía o debería haber pedido a las personas que la llamaran por su nombre de pila? Comenta tu opinión con un grupo pequeño de compañeros.

   Creo que Julia debería _____________________________

   ____.

Vocabulario

Estas palabras son traducciones de las palabras que están resaltadas en el cuento. Escucha cada palabra. Dila. Luego, lee la definición y la oración de ejemplo.

modo *s.* Un **modo** es una manera de actuar, hacer o ser.

> *Su modo de vestirse era único.*

equipado *adj.* Cuando alguien está **equipado**, significa que tiene lo necesario.

> *Estamos todos bien equipados para emprender la caminata.*

catástrofe *s.* Una **catástrofe** es un desastre o una desgracia.

> *El accidente automovilístico fue una catástrofe.*

Vocabulary

These words are highlighted in the story. Listen to each word. Say it. Then, read the definition and the example sentence.

mode (MOHD) *n.* A **mode** is a way of acting, doing, or being.

> *Her mode of dress was unique.*

equipped (ee KWIPT) *adj.* When someone is **equipped**, it means the person has what is needed.

> *We are well equipped for our hike.*

catastrophe (kuh TAST ruh fee) *n.* A **catastrophe** is a disaster or misfortune.

> *The car accident was a catastrophe.*

A. Práctica: Completa cada oración con la palabra correcta de vocabulario.

1. La tormenta fue una ___________________ y dejó a muchas personas sin hogar.

2. A mi profesora de canto le gusta mi ___________________ de cantar.

3. Antes de escalar la montaña, Darío debía asegurarse de estar bien ___________________.

B. English Practice: Complete each sentence with the correct vocabulary word.

1. Julio taught us a new ___________________ of painting.

2. The car was ___________________ with a CD player.

3. The mudslide was a ___________________.

"La dama
y la araña"
Robert Fulghum

Resumen El narrador ve cómo su vecina cae en una telaraña. Ella comienza a gritar. El narrador escribe sobre el hecho desde el punto de vista de la dama y desde el punto de vista de la araña.

Summary The narrator sees his neighbor walk into a spider's web. She screams. The narrator writes about the event from the lady's point of view and from the spider's point of view.

 ## Escribir acerca de la Gran pregunta

¿Cómo podemos decidir si algo es verdadero? En "La dama y la araña", se dan datos y opiniones verdaderas sobre las arañas. Completa esta oración:

Un dato importante sobre las arañas es que _______________________________

____.

Guía para tomar notas
Usa esta tabla para anotar las reacciones de cada uno de los personajes cuando el vecino se acerca a la telaraña.

La dama	La araña	El narrador
Grita.		

Piensa en la selección
Thinking About the Selection

1. ¿Cómo te das cuenta de que la dama le teme a la araña? Completa cada una de las oraciones de la tabla. Usa las siguientes palabras.

	coloca	corre	abre	agarra	
Ella					su equipaje.
Ella					su cara y su cabello.
Ella					la llave en la cerradura.
Ella					hacia la puerta trasera.

2. El autor se pregunta qué piensa la araña sobre _______________________

____

____

____.

Escríbelo ➤ **Puntos de vista**

¿Cómo crees que se sentiría la araña si estuviera en el cuerpo de la dama? Escribe un párrafo breve desde el punto de vista de la araña.

Creo que la araña se sentiría _______________________________________

____

____.

El lobo herido
The Wounded Wolf

Un **cuento** es una historia corta e inventada. Los cuentos tienen una trama, personajes, un entorno y un tema. La **trama** es la acción que ocurre en el cuento. Todas las tramas tienen estas características:

- una serie de sucesos. Los sucesos de la trama están relacionados por medio de causas y efectos.

- un **conflicto** o lucha.

- un momento culminante llamado **clímax.**

- una **resolución:** es la parte del cuento en la que el problema se resuelve. La resolución está después del clímax.

Conflicto

Problema entre dos fuerzas que se oponen

Interno
- Ocurre dentro del personaje.
- El personaje lucha por tomar una decisión, realizar una acción o superar un problema.
- Ejemplo: Un personaje no puede decidir si ahorrar dinero o comprar algo que desea.

Externo
- Ocurre fuera del personaje.
- El personaje se enfrenta a una fuerza externa, como otro personaje o la naturaleza.
- Ejemplo: Un personaje queda atrapado en una tormenta de nieve.

Los **personajes** son las personas o los animales que participan en la acción del cuento.

- **Caracterización:** El autor usa la caracterización para crear un personaje y desarrollarlo.

- **Características del personaje:** Todos los personajes tienen cualidades o características. Estas cualidades ayudan al lector a comprender por qué los personajes actúan como lo hacen.

- **Motivos del personaje:** Los motivos del personajes son las razones por las que hace algo.

El **entorno** es el tiempo y el lugar de la acción del cuento. Los detalles sobre el entorno pueden incluir el año, el momento del día y el clima.

El entorno puede ser importante para la trama. También puede ayudar a crear el ambiente del cuento.

- En los cuentos que transcurren en épocas recientes se incluyen detalles que parecen reales.

- En los cuentos que transcurren en el pasado generalmente se incluyen detalles reales e inventados.

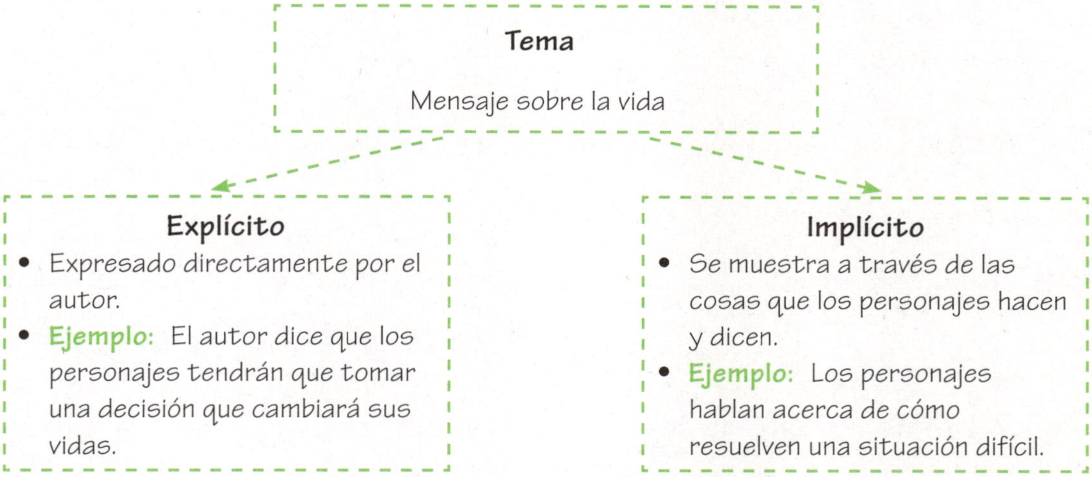

Tema

Mensaje sobre la vida

Explícito
- Expresado directamente por el autor.
- **Ejemplo:** El autor dice que los personajes tendrán que tomar una decisión que cambiará sus vidas.

Implícito
- Se muestra a través de las cosas que los personajes hacen y dicen.
- **Ejemplo:** Los personajes hablan acerca de cómo resuelven una situación difícil.

Vocabulario

Estas palabras están subrayadas en el cuento. Escucha cada palabra. Dila. Luego, lee la definición y la oración de ejemplo.

descomunal *adj.* La palabra **descomunal** describe algo que es muy grande e imponente.

Una roca descomunal bloqueó nuestro camino.

aúllan *v.* **Aullar** significa hacer sonidos fuertes como el grito de un lobo.

Los lobos aúllan cuando ven la luna llena.

estoico *adj.* Si alguien es **estoico,** no hace demostraciones de emoción ante los sucesos, en especial los sucesos dolorosos o tristes.

Es imposible saber lo que siente el juez porque es muy estoico.

Vocabulary

These words are translations of the words underlined in the story. Listen to each word. Say it. Then, read the definition and the sample sentence.

massive (MAS iv) *adj.* **Massive** describes something that is very large and impressive.

A massive rock blocked our road.

wail (WAYL) *v.* When things **wail,** they make loud sounds like the cry of wolves.

Wolves wail when they see the full moon.

stoic (STOH ik) *adj.* If someone is **stoic,** he or she shows no reaction to events, especially painful or sad events.

You cannot tell what the judge is thinking because he is so stoic.

A. Práctica: Completa cada oración con la palabra correcta de vocabulario.

1. Por las noches, los gatos de mi vecindario ___________________.

2. Jorge es un hombre ___________________ que no demuestra sus sentimientos.

3. La montaña ___________________ era el centro de atención de los turistas.

B. English Practice: Complete each sentence with the correct vocabulary word.

1. The ___________________ tree is hundreds of years old.

2. The boy started to ___________________ after he fell down.

3. My brother was ___________________ as he read his report card.

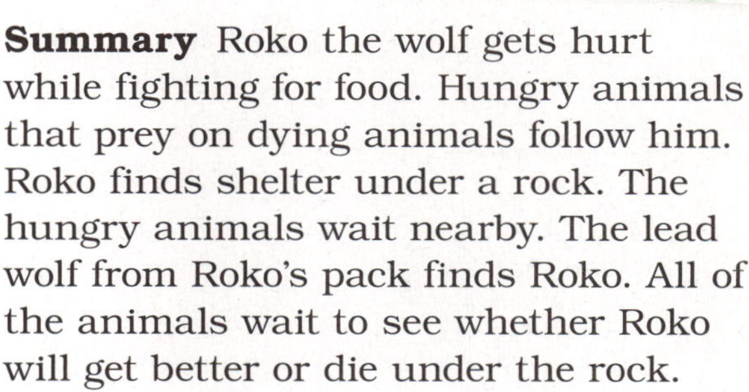

"El lobo herido"

Jean Craighead George

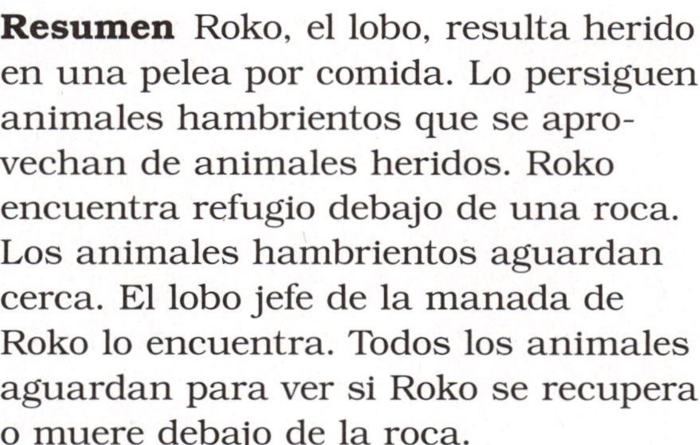

Resumen Roko, el lobo, resulta herido en una pelea por comida. Lo persiguen animales hambrientos que se aprovechan de animales heridos. Roko encuentra refugio debajo de una roca. Los animales hambrientos aguardan cerca. El lobo jefe de la manada de Roko lo encuentra. Todos los animales aguardan para ver si Roko se recupera o muere debajo de la roca.

Summary Roko the wolf gets hurt while fighting for food. Hungry animals that prey on dying animals follow him. Roko finds shelter under a rock. The hungry animals wait nearby. The lead wolf from Roko's pack finds Roko. All of the animals wait to see whether Roko will get better or die under the rock.

Guía para tomar notas

Muchos animales observan a Roko después de que se lastima. Usa esta tabla para anotar lo que hacen los animales.

Cuervos	Zorro ártico	Búho nival	Oso gris	Kiglo
Picotean la herida abierta.				

Activar conocimientos previos

¿Qué has escuchado o leído acerca de los lobos? Escribe dos características debajo.

____

____

Verifica tu comprensión 

¿Qué le ocurrió a Roko? En las siguientes líneas, escribe un breve resumen de lo que ocurrió en el cuento hasta ahora.

____

____

____

Desarrollar el vocabulario en inglés: Identificar cognados

Los cognados son palabras que comparten el mismo origen o raíz. En el párrafo que está enmarcado por un corchete, subraya los cognados en español de estas palabras en inglés: *valley, gravely, receive, message.*

"El lobo herido"
Jean Craighead George

Un lobo herido escala el monte Toklat, un descomunal macizo de hielo y roca. Mientras avanza cojeando, el día rompe sobre el monte y lo ilumina con chispas y estrellas. Roko, el lobo herido, pestañea ante el fuego de hielo; luego se detiene a descansar y observa a su manada correr por el valle ártico[1] que se deshiela.

Se precipitan y giran. Pelean contra el poderoso caribú[2] que golpeó a Roko con la pezuña y lo hirió. Roko se interpuso entre la bestia y Kiglo, el líder de la manada Toklat. El joven Roko patinó y cayó. Sintió un mar de **pezuñas,** patas y dientes que rugían por encima de él. Y luego su manada y la bestia desaparecieron.

Herido de gravedad, Roko se arrastra hacia el refugio de roca. La debilidad se apodera de él. Se detiene. Él y su manada están flacos y hambrientos. Es la temporada de hambre…

El joven Roko mira hacia el valle. Deja caer la cabeza y tensa la cola para indicar a su manada que está gravemente herido. Los vientos aúllan. Una ráfaga glacial levanta grandes mantas de nieve y las deposita entre el joven Roko y la manada. Por eso no reciben su mensaje.

◆ ◆ ◆

Un cuervo cercano ve la señal de Roko y avisa que algo está agonizando. Enseguida un grupo de cuervos hambrientos comienzan a seguir a Roko.

◆ ◆ ◆

Roko gruñe y se apresura hacia el refugio de roca. Una nube de nieve lo envuelve. Ahora cojea en medio de una enceguecedora blancura.

Palabras de uso diario

pezuñas *s.* uñas o garras que tienen algunos animales en sus patas

---

1. **ártico** la parte de la Tierra que está más al norte y que incluye partes de Alaska, Groenlandia y el mar llamado océano Ártico
2. **caribú** un tipo de ciervo grande

Una presencia fantasmal se mueve a su alrededor.

—¡Jajajajajaja! —declara el zorro ártico: la muerte se aproxima al monte. Roko huele al zorro, que lo sigue de cerca.

La nube se aleja en un remolino. Dos ojos dorados observan a Roko. El búho nival ha oído a los cuervos y también ha venido a vigilar al moribundo.

◆　◆　◆

Un oso gris se suma a los cuervos, al zorro y al búho. Los animales siguen a Roko mientras él escala con esfuerzo el monte Toklat. A medida que Roko se debilita, los otros animales se envalentonan y se acercan.

◆　◆　◆

Roko se detiene; le cuesta respirar. Un cuervo se le **posa** sobre el lomo y picotea la herida abierta. Roko intenta morderlo. El cuervo echa a volar y regresa volando en círculos. El zorro ártico muerde las pezuñas de Roko. El búho nival se acerca de a poco. El oso gris, todavía atontado por el sueño, se tambalea sobre el monte Toklat.

A sólo algunas yardas del refugio de roca, Roko cae. Al instante, los cuervos lo **asedian.** Chillan, picotean y le pinchan los ojos. El zorro ártico se lanza sobre su herida. El búho nival se sienta y espera.

El joven Roko lucha con todas sus fuerzas. Muerde a los cuervos, mordisquea al zorro y arremete contra el estoico búho. Se da vuelta y ahuyenta al oso gris. Luego se echa a correr y cae contra el refugio de roca. El lobo herido desciende, y se introduce entre la roca y el suelo **estéril.** Protegido ahora en tres lados, se da vuelta y enfrenta a todos sus enemigos.

Los cuervos se acercan algunos pies. El zorro, echado sobre su panza, se desliza hacia él. El búho nival parpadea y espera, y el hambriento oso gris ruge desde el borde del monte.

Comprensión cultural

El ártico está alrededor del Polo Norte. Es una región de temperaturas muy bajas. En su mayor parte, es un océano grande rodeado de tierras sin árboles y con suelos helados. Sin embargo, allí viven muchos animales, como peces, mamíferos marinos y pájaros. También viven seres humanos que se adaptaron al frío.

Verifica tu comprensión 

¿Por qué los animales persiguen a Roko? Escríbelo en las líneas que siguen.

____

____

Desarrollar el vocabulario en inglés: Identificar cognados

En el párrafo que está enmarcado por un corchete, subraya los cognados en español de estas palabras en inglés: *yards, rock, instant.*

Palabras de uso diario

posa *v.* aterriza

asedian *v.* rodean a alguien para mostrarle admiración o para atacarlo

estéril *adj.* que no da fruto o no produce nada

Verifica tu comprensión 

¿Por qué los lobos de la manada responden al pase de lista? Encierra la respuesta en un círculo.

Desarrollar el vocabulario en inglés: Identificar cognados

En el párrafo que está enmarcado por un corchete, subraya los cognados en español de estas palabras en inglés: *hours, mount, circle.*

Verifica tu comprensión 

¿Qué crees que le ocurrirá a Roko? Escribe tu predicción en las líneas siguientes.

____

____

____

Roko gruñe.

Sale el sol. En el otro extremo del valle Toklat, Roko oye la canción de "fin de caza" de su manada. La música aúlla y gime, con más fuerza que el lamento del viento. La canción de caza termina. Luego viene el pase de lista. Cada miembro de la manada Toklat ladra para indicar que está en casa y a salvo.

—Kiglo, aquí —Roko oye ladrar a su líder. Hay una pausa. Es el turno del joven Roko. No puede levantar la cabeza para responder. La manada permanece en silencio. El líder comienza la cuenta nuevamente.

—Kiglo, aquí. —Se hace una pausa. Roko no puede responder.

◆　◆　◆

Pronto Kiglo oye la canción de muerte de los cuervos. Sabe que Roko está muriendo.

◆　◆　◆

Pasan las horas. El viento arroja nieve sobre el monte Toklat. Enormes nubes cubren el sol. En la penumbra, Roko ve que sus vigilantes se acercan. De repente, oye a los bueyes almizcleros que rompen el círculo con gran estruendo. El hielo se resquebraja cuando el oso se marcha. Los cuervos echan a volar bruscamente. El zorro ártico corre. El búho nival aletea hacia la cima del refugio de roca. Y Kiglo aparece en el **cerro.**

Lleva un trozo de carne en la boca. Lo deja caer cerca de la cabeza de Roko y mueve la cola con alegría. Roko lame la barbilla de Kiglo en señal de respeto. Luego Kiglo pone la boca alrededor del hocico de Roko. Este gesto dice: "soy tu líder"…

El lobo herido mueve la cola. Kiglo se aleja trotando.

Ya la herida de Roko duele menos…

◆　◆　◆

Kiglo sigue llevando comida a Roko. Con cada día que pasa, Roko se vuelve más fuerte.

◆　◆　◆

Cierta mañana, al amanecer, mueve la pata herida. La estira y se arrastra hacia la luz del sol.

Palabras de uso diario

cerro *s.* colina

Camina, brinca. Corre en círculos. Salta y juega con trozos de hielo. De repente se detiene. Suena la canción de "fin de caza". Luego viene el pase de lista.

—Kiglo, aquí.

—Roko, aquí —ladra con fuerza.

La manada está en silencio.

—Kiglo, aquí —repite el líder.

—Roko, aquí.

Desde la distancia se escucha el sonido de gritos, aullidos, ladridos y alaridos. Llenan el amanecer de festejo. Y Roko desciende el monte saltando alegremente.

Activar conocimientos previos

En el cuento, el líder pasa lista para organizar a la manada. ¿Para qué otras cosas puede ser útil el pase de lista? Escribe tu respuesta en las siguientes líneas.

____

____

____

____

Verifica tu comprensión 

¿Qué oye Roko antes del pase de lista? Encierra en un círculo la respuesta en el texto.

Desarrollar el vocabulario en inglés: Identificar cognados

En el párrafo que está enmarcado por un corchete, subraya los cognados en español de estas palabras en inglés: *distance, sound, descend.*

Piensa en la selección
Thinking About the Selection

1. Algunos animales del monte Toklat intentan lastimar a Roko cuando lo encuentran herido. Completa este diagrama con las maneras en las que Roko logra escapar de ellos.

Roko

muerde a los _______________________.

arremete contra _______________________.

se da vuelta y ahuyenta al _______________________.

mordisquea al _______________________.

2. Roko no muere porque Kiglo _______________________________________
____.

Coméntalo   **Lealtad** Este cuento muestra la lealtad que hay entre los lobos de la manada. ¿Crees que Roko habría sobrevivido sin la ayuda de Kiglo? Comenta tus opiniones con un compañero.

Creo que Roko habría sobrevivido porque _______________________
____.

Creo que Roko no habría sobrevivido porque _______________________
____.

Escríbelo   **Supervivencia** Roko sobrevivió a pesar de sus heridas gracias a Kiglo, el líder de su manada. Escribe un breve final alternativo para el cuento en el que Kiglo no ayude a Roko, sino que Roko encuentre otra manera de sobrevivir.

Para sobrevivir, Roko podría haber _______________________
____.

El rabo • Dragón, dragón
The Tail • Dragon, Dragon

Destreza de lectura

Haces inferencias cuando adivinas las cosas que no se dicen directamente. Para hacerlo, usas **detalles** del cuento. Observa los ejemplos en la siguiente oración:

Ejemplo: Arnie *corrió* al buzón para ver si la carta de Jim había llegado *al fin*.

La frase *al fin* indica que Arnie ha estado esperando por mucho tiempo. Puedes adivinar o inferir que Arnie ha estado esperando noticias de Jim. Mediante la palabra *corrió*, puedes inferir que Arnie está ansioso por recibir la carta.

Análisis literario

La **caracterización** es la manera en que los escritores describen a los personajes. Te muestra cualidades del personaje y su personalidad; por ejemplo, si el personaje es amigable o malo.

- En la **caracterización directa,** los escritores escriben enunciados sobre un personaje.

- En la **caracterización indirecta,** los escritores muestran a un personaje mediante sus pensamientos, palabras y acciones. Además, los escritores usan la caracterización indirecta para mostrar qué dicen y piensan los personajes sobre otro personaje determinado.

Usa el siguiente organizador gráfico para anotar los detalles que muestran cómo es cada personaje.

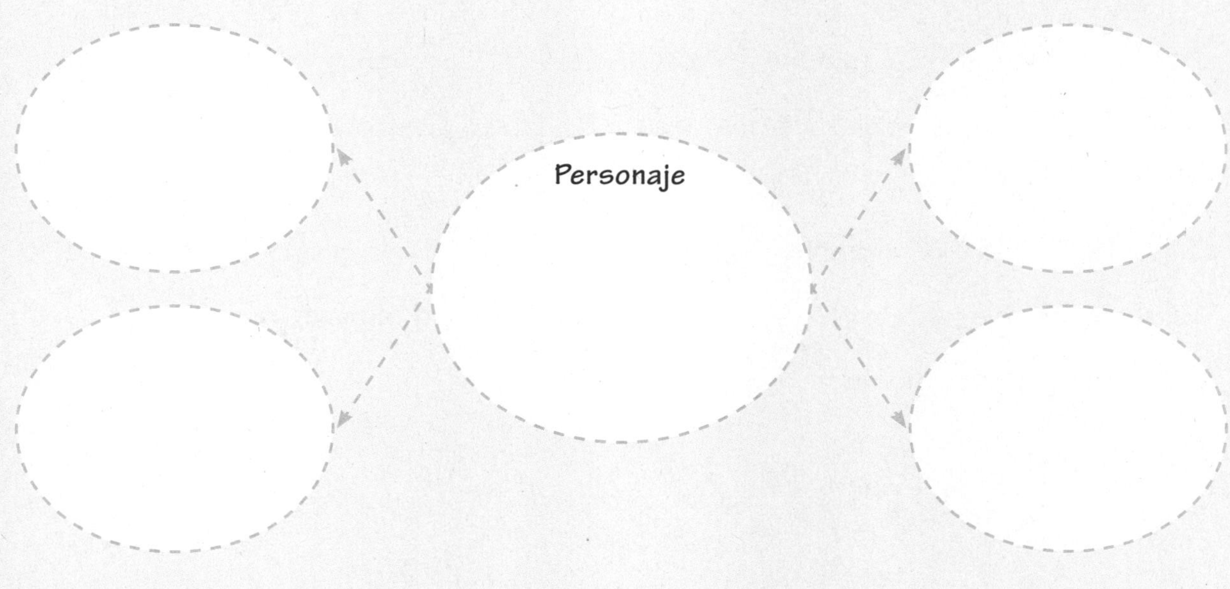

Vocabulario

Estas palabras están subrayadas en el cuento. Escucha cada palabra. Dila. Luego, lee la definición y la oración de ejemplo.

responsabilidades *s.* Las **responsabilidades** son obligaciones.

Las responsabilidades de Joel eran cortar verduras en trozos pequeños y lavar los platos.

vergüenza *s.* La **vergüenza** es un sentimiento de nervios e incomodidad ante otras personas.

Cuanto tuve que cantar la canción sentí demasiada vergüenza.

sarnoso *adj.* Cuando un animal está **sarnoso,** tiene una enfermedad en la piel que hace que pierda su pelaje.

Mamá no nos dejaría tener el perro sarnoso dentro de casa.

Vocabulary

These words are translations of the words underlined in the story. Listen to each word. Say it. Then, read the definition and the sample sentence.

responsibilities (re SPAHN si BIL uh teez) *n.* **Responsibilities** are duties.

Joel's responsibilities included chopping vegetables and washing dishes.

embarrassment (im BAYR rusment) *n.* **Embarrasment** is the state of being nervous and uncomfortable in front of other people.

I suffered great embarrassment when I had to sing the song.

mangy (MAYN jee) *adj.* If an animal is **mangy,** it has a skin condition that makes it lose its fur.

Mother would not let us keep the mangy dog inside the house.

A. Práctica: Completa cada oración con la palabra correcta de vocabulario.

1. Papá no quiso adoptar al perro callejero porque estaba _____________________.

2. Era un hombre con muchas _____________________ y poco tiempo libre.

3. Durante el acto escolar, Carlos tuvo _____________________ de subir al escenario.

B. English Practice: Complete each sentence with the correct vocabulary word.

1. José has the _____________________ of studying and babysitting.

2. Jackie couldn't hide her _____________________ when she tripped in the cafeteria.

3. The stray kittens looked _____________________.

"El rabo"

Joyce Hansen

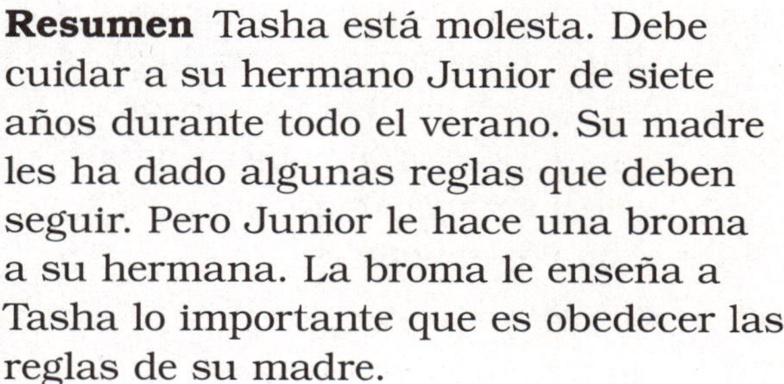

Resumen Tasha está molesta. Debe cuidar a su hermano Junior de siete años durante todo el verano. Su madre les ha dado algunas reglas que deben seguir. Pero Junior le hace una broma a su hermana. La broma le enseña a Tasha lo importante que es obedecer las reglas de su madre.

Summary Tasha is upset. She has to babysit all summer for her seven-year-old brother, Junior. Their mother gives rules for Tasha and Junior to follow. Junior plays a trick on his sister. The trick teaches Tasha how important it is to obey her mother's rules.

Escribir acerca de la Gran pregunta

¿Es siempre malo el conflicto? En "El rabo", una niña de 13 años se siente molesta cuando su madre le dice que tiene que cuidar a su hermano durante todo el verano. Completa esta oración:

Las discusiones entre padres e hijos pueden comenzar cuando _______________

____.

Guía para tomar notas

Completa esta tabla con detalles sobre los sucesos del cuento "El rabo". Anota un suceso inesperado ocurrido a cada personaje del cuento.

Tasha	Junior	Naomi	Madre	Perro
Tiene que cuidar de su hermano todo el verano.				

Análisis literario 

Los escritores usan la **caracterización indirecta** para mostrar cómo son los personajes a través de lo que piensan, dicen o hacen. Usan la **caracterización directa** para decir cómo es un personaje. ¿Cuál de las dos usa la escritora en las primeras dos oraciones del segundo párrafo? ¿Cómo lo sabes?

____

____

____

Verifica tu comprensión 

¿Por qué Tasha tiene que cuidar de su hermano menor? En el cuento, encierra la respuesta en un círculo.

Desarrollar el vocabulario en inglés: Identificar cognados

Los cognados son palabras que comparten el mismo origen o raíz. En el párrafo que está enmarcado por un corchete, subraya los cognados en español de estas palabras en inglés: *moment, apartments, front.*

"El rabo"
Joyce Hansen

Las clases estaban por terminar y Tasha esperaba con ansias las vacaciones de verano. Pero mientras lavaba el último plato de la cena, su madre le dio la mala noticia: Ma iba a volver a su antiguo trabajo. Y como Tasha tenía trece años, su madre pensaba que ya era hora de que colaborara con las responsabilidades familiares. Ma quería que cuidara de Junior todos los días del verano. De repente, parecía que iba a ser el peor verano de su vida.

◆　◆　◆

—¡Ay, no! —Rompí el plato, que hizo un ruido estrepitoso—. Eso no, Mamá.

Junior es mi hermanito de siete años y me ha estado siguiendo como si fuera un rabo desde que aprendió a caminar. Lo que es peor, no hay niños de su edad en nuestra cuadra. Todos son mayores o menores que él.

◆　◆　◆

Pero Ma estaba decidida. A la mañana siguiente, antes de salir para su trabajo, fijó las reglas; muchas reglas. Tasha no podía salir de la cuadra. No podía recibir a nadie, ni siquiera a su mejor amiga, Naomi. No podía dejar que Junior caminara por el parque y tenía que prepararle el almuerzo. Ma llamaría a la hora del almuerzo para asegurarse de que estuvieran comiendo. Después, Ma le dijo a Junior que se portara bien. Por supuesto, Junior prometió hacer todo lo que Tasha dijera.

Ma se fue, y Junior comenzó a molestar a Tasha. En ese momento su amiga Naomi la llamó. Tasha le dijo a Junior que buscara sus revistas de historietas y el juego de damas. Luego bajaron corriendo las escaleras del edificio de apartamentos y se encontraron con Naomi, que estaba sentada en los escalones del frente.

◆　◆　◆

—¿Estás lista para saltar la cuerda? —preguntó Naomi—. Yvonne y Keisha nos esperan en el parque.

—Mamá dijo que tenemos que quedarnos en esta cuadra —contestó Junior antes de que yo pudiera abrir la boca.

—Nadie te está hablando a ti, Junior. —Levanté a Naomi de un tirón del escalón donde estaba sentada—. Le prometí a mi mamá que nos quedaríamos en la cuadra, pero el parque está aquí enfrente. Desde allí puedo ver la cuadra.

—Pero no están en la cuadra —murmuró Junior mientras cruzábamos la calle corriendo.

◆ ◆ ◆

El área de juegos donde saltaban la cuerda estaba cerca de la entrada del parque. Tasha tenía muchas ganas de ir. Ma le había dicho que no se fuera de la cuadra pero, después de todo, no estaban yendo muy lejos. Tasha le prometió a Junior que le haría un favor si no le contaba nada a Ma.

◆ ◆ ◆

Keisha e Yvonne hacían girar la cuerda. Naomi y yo saltamos juntas; estábamos practicando una **rutina** nueva. Saltábamos tan bien que algunos de los chicos que jugaban al béisbol se pusieron a mirarnos. Unos ancianos también se detuvieron para observarnos. Teníamos público, así que me lucí: hice giros y un montón de pasos elaborados.

De repente, Junior se metió de un salto a la cuerda con nosotras, y todos se rieron y aplaudieron.

—¡Junior! —grité—. ¡Vete de aquí!

—Recuerda que tu trabajo es cuidarme —dijo con una sonrisa burlona. Uno de mis pies resbaló y los tres nos enredamos en la cuerda y caímos.

—¡Tus pies son demasiado grandes! —gritó Junior.

Todos se rieron a carcajadas, y yo sentí mucha vergüenza. Traté de atraparlo, pero se escapó.

Análisis literario 

¿Qué cualidad muestra Tasha al decidir ir al área de juegos? Explica tu respuesta.

____

____

____

Verifica tu comprensión 

¿Cómo crees que se sentía Tasha mientras saltaba la cuerda con sus amigas? ¿Por qué?

____

____

____

____

Desarrollar el vocabulario en inglés: Identificar cognados

En el párrafo que está enmarcado por un corchete, subraya los cognados en español de estas palabras en inglés: *practicing, routine, elaborate.*

Palabras de uso diario

rutina *s.* una parte de una sesión de ejercicios o representación

Activar conocimientos previos

Cuando Tasha se dio cuenta de que había perdido de vista a su hermano, se asustó y comenzó a buscarlo. Describe una situación en la que hayas perdido algo importante. ¿Cómo te sentiste? ¿Lo hallaste finalmente? Escribe tu respuesta en las siguientes líneas.

____

____

____

Análisis literario 

¿Cómo se siente Tasha cuando encuentra la revista de historietas de Junior?

____

____

____

Subraya la oración que usa la **caracterización indirecta** para mostrar cómo se siente.

Desarrollar el vocabulario en inglés: Identificar cognados

En el párrafo que está enmarcado por un corchete, subraya los cognados en español de estas palabras en inglés: *noticed, park.*

—¡Vete! —le grité mientras él corría hacia los columpios.

Traté de olvidar que había hecho el ridículo y volví a la cuerda. No sé cuánto tiempo habremos estado saltando, cuando de repente un niñito pasó corriendo junto a nosotras.

—¡Hay un perro salvaje suelto! ¡Por allá! —gritó el niño señalando los escalones que conducían al interior del parque.

◆　◆　◆

Durante mucho tiempo se había dicho que en el parque vivían perros salvajes, pero nunca nadie había visto uno. Así que Tasha y Naomi siguieron saltando. Pero entonces notaron que los niños se iban. Les tenían miedo a los perros. De repente, Tasha se dio cuenta de que Junior no estaba. Gritó su nombre pero nadie contestó. Las niñas corrieron por todo el vecindario buscando a Junior y llamándolo. Tasha se estaba asustando de verdad.

Las niñas volvieron a los juegos. Luego Tasha corrió hasta la entrada del parque. Naomi le dijo que no entrara porque los perros salvajes podrían atacarla.

◆　◆　◆

Me di vuelta.

—Si tienes miedo, no vengas. Junior es mi único hermanito. Dios mío —dije en voz alta—, por favor, haz que lo encuentre. Prometo jugar a todos los juegos que él quiera. Nunca volveré a gritarle. ¡Prometo no volver a ser mala con él en toda mi vida!

◆　◆　◆

Naomi acompañó a Tasha. Cada vez que oían un ruido, daban un salto. Tasha siguió llamando a Junior. Cada vez estaba más asustada. Entonces, las niñas creyeron ver un animal enorme, como un oso o algo parecido, en el camino. Las niñas gritaron, pero descubrieron que sólo se trataba del tronco de un árbol muerto. Sin embargo, junto al tronco, Tasha vio una de las revistas de historietas de Junior. Se echó a llorar. ¿Y si un perro salvaje lo había atacado?

◆　◆　◆

De repente se oyó un gruñido increíble. Bajé volando los escalones, con piernas ligeras como el viento. Naomi iba delante de mí. Sus dos **trenzas** se sacudían como hélices. Mis pies ni siquiera tocaban el suelo. Gritamos sin parar mientras bajábamos los escalones. Yo me tropecé con el último y quedé tendida en el suelo. Dos mujeres que pasaban por allí se acercaron.

—¿Te lastimaste? —preguntó una de ellas.

Entonces oí una risa familiar que venía de arriba; y vi la cara con hoyuelos de Junior. Se reía con tanta fuerza que tenía que sostenerse la barriga con una mano. Con la otra sostenía el juego de **damas.** A su lado había un perrito marrón <u>sarnoso</u> que movía la cola.

◆　◆　◆

Tasha estaba enojada, pero Junior siguió riendo, y el perrito le **gruñía** a ella. Luego, Junior dijo algo que la hizo enojar muchísimo.

◆　◆　◆

—Trueno y yo nos escondimos entre los arbustos y las seguimos. —Siguió riendo. Luego se dirigió al perro—. Trueno, ¿no es cierto que Tasha se veía muy graciosa con ese palo en la mano, como si fuera a pegarle al tronco?

Puse las manos alrededor del cuello de Junior.

—Este es el fin del rabo —dije.

Junior sonrió burlón.

—Tú lo prometiste: "Jugaré a todos los juegos que él quiera. Nunca volveré a gritarle. Prometo no volver a ser mala con él en toda mi vida".

◆　◆　◆

Naomi también se echó a reír porque el perro era muy pequeño. ¿Ése era el animal al que todos temían? Junior dijo que

Palabras de uso diario

trenzas *s.* extensiones de cabello o tiras angostas de algún material que se separan en tres partes y luego se entrelazan

damas *s.* juego de 2 jugadores que se juega con 12 fichas redondas y planas y un tablero especial con 64 cuadros

gruñía *v.* si un animal gruñía, emitía un fuerte sonido de enfado

Análisis literario

¿Qué muestra sobre la personalidad de Junior su reacción en el cuarto párrafo?

____

____

____

¿Es **caracterización directa** o **indirecta**? Explica tu respuesta.

____

____

____

Verifica tu comprensión 

¿Qué cosa que prometió hacer le recuerda Junior a Tasha? Encierra la respuesta en un círculo.

Verifica tu comprensión 

¿Dónde estaba Junior? Escribe un breve resumen de cómo Tasha encontró a su hermano.

____

____

____

____

Verifica tu comprensión 

¿Le contó Junior a su madre acerca del incidente del parque? Subraya el texto que justifique tu respuesta.

Análisis literario

¿Cómo cambió el **personaje** de Tasha al finalizar el cuento?

____

____

____

____

____

Desarrollar el vocabulario en inglés: Identificar cognados

En el párrafo que está enmarcado por un corchete, subraya los cognados en español de estas palabras en inglés: *protector, telephone.*

Trueno era su leal protector. No era salvaje: sólo necesitaba un amigo. Entonces Tasha vio el reloj y se dio cuenta de que casi era la hora en que Ma los llamaría al apartamento. Corrieron a casa y Trueno los siguió. Sonó el teléfono: era Ma. Tasha le dijo que todo estaba bien.

◆　◆　◆

Bueno, el verano no resultó ser tan terrible después de todo: mis padres hicieron bañar a Trueno y dejaron que Junior lo adoptara como mascota.

◆　◆　◆

Tasha no volvió a irse de la cuadra. Ella y Naomi practicaban cómo saltar la cuerda en la acera del edificio. Tasha también jugaba con Junior, quien, gracias a Trueno, ya no era tan molesto.

◆　◆　◆

Ganamos el concurso de salto de cuerda. Junior nunca les dijo a mis padres que lo había perdido. Y yo descubrí que nunca extrañas un rabo hasta que casi lo pierdes.

Piensa en la selección
Thinking About the Selection

1. La madre de Tasha le pidió que cuidara a Junior durante el verano. Completa el diagrama con lo que ocurrió cuando Tasha cuidó de su hermano.

> Tasha dijo a Junior que se fuera, entonces él _________________________________.

> Después de encontrar a Junior, Tasha _________________________________ el resto del verano.

2. **Destreza de lectura:** Tú usas los detalles de un cuento para **hacer inferencias** o para adivinar. Enumera los detalles que te ayudaron a hacer una inferencia sobre Tasha. Hay un ejemplo. Da un ejemplo más.

   Detalle: Tasha dice a Naomi: "Si tienes miedo, no vengas. Junior es mi único hermanito".

   Inferencia: Tasha está preocupada. Está decidida a hallar a Junior, con la ayuda de Naomi o sin ella.

   Detalle: _________________________________.

   Inferencia: _________________________________.

3. **Análisis literario:** La **caracterización directa** es lo que un escritor dice sobre un personaje. Da dos ejemplos de caracterización directa del cuento.

   ____

   ____

Coméntalo

Puntos de vista A veces, las personas hacen bromas que creen que son divertidas para los demás. Pero, tal vez no todos crean que son divertidas. ¿Crees que la broma que hizo Junior es divertida? Comenta tus opiniones con un compañero.

Creo que la broma que hizo Junior es divertida/no es divertida porque ______

____.

Vocabulario

Estas palabras son traducciones de las palabras que están resaltadas en el cuento. Escucha cada palabra. Dila. Luego, lee la definición y la oración de ejemplo.

devastó *v.* **Devastó** significa destruyó violentamente o asoló.

> *El conejo devastó mi jardín y lo dejó sin plantas.*

asedió *v.* **Asedió** significa molestó o importunó.

> *La picazón me asedió todo el día.*

tirano *s.* Un **tirano** es un gobernador cruel y severo.

> *Todos temían al tirano.*

Vocabulary

These words are highlighted in the story. Listen to each word. Say it. Then, read the definition and the example sentence.

ravaged (RAV ijd) *v.* **Ravaged** means violently destroyed or ruined.

> *Rabbits ravaged my garden, leaving not one vegetable.*

plagued (PLAYGD) *v.* **Plagued** means troubled or annoyed.

> *My poison ivy plagued me all day.*

tyrant (TY ruhnt) *n.* A **tyrant** is a harsh, cruel ruler.

> *The tyrant was feared by all.*

A. Práctica: Completa cada oración con la palabra correcta de vocabulario.

1. El pueblo debía cumplir las órdenes del _________________ si no quería recibir castigos.

2. El niño _________________ a sus padres con preguntas.

3. El pronóstico anunció la tormenta que _________________ los alrededores de la ciudad.

B. English Practice: Complete each sentence with the correct vocabulary word.

1. The storm _________________ the coast.

2. Paolo was _________________ by worry when his phone call went unreturned.

3. The queen acted like a _________________ as she became more powerful.

"Dragón, dragón"
John Gardner

Resumen Un terrible dragón asusta a los habitantes de un reino. El rey ofrece una recompensa para quien mate al dragón. Los tres hijos de un zapatero pobre tienen diferentes ideas de cómo enfrentarse al dragón. Los consejos que reciben de su padre se convierten en la clave para triunfar.

Summary A terrible dragon is frightening the people in a kingdom. The king offers a reward to whoever can kill the dragon. A poor cobbler's three sons have different ideas of how to fight the dragon. The father's advice to his sons becomes the key to success.

Escribir acerca de la Gran pregunta

¿Es siempre malo el conflicto? En "Dragón, dragón", un rey se propone hacer que un dragón deje de asustar a su reino. Completa esta oración:

Para defender su hogar, una persona debe _______________________________

____.

Guía para tomar notas

Usa esta tabla para anotar lo que le ocurre a cada uno de los hijos del zapatero.

	¿Sigue el consejo de su padre?	¿Qué le ocurre?
Hijo mayor	No	
Hijo del medio		
Hijo menor		

Piensa en la selección
Thinking About the Selection

1. En el cuento, no todos los hijos del zapatero siguen el consejo de su padre. ¿Qué hace cada uno de ellos? Completa las oraciones en el siguiente diagrama.

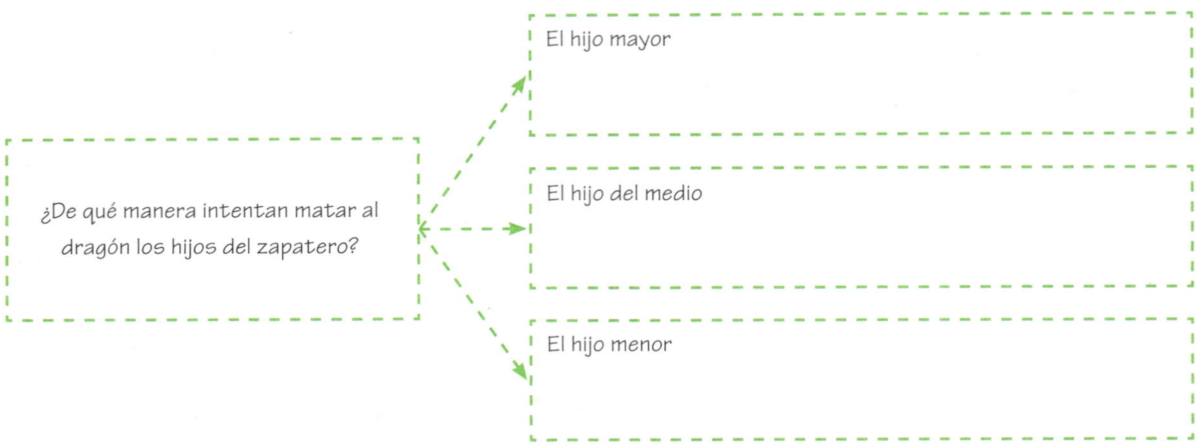

2. **Destreza de lectura: Haces una inferencia** cuando adivinas basándote en detalles del cuento. Enumera los detalles que te guiaron para hacer una inferencia sobre el hijo más pequeño. Hay un ejemplo. Da un ejemplo más.

   Detalle: Sigue el consejo de su padre.

   Inferencia: Confía en la sabiduría de su padre.

   Detalle: ____.

   Inferencia: ____.

3. **Análisis literario:** Los escritores usan la **caracterización directa** para contar sobre un personaje. Da dos ejemplos de caracterización directa del cuento.

   ____

   ____

Escríbelo　　**Anuncio de trabajo** Imagina que necesitas encontrar a alguien que mate a un dragón. Escribe un anuncio de trabajo en el que pidas un asesino de dragones. Asegúrate de incluir una descripción de las tareas que debe cumplir.

   Anuncio de trabajo: Asesino de dragones

   Un asesino de dragones debe _______________________________

   ____.

La cabra Zlateh •
La anciana que vivía con los lobos
Zlateh the Goat • The Old Woman Who Lived With the Wolves

Destreza de lectura

Una **inferencia** es una adivinanza lógica sobre algo que no se dice directamente en un texto. Se basa en información del texto y en tus propios conocimientos. Los **conocimientos previos** son las cosas que ya sabes. Combina pistas del cuento con tus conocimientos previos para hacer una inferencia. Lee la siguiente oración:

Tina sonrió cuando vio la nieve.

De esta oración puedes inferir que Tina está feliz. Tus conocimientos previos indican que las personas suelen sonreír cuando están felices. Puedes inferir que la nieve hace feliz a Tina.

Usa este diagrama para hacer inferencias mientras lees.

Detalles	Conocimientos previos	Inferencia

Análisis literario

Un **conflicto** es una lucha entre dos fuerzas. El conflicto es una parte importante de la acción de un cuento. Los sucesos ayudan a llegar a la **resolución,** o desenlace, del conflicto. Un conflicto puede ser:

- **Conflicto externo:** un personaje lucha contra una fuerza externa. Esta fuerza puede ser otra persona o algo de la naturaleza.

- **Conflicto interno:** un personaje lucha contra sí mismo. La lucha puede ser sobre hacer una elección. También puede ser sobre una acción o un sentimiento.

En un cuento puede haber más de un conflicto.

Vocabulario

Estas palabras son traducciones de las palabras que están resaltadas en el cuento. Escucha cada palabra. Dila. Luego, lee la definición y la oración de ejemplo.

sujetó *v.* La palabra **sujetó** significa tomó con fuerza.

El policía sujetó las manos del delincuente.

rastro *s.* Un **rastro** es una huella que deja algo o alguien a su paso.

Su madre le dijo: "No dejes rastros de migas de galletas".

descarriarse *v.* La palabra **descarriarse** significa alejarse del camino correcto.

Para no descarriarse, los niños llevaron un mapa del bosque.

Vocabulary

These words are highlighted in the story. Listen to each word. Say it. Then, read the definition and the example sentence.

bound (BOWND) *v.* **Bound** means tied.

The criminal's hands were bound.

trace (TRAYS) *n.* A **trace** is a mark left behind by something.

Her mother said, "Leave no trace of cookie crumbs."

go astray (GOH uh STRAY) *adv.* To **go astray** means to go away from the correct path.

The children brought a map of the forest to make sure they would not go astray.

A. Práctica: Completa cada oración con la palabra correcta de vocabulario.

1. El conductor prestaba atención a todas las señales de tránsito para no ____________________ de la ruta.

2. Cuando llegó a la costa, el marinero ____________________ el bote para que la marea no se lo llevara.

3. El león siguió el ____________________ de su presa hasta que logró atraparla.

B. English Practice: Complete each sentence with the correct vocabulary word.

1. The sticks were ____________________ together with string.

2. The police officer found a ____________________ of a fingerprint.

3. The sheep never ____________________ when our shepherd dog looks after them.

"La cabra Zlateh"

Isaac Bashevis Singer

Resumen Reuven necesita vender la cabra de la familia, Zlateh. Una fuerte tormenta azota el lugar mientras Aaron, el hijo de Reuven, lleva la cabra al carnicero. Ambos encuentran refugio durante tres días en un lugar donde se guarda heno. Zlateh come heno. Aaron toma la leche de la cabra. Aaron regresa a su hogar con la cabra y Zlateh comienza a formar parte de la familia.

Summary Reuven needs to sell the family goat, Zlateh. A blizzard hits as Reuven's son Aaron walks the goat to the butcher. The two find shelter in a haystack for three days. Zlateh eats hay. Aaron drinks the goat's milk. Aaron takes the goat back home, and she becomes part of the family.

 ## Escribir acerca de la Gran pregunta

¿Es siempre malo el conflicto? En "La cabra Zlateh", una tormenta de nieve en invierno obliga a un muchacho a hallar una manera de salvar su vida y la de la cabra de la familia. Completa esta oración:

Cuando dos amigos comparten la lucha por sobrevivir, la amistad (se fortalece/no

se fortalece) porque ____.

Guía para tomar notas

Completa esta tabla para comprender mejor el personaje de Aaron.

Nombre del personaje: Aaron	
Lo que el personaje dice	**Lo que el personaje hace**
Le pregunta a Zlateh qué piensa sobre la situación de ambos.	Intenta llevar la cabra al carnicero. Encuentra refugio en un almiar. Deja abierto el respiradero.
Lo que el personaje piensa	**Lo que otros dicen acerca del personaje**

Piensa en la selección
Thinking About the Selection

1. Aaron tiene que llevar a Zlateh al carnicero del pueblo. Camino al pueblo, los dos quedan atrapados en una tormenta de nieve. ¿Qué hace Aaron? Completa las oraciones.

   ¿Qué hace Aaron?

   1. Aaron lleva a Zlateh a un refugio para ___________________________________

   ____.

   2. Aaron bebe la _____________________ de Zlateh.

   3. Al final, Aaron lleva a Zlateh a ____.

2. **Destreza de lectura:** La mamá y la hermana de Aaron lloran porque Zlateh irá al carnicero. ¿Qué **inferencia** puedes hacer sobre lo que sienten por la cabra?

   ____

   ____

3. **Análisis literario:** Lee los conflictos que se enumeran en la tabla. Indica si es un conflicto **interno** o **externo.** Un conflicto interno es una lucha dentro de la persona. Un conflicto externo es una lucha con otra persona o la naturaleza. Usa la tabla para explicar cómo se resolvió cada conflicto.

Conflicto	¿Qué clase?	Resolución
Reuven necesita el dinero que obtendría de Zlateh, pero ama a Zlateh.		
Aaron y Zlateh necesitan comida y refugio pero quedan atrapados en una tormenta.		

Coméntalo

Peligro inminente La tormenta de nieve sorprendió a Aaron. Aunque era peligrosa, mantuvo la calma y buscó una solución. ¿Refugiarse en el almiar fue la decisión correcta? Comenta tu opinión con un compañero.

Creo que la decisión de Aaron fue correcta/no fue correcta porque __________

____.

Vocabulario

Estas palabras están subrayadas en el cuento. Escucha cada palabra. Dila. Luego, lee la definición y la oración de ejemplo.

sufriera *v.* Cuando las personas **sufren,** experimentan algo difícil, como el dolor, la enfermedad o las consecuencias de una situación desagradable.

Fue inevitable que mi abuela sufriera pérdida de la memoria.

satisfecha *adj.* Una persona **satisfecha** se siente bien por algo.

Después de ayudarla, me sentí satisfecha.

escasa *adj.* Cuando algo es **escaso,** no alcanza para satisfacer una necesidad.

En el desierto, el agua es escasa.

Vocabulary

These words are translations of the words underlined in the story. Listen to each word. Say it. Then, read the definition and the sample sentence.

suffer (SUHF fuhr) *v.* If people **suffer,** they experience something difficult, such as pain, sickness, or the effects of a bad situation.

Older people may suffer from memory loss.

contented (kuhn TENT id) *adj.* A person who is **contented** is satisfied.

After I helped her, I was contented.

scarce (SKAYRS) *adj.* If something is **scarce,** it means there is not enough of it to satisfy a need.

Water is scarce in the desert.

A. Práctica: Completa cada oración con la palabra correcta de vocabulario.

1. En el campamento, la comida era _____________________ y tenían que repartirla entre muchos.

2. Era lógico que Ana _____________________ al enterarse de las malas noticias.

3. La maestra estaba _____________________ con el buen rendimiento de sus estudiantes.

B. English Practice: Complete each sentence with the correct vocabulary word.

1. During the summer, runners may _____________________ from the heat.

2. After his hard work, Chris was _____________________ with his essay grade.

3. My class learned about _____________________ resources in economics.

"La anciana que vivía con los lobos"

Jefe Luther Standing Bear

Resumen El cachorrito de Marpiyawin se pierde. Y ella lo busca. Una tormenta de nieve la obliga a esconderse en una cueva. Una manada de lobos la ayuda a no morir de frío. Los lobos la guían hasta el campamento luego de la tormenta. Marpiyawin recibe un nombre nuevo por su amistad con los lobos.

Summary Marpiyawin's puppy gets lost. She searches for him. A snowstorm forces her to hide in a cave. A pack of wolves helps her stay warm. The wolves lead her to camp after the snowstorm. Marpiyawin gets a new name because of her friendship with the wolves.

 ## Escribir acerca de la Gran pregunta

¿Es siempre malo el conflicto? En "La anciana que vivía con los lobos", una jovencita se pierde durante una tormenta de nieve y debe confiar en una manada de lobos para sobrevivir. Completa esta oración:

A veces, si nos disponemos a confiar en lugar de tener miedo, podemos _____________

____.

Guía para tomar notas

Usa esta tabla para anotar detalles que muestren la manera en que los personajes se relacionan con los animales en este cuento.

¿Cómo trata Marpiyawin a los lobos?	¿Cómo tratan los lobos a Marpiyawin durante la tormenta?	¿Cómo trata el pueblo de Marpiyawin a los lobos?
Confía en ellos.		

"La anciana que vivía con los lobos"

Jefe Luther Standing Bear

Un gran grupo de sioux emprendió una caminata larga hacia una nueva aldea. En el grupo había una joven llamada Marpiyawin. La joven tenía un perro. Cierta noche no podía encontrarlo. Buscó por todas partes. Entonces decidió regresar caminando a la antigua aldea. Esperaba encontrar a su perro en el camino.

Durante el largo viaje comenzó a nevar. Marpiyawin estaba cansada y tenía frío, así que buscó refugio en una cueva oscura y cálida. Pronto se quedó dormida. Soñó que tenía una conversación maravillosa con lobos amistosos.

◆ ◆ ◆

Ellos le dijeron que estaba perdida, pero que debía confiar en ellos y que no permitirían que pasara frío ni sufriera de hambre. Ella contestó que no se preocuparía. Y cuando se despertó no tenía miedo, a pesar de que los lobos estaban en la cueva con ella, sentados a su alrededor con aspecto amistoso.

Afuera la tormenta de nieve siguió durante muchos días. Pero Marpiyawin estaba satisfecha porque no tenía frío ni hambre. Los lobos le llevaban conejos tiernos para que se alimentara, y por la noche la abrigaban con sus pieles gruesas. Con el paso de los días, ella y los lobos se hicieron buenos amigos.

◆ ◆ ◆

Por fin, la nevada terminó. Los lobos se ofrecieron a llevar a Marpiyawin de regreso con su pueblo. Al final de la caminata se detuvieron en la cumbre de una colina. Al pie de la colina, ella vio a su pueblo. La entristecía despedirse de los lobos, pero estaba ansiosa por volver a casa. Les agradeció por toda su gentileza. Les preguntó si podía hacer algo para compensarlos.

◆ ◆ ◆

Comprensión cultural

Los sioux son una tribu de nativos norteamericanos que vivieron en las llanuras de los Estados Unidos. Eran nómades y, como cazaban búfalos, trasladaban sus viviendas de un lugar a otro según donde estuviera este animal. Además, eran temidos guerreros.

Verifica tu comprensión 

¿Por qué Marpiyawin se fue de la aldea? Encierra en un círculo las oraciones que contienen la respuesta.

Desarrollar el vocabulario en inglés: Identificar cognados

Los cognados son palabras que comparten el mismo origen o raíz. En el párrafo que está enmarcado por un corchete, subraya los cognados en español de estas palabras en inglés: *group, decided.*

Verifica tu comprensión 

¿De qué manera ayudó Marpiyawin a los lobos? Escribe tu respuesta en las siguientes líneas.

____

____

____

____

Verifica tu comprensión 

¿Qué le pidieron los lobos a Marpiyawin? Encierra tu respuesta en un círculo.

Desarrollar el vocabulario en inglés: Identificar cognados

En el párrafo que está enmarcado por un corchete, subraya los cognados en español de estas palabras en inglés: *voices, enemy.*

Marpiyawin agradeció a los lobos por su gentileza y les preguntó qué podía hacer por ellos. Lo único que querían era que, cuando llegaran los largos meses de invierno y la comida fuera escasa, ella les llevara a la cima de la colina una buena porción de carne con grasa para que se alimentaran. Ella prometió gustosa que lo haría y bajó la colina hacia el campamento de su pueblo.

◆   ◆   ◆

Todos estaban muy contentos de verla. Habían temido que la hubieran capturado los enemigos. Marpiyawin les contó que la habían cuidado los lobos. Señaló la colina, donde los lobos seguían mirando. Todos quedaron sorprendidos. Pensaban que Marpiyawin había corrido un gran peligro con los lobos. Pero ella les explicó que los lobos le habían salvado la vida al alimentarla y abrigarla. Les pidió que la ayudaran a darles comida a los lobos en recompensa. Todos ayudaron, y Marpiyawin llevó la comida a lo alto de la colina. Lo hizo muchas veces, durante todo ese invierno, y durante muchos inviernos más.

◆   ◆   ◆

Marpiyawin nunca olvidó el idioma de los lobos y, en invierno, a menudo se oían por toda la aldea sus voces que la llamaban. Las personas le preguntaban a la anciana qué decían los lobos. Sus llamadas eran para advertirle que se acercaba una tormenta de nieve o que el enemigo estaba cerca, y para enviar un **explorador** o avisar a la anciana que la estaban cuidando.

Así fue cómo Marpiyawin se hizo conocida en la tribu como "la anciana que vivía con los lobos" o, en la lengua sioux, "Win yan wan si k'ma nitu ompti ti".

Palabras de uso diario

explorador *s.* soldado que debe ir delante de un ejército para investigar una zona y obtener información

Piensa en la selección
Thinking About the Selection

1. Marpiyawin y los lobos se ayudaron mutuamente. ¿De qué manera se ayudaron? Completa.

   Para ayudar a Marpiyawin, los lobos ________________________________.

   Para ayudar a los lobos, Marpiyawin ________________________________.

2. **Destreza de lectura:** Piensa en cómo te sientes cuando pierdes algo. Haz una **inferencia** sobre cómo se siente Marpiyawin cuando sale a buscar su perro.

   ____

   ____

3. **Análisis literario:** Usa esta tabla para explicar si cada **conflicto** es **interno** o **externo.** Luego, explica cómo se resolvió cada uno.

Conflicto	¿Qué clase?	Resolución
Marpiyawin necesita comida y refugio, pero está perdida.		
Está triste porque tiene que dejar a los lobos pero extraña a su gente.		

Escríbelo **Otras perspectivas**

Imagina que eres un lobo de la manada que dio refugio a Marpiyawin durante la tormenta. ¿Qué opinas de la situación? ¿Crees que Marpiyawin es peligrosa? Escribe una versión del cuento desde la perspectiva de uno de los lobos.

Creo que Marpiyawin es ____

   ____.

El gran sorbo estadounidense
· El circuito
The All-American Slurp · The Circuit

Destreza de lectura

Una **conclusión** es un pensamiento u opinión que te formas en función de lo que lees. Los detalles o pruebas textuales ayudan a formar conclusiones. **Haz preguntas** para averiguar qué detalles te ayudarán a sacar conclusiones. Una buena pregunta es *¿Por qué está este detalle en el cuento?*

Análisis literario

El **tema** es la idea principal de un cuento. A veces, un autor te dice cuál es el tema. Otras veces, debes averiguarlo tú.

Completa este diagrama con detalles del cuento a medida que lees. Los detalles que anotes te ayudarán a averiguar el tema del cuento.

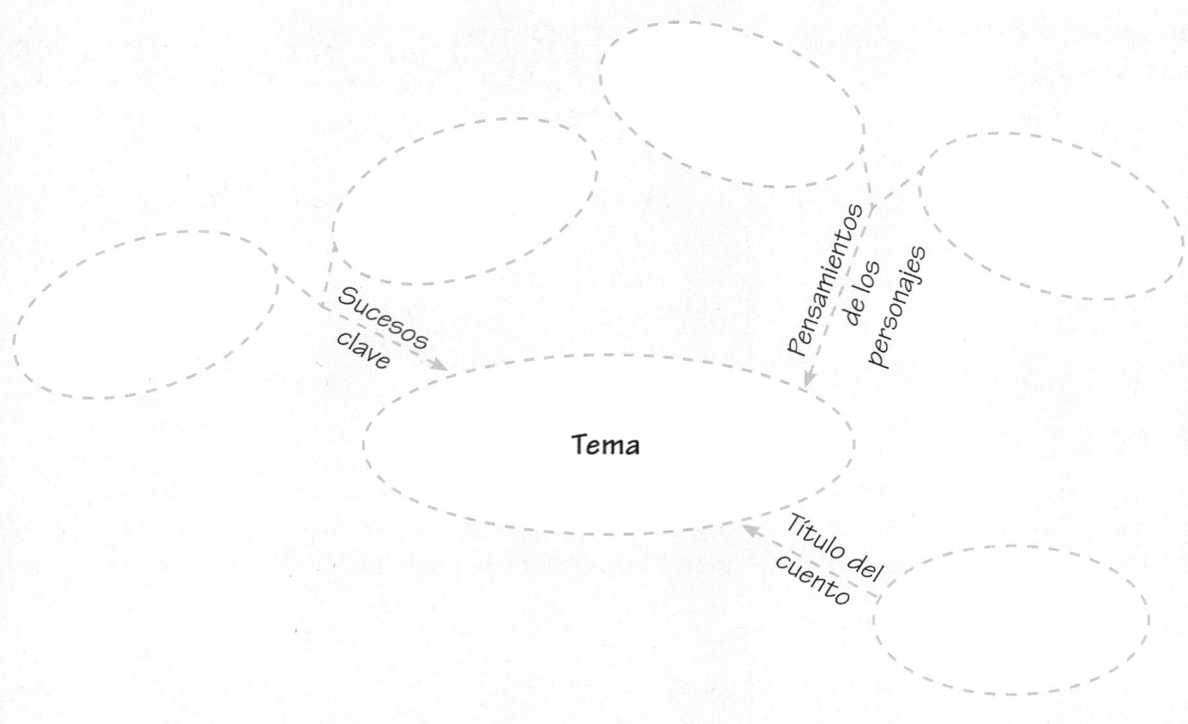

Vocabulario

Estas palabras son traducciones de las palabras que están resaltadas en el cuento. Escucha cada palabra. Dila. Luego, lee la definición y la oración de ejemplo.

presuntuosamente *adv.* La palabra **presuntuosamente** describe una acción que se hace mostrando demasiada satisfacción con uno mismo.

"Lo hice yo solo", dijo presuntuosamente.

consumo *s.* La palabra **consumo** significa el acto o proceso de ingerir alimentos o bebidas.

El consumo de agua aumentó durante los días de calor.

conocer *v.* **Conocer** algo significa saber algo o familiarizarse con alguien.

En la escuela, pude conocer a Miguel.

Vocabulary

These words are highlighted in the story. Listen to each word. Say it. Then, read the definition and the example sentence.

smugly (SMUG lee) *adv.* **Smugly** describes an action that is done in a way that shows satisfaction with oneself.

"I made it myself," he said smugly.

consumption (kuhn SUHMP shuhn) *n.* **Consumption** is the act or process of eating or drinking something up.

The consumption of water went up on the hot days.

become acquainted (bi KUHM uh KWAYN tid) *v.* To **become acquainted** with someone means to get to know or become familiar with someone.

I had a chance to become acquainted with Michael at school.

A. Práctica: Completa cada oración con la palabra correcta de vocabulario.

1. El _________________ de frutas y verduras es bueno para la salud.

2. Cinthia dijo _________________ que era la mejor nadadora del club.

3. Me gustaría recorrer el mundo y _________________ muchos países.

B. English Practice: Complete each sentence with the correct vocabulary word.

1. Carla looked _________________ at her first place ribbon.

2. The speech class's _________________ of books has gone up.

3. Have you _________________ with my cousin Gabriel?

"El gran sorbo estadounidense"

Lensey Namioka

Resumen Los Lin se han mudado de China a los Estados Unidos. La gente observa las costumbres chinas de los Lin. La familia trata de comportarse de manera más estadounidense. Un día, invitan a cenar a unos amigos estadounidenses. Los Lin descubren que no son tan diferentes como pensaban.

Summary The Lins have moved to the United States from China. People notice the Lins' Chinese habits. The family tries to act more American. One day they invite some American friends for dinner. The Lins find out that they are not as different as they think.

 ## Escribir acerca de la Gran pregunta

¿Es siempre malo el conflicto? En "**El gran sorbo estadounidense**", la narradora experimenta un conflicto porque las costumbres chinas de su familia son diferentes de las costumbres estadounidenses de sus vecinos. Completa esta oración:

Algunas cuestiones que debes afrontar cuando te mudas a otro país son __________

____.

Guía para tomar notas

Usa esta tabla para anotar las diferencias culturales que afronta la familia Lin.

Costumbres chinas	Costumbres estadounidenses
Las verduras siempre se hierven en agua antes de servirse.	Las verduras se pueden servir crudas.

Piensa en la selección
Thinking About the Selection

1. Los Lin y los Gleason comen de maneras diferentes. ¿Qué ocurre cuando cada familia come en la casa de la otra? Completa con detalles de sus comidas.

   En casa de los Gleason

   Los Lin ____.

   En casa de los Lin

   Los Gleason ____.

2. **Destreza de lectura:** Las conclusiones son decisiones que tomas sobre lo leído, u opiniones que te formas. Los detalles de un cuento se usan para sacar conclusiones. Usa esta tabla para **sacar conclusiones** sobre el cuento.

Pregunta	Detalles que responden a la pregunta	Conclusión
¿Por qué los Gleason miran cómo los Lin quitan el apio?		
¿Por qué las personas que están en el restaurante miran cuando los Lin hacen ruido al beber la sopa?		

3. **Análisis literario:** Un **tema** es el pensamiento sobre la vida que encuentras en un cuento. ¿Cuál es el tema del cuento?

   ____

Escríbelo → **Descripción de una cena**

Imagina que eres Meg. Escribe un párrafo en el que describas tu experiencia en una cena en casa de los Lin. Incluye detalles sobre lo que comes y cómo te sientes.

   En la casa de los Lin, ____

   ____.

Vocabulario

Estas palabras están subrayadas en el cuento. Escucha cada palabra. Dila. Luego, lee la definición y la oración de ejemplo.

temporada *s.* Una **temporada** es un período del año en el que se realizan ciertas actividades.

Mark y sus amigos esperaban la temporada de béisbol con ansias.

deleitándome *v.* **Deleitarse** significa disfrutar de algo o saborearlo.

Estuve deleitándome con comidas sabrosas preparadas por mi mamá.

nervioso *adj.* La palabra **nervioso** describe a alguien que está preocupado o asustado por algo.

Subir las escaleras viejas me ponía nervioso.

Vocabulary

These words are translations of the words underlined in the story. Listen to each word. Say it. Then, read the definition and the sample sentence.

season (SEE suhn) *n.* A **season** is the period of the year when certain activities take place.

Mark and his friends were looking forward to the baseball season.

savoring (SAY vuhr ing) *v.* **Savoring** is enjoying something or tasting it with delight.

I was savoring the tasty meal my mum made.

nervous (NERV uhs) *adj.* **Nervous** describes being worried or frightened about something.

Walking up on the old staircase made me nervous.

A. Práctica: Completa cada oración con la palabra correcta de vocabulario.

1. Dar discursos en público me pone muy _______________________.

2. Durante la _______________________ de pruebas, Julia no sale a jugar por la tarde.

3. Hace mucho tiempo que no paso un fin de semana entero _______________________ con buenas películas.

B. English Practice: Complete each sentence with the correct vocabulary word.

1. The family always drove to the mountains during the skiing _______________________.

2. We are _______________________ the smell of the baking pie.

3. Anne became _______________________ when she spoke in front of the class.

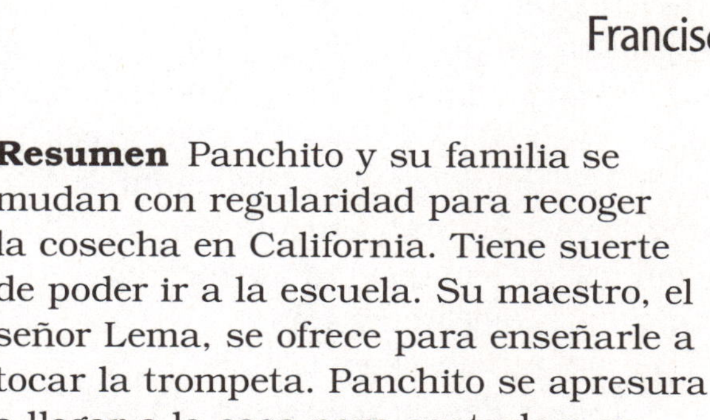

"El circuito"
Francisco Jiménez

Resumen Panchito y su familia se mudan con regularidad para recoger la cosecha en California. Tiene suerte de poder ir a la escuela. Su maestro, el señor Lema, se ofrece para enseñarle a tocar la trompeta. Panchito se apresura a llegar a la casa para contarle a su familia. Y descubre que su vida está a punto de cambiar otra vez.

Summary Panchito and his family move often to pick crops in California. He is lucky to get to go to school. His teacher, Mr. Lema, offers to teach him to play the trumpet. Panchito rushes home to tell his family. He finds that his life is about to change again.

Escribir acerca de la Gran pregunta

¿Es siempre malo el conflicto? En "**El circuito**", Panchito, el narrador, está molesto porque su familia tiene que mudarse a menudo para tener trabajo en las granjas. Completa esta oración:

Cuando una familia tiene que mudarse muy a menudo, debe afrontar conflictos

como ____.

Guía para tomar notas
Usa esta tabla para anotar lo que hace Panchito en determinados meses.

Junio y julio	Agosto	Septiembre y octubre	Noviembre
Cosecha fresas.			

Análisis literario

El **tema** de un cuento es la idea central. Lee el último párrafo de esta página. Da pistas acerca del tema de "El circuito". Subraya las palabras que podrían sugerir el tema. ¿Qué tema crees que sugieren las palabras?

____

____

Verifica tu comprensión 

¿Por qué la familia de Panchito tenía que mudarse a menudo? Escribe tu respuesta en las siguientes líneas.

____

____

____

____

Desarrollar el vocabulario en inglés: Identificar cognados

Los cognados son palabras que comparten el mismo origen o raíz. En el párrafo que está enmarcado por un corchete, subraya los cognados en español de estas palabras en inglés: *fruit, migrant, manual.*

"El circuito"

Francisco Jiménez

¿Alguna vez tuviste que mudarte de casa? ¿Te entristeció dejar atrás tu antiguo hogar y tus viejos amigos? Panchito, el joven trabajador migrante del cuento "El circuito", de Francisco Jiménez, tiene que mudarse a menudo. Las familias de los trabajadores migrantes no pueden vivir en un mismo lugar durante mucho tiempo. Tienen que ir donde sea que haya trabajo. Trabajan recolectando fruta, cosechando o haciendo trabajos manuales.

Al principio del cuento, Panchito y su familia se preparan para volver a mudarse.

◆ ◆ ◆

Ya había vuelto otra vez esa época del año. Ito, el aparcero[1], no sonrió. La parte alta de la temporada de las fresas ya había pasado, y durante los últimos días los trabajadores, la mayoría de ellos braceros[2], no habían llenado tantas cajas como durante los meses de junio y julio.

◆ ◆ ◆

Para finales de agosto ya no quedan fresas que recolectar. La familia de Panchito tendrá que buscar trabajo en algún otro lugar. Panchito le ha tomado cariño a Ito y está triste porque no volverá a verlo. En el coche, mientras vuelven a casa, el hermano mayor de Panchito, Roberto, y Papá están callados.

◆ ◆ ◆

Sí, ya había vuelto otra vez esa época del año. Cuando abrí la puerta del frente de la choza, me detuve. Todo lo que nos pertenecía estaba ordenadamente empaquetado en cajas de cartón. De pronto sentí más el peso de las horas, días, semanas y meses de trabajo. Me senté

____

1. **aparcero** *s.* persona que trabaja a cambio de una parte de la cosecha
2. **braceros** *s.* inmigrantes mexicanos que trabajan en las granjas cosechando los cultivos

sobre una caja. La idea de tener que mudarme a Fresno[3]
y el hecho de saber lo que me esperaba allí hizo que se me
llenasen de lágrimas los ojos.

Esa noche no pude dormir. Me quedé echado en la
cama, pensando en lo mucho que me disgustaba tener
que mudarme.

◆ ◆ ◆

Antes del amanecer, Papá despierta a la familia.
Los hermanos y las hermanas menores de Panchito
gritan de entusiasmo por la mudanza.

Después de desayunar, Panchito y Roberto llevan
las cajas al coche. Papá amarra el colchón al techo
del coche. Mamá trae de la casa su olla preferida
llena de frijoles. Papá la deja en el piso, detrás del
asiento delantero. Finalmente todas las cosas están
empacadas y toda la familia está en el coche.

◆ ◆ ◆

Mientras nos alejábamos en el coche, se me hizo un
nudo en la garganta. Volví la vista atrás y miré a nuestra
pequeña choza por última vez.

◆ ◆ ◆

Después de conducir durante todo el día, la
familia llega a un campo de trabajo cerca de Fresno.
Como Papá no habla inglés, Mamá pregunta si
necesitan trabajadores.

◆ ◆ ◆

—No necesitamos a nadie más —dijo el capataz,
rascándose la cabeza—. Pregunten en el campo de
Sullivan, un poco más abajo. No pueden perderse. Vive en
una casa grande y blanca rodeada por una valla.

◆ ◆ ◆

El señor Sullivan le dice a la familia que puede
emplearlos toda la temporada. Pueden vivir en un
viejo garaje sin ventanas y con el techo lleno de
agujeros.

◆ ◆ ◆

---

3. **Fresno** ciudad de la región central de California

Activar conocimientos previos

En el cuento, Panchito está triste
porque se tiene que mudar con
su familia. Recuerda algún
suceso de tu vida que te haya
producido tristeza. Escríbelo en
las siguientes líneas.

____

____

____

____

Análisis literario 

¿Por qué crees que Panchito está
llorando?

____

____

El **tema** de un cuento es la idea
central. ¿Cómo se relacionan las
lágrimas de Panchito con el
tema?

____

____

____

____

Desarrollar el vocabulario
en inglés: Identificar
cognados

En el párrafo que está
enmarcado por un corchete,
subraya los cognados en español
de estas palabras en inglés:
family, English.

Destreza de lectura 

¿Qué **conclusión** puedes sacar del párrafo que está marcado con un corchete sobre por qué la familia trabaja tan tarde?

____

____

____

____

Verifica tu comprensión 

¿Qué crees que le ocurrirá a Panchito en la escuela? Escribe tu predicción en las siguientes líneas.

____

____

____

____

Desarrollar el vocabulario en inglés: Identificar cognados

En el párrafo que está enmarcado por un corchete, subraya los cognados en español de estas palabras en inglés: *passes, muscles, move.*

Esa noche, a la luz de una lámpara de **queroseno,** desempacamos nuestras cosas y limpiamos nuestra nueva casa. Roberto se puso a barrer el polvo de la tierra, dejando al descubierto el piso duro. Papá tapó los agujeros de las paredes con papel de periódico y tapas de latas. Mamá se puso a darles de comer a mis hermanas y hermanos pequeños.

◆ ◆ ◆

La familia se acomoda para pasar la noche. A la mañana siguiente, después de desayunar, Papá, Roberto y Panchito van a la viña a recoger uvas.

◆ ◆ ◆

Hacia las 9 de la mañana, la temperatura había llegado a casi 100 grados. Estaba completamente empapado en sudor y sentía la boca como si hubiese estado masticando un pañuelo.

◆ ◆ ◆

Panchito bebe demasiada agua y se siente mal del estómago. Cae de rodillas y se queda quieto en el suelo hasta que empieza a sentirse mejor. Más tarde, mientras almuerzan, pasa el autobús escolar. Papá les dice a Roberto y a Panchito que corran a esconderse en la viña. No quiere que se metan en problemas por no ir a la escuela. Trabajan toda la tarde hasta que se pone el sol y está tan oscuro que no se pueden ver las uvas. A la mañana siguiente, Panchito casi no puede moverse y le duele todo el cuerpo. Sigue así hasta que sus músculos se acostumbran al trabajo.

◆ ◆ ◆

Era el primer lunes de noviembre. La vendimia había terminado y ahora ya podía ir a la escuela. Ese día me desperté temprano y me quedé en la cama, mirando las

---

Palabras de uso diario

queroseno *s.* aceite que se usa en calentadores y lámparas

estrellas y <u>deleitándome</u> ante la idea de no tener que ir a trabajar y de empezar el curso de sexto grado por primera vez ese año.

◆　◆　◆

Panchito desayuna con Papá y Roberto. No puede mirar a Roberto a los ojos. Sabe que Roberto tiene que recoger algodón en vez de ir a la escuela. A las ocho, Panchito sube de un salto al autobús.

Panchito está muy <u>nervioso</u> cuando llega a la escuela. No tiene libros como los demás niños. Va a la oficina de la directora y se sobresalta cuando ella le habla en inglés. Al principio quiere hablar en español, pero finalmente logra explicarle en inglés que quiere apuntarse en la escuela. Pronto lo llevan al salón de clases de sexto grado.

◆　◆　◆

El señor Lema, el profesor de sexto grado, me saludó y me asignó un pupitre. A continuación me presentó a la clase. Me sentí tan nervioso y asustado cuando los ojos de todo el mundo cayeron sobre mí, que deseé estar con Papá y Roberto recogiendo algodón.

◆　◆　◆

El señor Lema le da a la clase una tarea para la hora de lectura. Le da a Panchito un libro en inglés y le pide que lea la página 125. Cuando Panchito abre el libro en esa página, no puede empezar a leer. Se le seca la boca y los ojos se le humedecen. El señor Lema le dice gentilmente que puede leer más tarde. Panchito se enoja consigo mismo por no leer.

Durante el recreo, Panchito trata de leer el libro en el baño. Hay muchas palabras que no conoce. Panchito vuelve al salón de clases y le pide al señor Lema que lo ayude.

—Con mucho gusto —responde el profesor.

El señor Lema sigue ayudando a Panchito en la hora del almuerzo y se convierte en su mejor amigo.

Análisis literario 

¿Crees que Panchito alguna vez se ha inscrito en una escuela nueva? Explica tu respuesta.

____

____

____

Verifica tu comprensión 

¿Qué hace Panchito para aprender inglés? Encierra en un círculo el texto que indica lo que hace.

Desarrollar el vocabulario en inglés: Identificar cognados

En el párrafo que está enmarcado por un corchete, subraya los cognados en español de estas palabras en inglés: *grade, assigned, class, nervous.*

Activar conocimientos previos

¿Te gusta la música? ¿Sabes tocar algún instrumento o te gustaría aprender? Escribe la respuesta en las siguientes líneas.

____

____

____

Verifica tu comprensión 

¿Qué descubre el narrador cuando vuelve a su casa después de la escuela? Escribe la respuesta en las siguientes líneas.

____

____

Desarrollar el vocabulario en inglés: Identificar cognados

En el párrafo que está enmarcado por un corchete, subraya los cognados en español de estas palabras en inglés: *music, trumpet, sound.*

Un día, van al salón de música. El señor Lema le pregunta a Panchito si le gusta la música y se pone a tocar una trompeta. El sonido de la trompeta le pone *la carne de gallina* a Panchito. El señor Lema le pregunta si le gustaría aprender a tocar la trompeta.

◆　◆　◆

Debió de adivinar la respuesta en mi cara.

—Te enseñaré a tocarla durante la hora del almuerzo —dijo antes de que yo pudiera decir nada.

Ese día tenía unas ganas locas de volver a casa para darles la gran noticia a Papá y a Mamá. Al bajar del autobús, mis hermanas y hermanos pequeños corrieron hacia mí. Estaban gritando y chillando. Pensé que estaban contentos de verme, pero cuando abrí la puerta de la choza, vi que todo lo que nos pertenecía estaba ordenadamente empaquetado en cajas de cartón.

Piensa en la selección
Thinking About the Selection

1. Panchito comparte la hora de almuerzo con su profesor, el señor Lema. El señor Lema intenta ayudar a Panchito a aprender cosas nuevas. ¿Qué le ocurre a Panchito en su último día de clases con el señor Lema? ¿Qué ocurre cuando vuelve a su casa? Responde con detalles del cuento.

   Pregunta:

   ¿Qué es lo mejor que le ocurre a Panchito en su último día de clases?

   Respuesta: ____

   Pregunta:

   ¿Qué es lo peor que le ocurre a Panchito en su último día de clases?

   Respuesta: ____

2. **Destreza de lectura:** Una **conclusión** es una decisión que tomas sobre lo que lees basándote en los detalles de un cuento. Completa esta tabla para sacar conclusiones sobre los sucesos del cuento.

Pregunta	Detalles que responden a la pregunta	Conclusión
¿Por qué Panchito trabaja tanto?		
¿Por qué las pertenencias de la familia están guardadas en cajas?		

3. **Análisis literario:** ¿Cómo se relaciona el título del cuento con el **tema?**

   ____

Coméntalo   **De un lugar a otro** A Panchito no le gusta mudarse de un lugar a otro. Pero a sus hermanos pequeños sí. ¿Por qué crees que los entusiasma? Comenta tus ideas con un compañero. Apóyalas con detalles del cuento.

   A sus hermanos pequeños les gusta mudarse porque _______________

   ____.

El rey de Mazy May • El obsequio de Aaron
The King of Mazy May • Aaron's Gift

Destreza de lectura

Sacar conclusiones significa tomar una decisión sobre lo leído o formarse una opinión sobre los sucesos de un cuento. Los lectores sacan conclusiones mediante los detalles o pruebas textuales del cuento. También pueden usar sus **conocimientos previos** o cosas que ya saben por experiencia para sacar conclusiones.

Usa esta tabla como ayuda para sacar conclusiones a medida que lees.

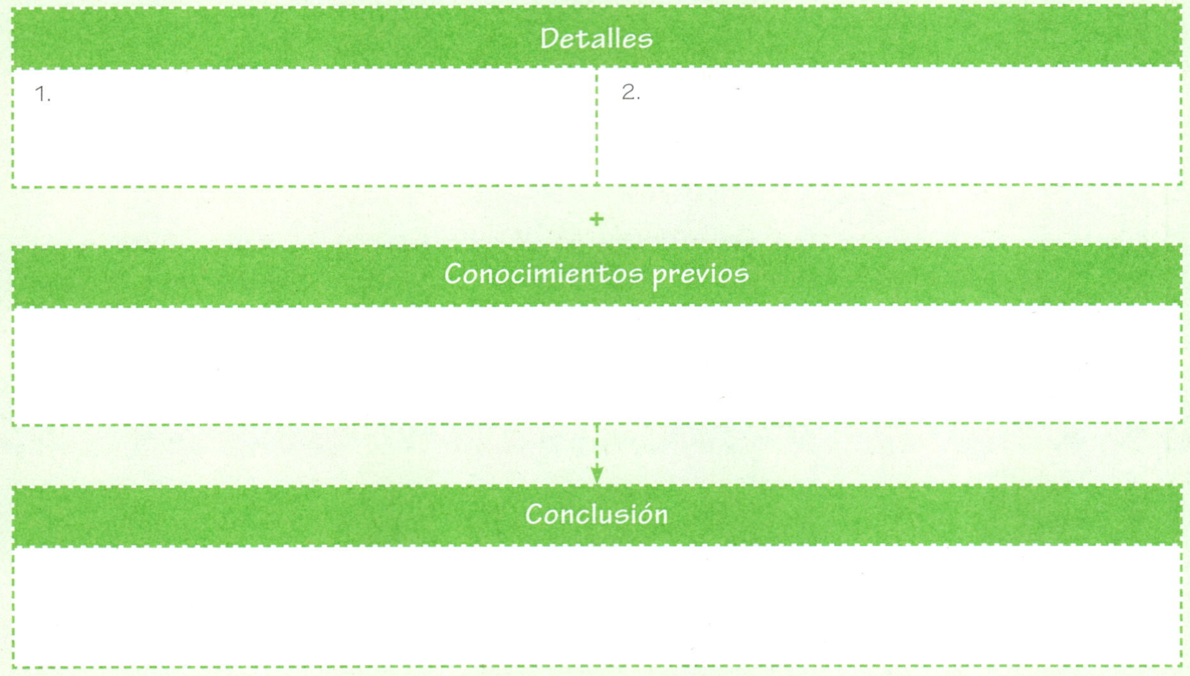

Análisis literario

El **entorno** de un cuento es dónde y cuándo se desarrolla el cuento.

El tiempo puede ser pasado, presente o futuro. También puede ser una estación del año o una hora del día.

El lugar puede ser el campo o la ciudad. También puede ser una calle, una casa o un lugar público en particular. Presta atención a la manera en que el entorno afecta a los personajes y los sucesos del cuento a medida que lees.

Vocabulario

Estas palabras están subrayadas en el cuento. Escucha cada palabra. Dila. Luego, lee la definición y la oración de ejemplo.

aguantando *v.* **Aguantar** significa soportar una experiencia que hace sufrir.

El equipo siguió aguantando varias derrotas.

registrado *v.* Si algo se ha **registrado**, se ha anotado para poder leerlo luego.

Julia ha registrado los pasos por seguir en el experimento.

probable *adj.* La palabra **probable** describe qué tan alta es la posibilidad de que algo ocurra o alguien haga algo.

¡Es probable que nuestro perro le ladre a todo lo que se le aparezca!

Vocabulary

These words are translations of the words underlined in the story. Listen to each word. Say it. Then, read the definition and the sample sentence.

enduring (in DOOR ing) *v.* **Enduring** means to suffer through an experience.

The team kept enduring a long losing streak.

recorded (ree KAWRD id) *v.* Something **recorded** has been written so that it can be read again later.

Julie recorded the list of steps in the experiment.

liable (LY uh buhl) *adj.* **Liable** describes how likely it is for something to happen or for someone to do something.

Our dog is liable to bark at anything!

A. Práctica: Completa cada oración con la palabra correcta de vocabulario.

1. Durante la caminata, el equipo estuvo _____________________ un calor tremendo que los hizo sudar.

2. Según el pronóstico, es _____________________ que hoy llueva.

3. La secretaria ha _____________________ todas las llamadas recibidas hasta el momento.

B. English Practice: Complete each sentence with the correct vocabulary word.

1. My grandparents _____________________ important dates on their calendar.

2. Mrs. Lorenzo hates _____________________ the long lines at the store.

3. After staying up late, I am _____________________ to fall asleep early tonight.

"El rey de Mazy May"

Jack London

Resumen Walt y su padre viven en el lejano Norte, donde la gente busca oro. Un día, Walt se queda solo en su finca. Y observa a unos ladrones que se preparan para robar una propiedad vecina. Walt toma algunos de los perros de trineo para advertir al vecino. Y se gana su apodo gracias a su valentía.

Summary Walt and his father live in the far North, where people search for gold. Walt is left alone on their land one day. He watches as thieves prepare to steal a neighbor's property. Walt takes some of the thieves' sled dogs to warn the neighbor. His bravery earns him his nickname.

Escribir acerca de la Gran pregunta

¿Es siempre malo el conflicto? "El rey de Mazy May" es un cuento acerca de un muchacho llamado Walt que recorre grandes distancias para proteger el oro de su amigo de los ladrones. Completa esta oración:

Para defender las pertenencias de un amigo, una persona podría ________________

____.

Guía para tomar notas

Usa esta tabla para anotar detalles del cuento.

¿Por qué va Loren Hall a Dawson?	¿Por qué va Walt a Dawson?	¿Por qué los hombres siguen a Walt?
Porque tenía que registrar su terreno.		

"El rey de Mazy May"

Jack London

¿Alguna vez te has preguntado cómo sería vivir en un territorio salvaje? Walt Masters, el muchacho de catorce años del cuento "El rey de Mazy May", de Jack London, ha vivido toda su vida en la soledad del Yukón inhóspito. Él y su padre han estado buscando oro en la zona y han conseguido la concesión de un terreno. Mientras el padre de Walt y su vecino Loren Hall están de viaje, Walt descubre que unos hombres planean robar el terreno de Hall.

El cuento empieza con una descripción de Walt y algunos detalles de su vida:

Walt Masters no es un muchacho de gran tamaño, pero en algunos aspectos es como un hombre. Hay muchas cosas que nunca ha visto porque durante toda su vida ha vivido en un territorio salvaje. Nunca ha visto un tren ni un ascensor, ni tampoco una granja, un arado o una vaca; ni siquiera un pollo. Nunca ha ido a un picnic ni a una fiesta ni tampoco ha hablado con una muchacha. Pero sí ha visto el sol a medianoche y ha jugado bajo la aurora boreal.

Walt es el único joven blanco en miles de millas cuadradas de tierras congeladas e inexploradas. Sabe comerciar con los indios para obtener pieles valiosas. Sabe hornear pan y dispararle a un alce. También puede conducir a su grupo de perros lobo cincuenta millas al día por el sendero cubierto de nieve.

◆ ◆ ◆

Walt nació a unas mil millas al sur del Yukón[1], en un puesto comercial al pie de los Terraplenes. Cuando su madre murió, él y su padre se trasladaron río arriba, paso a paso, de campamento en campamento, hasta instalarse a orillas del arroyo Mazy May,

---

1. **Yukón** río que atraviesa el territorio de Yukón, en el noroeste de Canadá

Análisis literario 

El **entorno** de un cuento es el tiempo y lugar de la acción. Describe el entorno del cuento.

____

____

Verifica tu comprensión 

¿Qué sabes sobre Walt hasta ahora? Resume la descripción que se hace de Walt en esta página.

____

____

____

Desarrollar el vocabulario en inglés: Identificar cognados

Los cognados son palabras que comparten el mismo origen o raíz. En el párrafo que está enmarcado por un corchete, subraya los cognados en español de estas palabras en inglés: *miles, post, camp.*

Verifica tu comprensión 

¿Qué empezó a suceder cuando el trabajo duro de los pobladores comenzó a dar frutos? Escribe tu respuesta en las siguientes líneas.

____

____

____

Destreza de lectura 

Walt tiene muchas responsabilidades cuando su padre no está. **Saca una conclusión** sobre Walt en función de este detalle. ¿Qué te dice sobre Walt su habilidad para cuidar el terreno de su padre?

____

____

____

____

Verifica tu comprensión 

¿Qué responsabilidades dio el padre de Walt a su hijo mientras no estuviera en casa? Encierra tu respuesta en un círculo.

donde están ahora, en la región de Klondike. El año pasado, ellos y muchos otros habían invertido mucho tiempo y **esfuerzo** en el Mazy May, aguantando grandes dificultades; por su parte, el arroyo comenzaba a mostrarles su riqueza y a recompensarlos por su duro trabajo. Pero al correr la noticia de sus descubrimientos, hombres extraños comenzaron a ir y venir durante los días cortos y las noches largas, y cometieron muchas injusticias contra los hombres que habían trabajado durante tanto tiempo en el arroyo.

◆　◆　◆

Uno de los buscadores de oro sale de cacería. Cuando regresa al arroyo se encuentra con que alguien usurpó[2] su terreno. Otros pierden los terrenos porque demoran demasiado en llegar a Dawson para registrarlos.

◆　◆　◆

Pero el padre de Walt Masters había registrado su terreno desde el principio, así que Walt no tenía nada que temer ahora que su padre se había ido en un viaje corto por el río White en busca de cuarzo. Walt era completamente capaz de quedarse solo en la cabaña, preparar sus tres comidas diarias y cuidar de todo. No sólo cuidaba del terreno de su padre, sino que también había aceptado vigilar el terreno del vecino Loren Hall, quien había partido hacia Dawson para registrarlo.

◆　◆　◆

Loren Hall es un anciano. Viaja muy lento porque no tiene perros y tiene que caminar. En el arroyo Rosebud, el hielo se rompe, Loren cae en las aguas heladas y se le congelan los pies. No puede viajar por un par de semanas. Más tarde Walt se entera de que Loren está mejor y se está preparando para seguir viajando.

◆　◆　◆

Palabras de uso diario

esfuerzo *s.* trabajo duro

2. **usurpó** ocupó una propiedad que pertenecía a otra persona

Sin embargo, Walt estaba preocupado: era <u>probable</u> que en cualquier momento alguien usurpara el terreno por culpa de esa demora, y había llegado una nueva **estampida** de exploradores al Mazy May. No le agradaba el aspecto de los recién llegados, y un día, cuando cinco de ellos aparecieron con grupos de perros entrenados para andar en el hielo y equipos de campamento de los más livianos, se dio cuenta de que estaban preparados para andar con rapidez, y decidió vigilarlos. Cerró con llave la cabaña y los siguió, cuidándose de permanecer oculto.

◆　◆　◆

Walt ve que los hombres cambian muchas estacas, destruyen las viejas y colocan otras nuevas. Se acerca silenciosamente al campamento, lo suficiente para oír lo que dicen. El líder, un hombre robusto de barba negra, les dice a los demás que esa misma noche tienen que volver a Dawson.

◆　◆　◆

—Así es —dijo el líder—. Si podemos llegar a Dawson y registrar los terrenos, seremos ricos; además, no sabemos si alguien nos ha estado siguiendo y observando, y quizás ahora haya ido a dar la alarma. Lo que tenemos que hacer es dejar que los perros descansen un poco, y luego emprender viaje tan rápido como podamos. ¿Qué dicen?

◆　◆　◆

Los demás hombres están de acuerdo. Antes de prepararse para partir, el líder se lleva a tres de sus hombres para revisar un último terreno. Walt los sigue hasta el terreno de Loren Hall. Los hombres sacan un par de baldes de lodo del arroyo. Colocan el lodo en un recipiente y lo lavan en el arroyo.

◆　◆　◆

Palabras de uso diario

estampida *s.* un movimiento repentino y masivo de gente

Verifica tu comprensión 

Lee el párrafo enmarcado por un corchete. En él, Walt observa a los hombres. ¿Qué te dice la conducta de Walt sobre lo que siente respecto de esos hombres?

____

____

____

Análisis literario 

Las acciones de los personajes dependen del **entorno**. Piensa en las opciones de viaje disponibles durante la época en que transcurre el cuento. ¿De qué manera afecta la época al viaje?

____

____

Desarrollar el vocabulario en inglés: Identificar cognados

En el párrafo que está enmarcado por un corchete, subraya los cognados en español de estas palabras en inglés: *moment, prepared.*

Destreza de lectura 

Saca conclusiones sobre las razones por las cuales sería imposible viajar setenta millas hasta Dawson sin los perros.

____

____

Desarrollar el vocabulario en inglés: Identificar cognados

En el párrafo que está enmarcado por un corchete, subraya los cognados en español de estas palabras en inglés: *rapidly, injustice.*

Verifica tu comprensión 

¿Por qué motivo Walt roba los perros de los ladrones? Escribe tu respuesta en las siguientes líneas.

____

____

____

Cuando terminaron, miraron fijamente la veta ancha de arena negra y pepitas de oro que había quedado en el fondo del recipiente, y uno de ellos llamó entusiasmado al hombre que había quedado en el campamento. Loren Hall había descubierto una fortuna y su terreno todavía no estaba registrado. Estaba claro que iban a usurparlo.

Walt estaba acostado en la nieve, pensando con rapidez. No era más que un muchacho, pero ante la amenaza de la injusticia que se estaba por cometer contra el viejo rengo de Loren Hall, sintió que tenía que hacer algo. Esperó y observó, decidido, hasta que vio que los hombres empezaban a colocar estacas nuevas.

◆　◆　◆

Walt se aleja arrastrándose hasta que los hombres no pueden oírlo. Luego, sale corriendo hacia el campamento de los usurpadores. El padre de Walt se ha llevado sus propios perros para buscar cuarzo. Walt sabe que no puede recorrer las setenta millas hasta Dawson sin la ayuda de los perros. Así que cuando llega al campamento, elige los diez mejores perros y los engancha a uno de los trineos. En ese momento, aparecen los usurpadores. Mientras le gritan, Walt se lleva uno de sus sacos de dormir de piel. El muchacho se mete de un salto en el trineo y se marcha.

◆　◆　◆

—¡Vamos! ¡Vamos! —les gritaba a los animales, mientras hacía sonar el filoso látigo entre ellos.

◆　◆　◆

Los perros corren sobre el arroyo congelado y arrastran a Walt en el trineo. El muchacho oye los gritos de los usurpadores, que corren por la orilla alta del arroyo para interceptarlo. El corazón de Walt late con furia. De repente, uno de los hombres da un salto hacia el trineo. Se aferra a una esquina del trineo y éste lo arrastra. Walt le pega en los nudillos con el látigo hasta que al hombre no le queda más remedio que soltarse.

Durante las ocho millas siguientes, el Mazy May sigue un curso lleno de curvas hasta desembocar en el Yukón. Dos de los hombres toman un atajo y cruzan corriendo por un pasaje de tierra angosto. En la siguiente curva del arroyo, están a un paso de alcanzar a Walt.

◆　◆　◆

—¡Alto! —le gritaron—. ¡Detente o dispararemos!
Pero Walt animó todavía más a los perros y dobló a toda velocidad mientras un par de balas de revólver pasaban silbando sobre su cabeza. En la curva siguiente, los hombres se habían acercado aún más, y las balas pasaban peligrosamente cerca. Pero, en ese punto, el Mazy May se enderezaba y continuaba media milla en línea recta. Allí los perros avanzaron con su largo andar de lobo, y los usurpadores, ya sin aliento, bajaron la velocidad y esperaron a que llegara su propio trineo.

◆　◆　◆

Walt sabe que no han abandonado la persecución y que pronto estarán tras él nuevamente. Ya es la hora del crepúsculo cuando Walt se encuentra con el poderoso Yukón congelado. El trineo va a toda velocidad por el hielo cristalino que cubre el camino principal del río. A veces tiene que guiar a los perros con la voz. Walt se da cuenta de que cometió un error en la elección del perro guía. Este perro no sabe lo que significan "derecha" e "izquierda". Muchas veces hace que el trineo se vuelque.

La temperatura del aire es de cuarenta grados bajo cero, y Walt sabe que morirá congelado si se queda todo el tiempo en el trineo. De vez en cuando, se baja del trineo de un salto y corre detrás de él hasta entrar en calor. Walt mira hacia atrás y ve el trineo de los usurpadores.

◆　◆　◆

Cayó la noche y, en la oscuridad de la primera hora, Walt debió esforzarse mucho para guiar a sus perros. Por culpa del perro guía, todo el tiempo se salían del camino marcado y terminaban en la nieve blanda. El trineo iba de costado o dado vuelta con la misma frecuencia que en la posición correcta.

◆　◆　◆

Cuando sale la luna, Walt ve que sus enemigos se han acercado a cuatrocientas yardas. Comienzan a dispararle con un rifle.

Análisis literario 

El **entorno** influye en la manera de actuar de los personajes. ¿Qué detalles o pruebas textuales de Mazy May hacen que viajar hasta Dawson sea complicado para Walt?

____

____

Verifica tu comprensión ✎

Encierra en un círculo los pasajes en los que se indica un cambio en el tiempo.

Desarrollar el vocabulario en inglés: Identificar cognados 

En el párrafo que está enmarcado por un corchete, subraya los cognados en español de estas palabras en inglés: *revolver, bullets, mile.*

Verifica tu comprensión 

¿Qué ocurre al final del viaje de Walt? ¿Fue correcta tu predicción?

____

____

____

____

____

Desarrollar el vocabulario en inglés: Identificar cognados

En el párrafo que está enmarcado por un corchete, subraya los cognados en español de estas palabras en inglés: *office, commissioner.*

Destreza de lectura 

Saca conclusiones sobre las razones por las cuales Walt se queda dormido cuando el trineo entra a Dawson.

____

____

____

____

De repente, una bala le da al perro guía. Walt se detiene para arrastrar al animal moribundo a un costado y reorganizar al grupo.

Cuando Walt vuelve de un salto al trineo, los usurpadores están a su lado. Walt los golpea en la cara con el látigo. Luego, estira el brazo, toma al perro guía del otro trineo por las patas delanteras y lo tumba. Eso hace que el trineo se vuelque, los perros se atasquen y los enemigos de Walt queden enredados.

◆ ◆ ◆

Walt se alejó rápidamente, y los patines de su trineo parecían gritar cada vez que rebotaban sobre la superficie congelada. Lo que había parecido un accidente, en realidad fue una bendición: el verdadero perro guía ahora iba al frente, corriendo al ras del suelo y aullando de alegría mientras arrastraba a sus compañeros.

◆ ◆ ◆

Walt deja muy atrás a los usurpadores. Al salir el sol, llega al arroyo Swede y entra corriendo al campamento de Loren Hall. Loren enseguida se sube al trineo con Walt. No hay señal de los usurpadores. Apenas se estacionan frente a la oficina del comisionado del oro en Dawson, Walt se queda dormido.

◆ ◆ ◆

Y gracias a lo que Walt Masters hizo aquella noche, los hombres del Yukón se sienten orgullosos de él y desde entonces lo llaman el rey de Mazy May.

Piensa en la selección
Thinking About the Selection

1. Pese a que Walt es un adolescente, su padre le da muchas responsabilidades. ¿Cuáles son las responsabilidades más importantes de Walt? Completa con detalles del cuento.

   Las dos responsabilidades más importantes de Walt son _________________

   _________________________ y _________________________________.

2. **Destreza de lectura:** Las personas dicen que Walt es el "rey de Mazy May". Usa tus **conocimientos previos** para **sacar una conclusión** sobre cómo se siente Walt con respecto a su nuevo nombre.

   ____

3. **Análisis literario:** Usa esta tabla para enumerar de qué manera los detalles del **entorno** afectan los sucesos del cuento.

	Detalles del entorno	Sucesos del cuento
Tiempo		
Lugar		

Escríbelo ▷ **Tomar una decisión** Imagina que eres Walt. ¿Qué tienes en cuenta para decidir si debes hacer algo en relación con los usurpadores del terreno? Escribe acerca de las posibles consecuencias positivas y negativas de tu decisión.

Tomé esta decisión porque _____________________________________.

Vocabulario

Estas palabras son traducciones de las palabras que están resaltadas en el cuento. Escucha cada palabra. Dila. Luego, lee la definición y la oración de ejemplo.

suplicó *v.* Si una persona **suplicó,** significa que rogó por algo.

Wanda suplicó que le regalasen una patineta.

temporalmente *adv.* La palabra **temporalmente** se usa para describir acciones o cosas que duran por algún tiempo.

Debido a la tormenta, el vuelo se demoró temporalmente.

convenció *v.* Si se **convenció** a alguien significa que se logró que esa persona hiciera lo que uno quería.

Me convenció de ir a la fiesta.

Vocabulary

These words are highlighted in the story. Listen to each word. Say it. Then, read the definition and the example sentence.

pleaded (PLEE did) *v.* If a person **pleaded,** it means the person begged.

Wanda pleaded for a new skateboard.

temporarily (TEM puh RER uh lee) *adv.* **Temporarily** is used to describe actions or things that last for a certain amount of time.

Due to the rainstorm, the flight was temporarily delayed.

coaxed (kohkst) *v.* To be **coaxed** is to be persuaded by pleading.

He coaxed me into going to the party.

A. Práctica: Completa cada oración con la palabra correcta de vocabulario.

1. Insistí tanto que al final mi papá se _________________ de ir de vacaciones a la playa.

2. Carlos pinchó las ruedas de su automóvil y _________________ tendrá que viajar en autobús.

3. Mi hermana se portó mal y _________________ a mis padres que la dejaran salir a jugar.

B. English Practice: Complete each sentence with the correct vocabulary word.

1. My little sister _________________ for a bicycle for her birthday.

2. The building is _________________ closed for repairs.

3. Jeremy _________________ his older brother into lending him his hat.

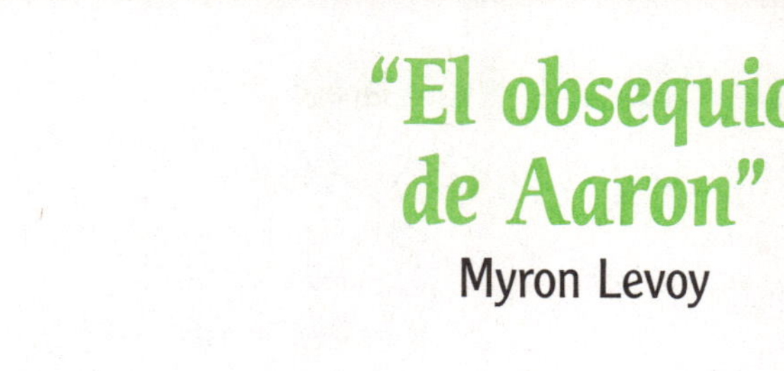

"El obsequio de Aaron"

Myron Levoy

Resumen Aaron, un niño de diez años, cura el ala de una paloma. Aaron planea regalarle la paloma a su abuela. Una pandilla de niños del vecindario intenta quemar la paloma. Aaron es golpeado cuando intenta salvar al pájaro. La paloma sale volando. A pesar de todo, Aaron está sorprendido de que pudo darle el regalo a su abuela.

Summary Ten-year-old Aaron fixes a hurt pigeon's wing. Aaron plans to give the bird to his grandmother. A gang of neighborhood boys tries to burn the pigeon. Aaron is beaten up while trying to save the bird. The bird flies away. Aaron is surprised that he has still given a gift to his grandmother.

 ## Escribir acerca de la Gran pregunta

¿Es siempre malo el conflicto? En "El obsequio de Aaron", Aaron no le hace caso a su madre cuando ella le dice que se mantenga alejado de una pandilla de muchachos y, como resultado, Aaron resulta herido. Completa esta oración:

Los niños pueden no estar de acuerdo con sus padres, pero con frecuencia

____.

Guía para tomar notas

Usa esta tabla para anotar los sucesos más importantes del cuento.

¿Dónde encuentra Aaron la paloma?	
¿Cómo la ayuda?	
¿Quién invita a Aaron a unirse a su club?	
¿Qué ocurre cuando los muchachos intentan quemar la paloma?	
¿Por qué está agradecida su abuela?	

Piensa en la selección
Thinking About the Selection

1. En este cuento, Aaron piensa en el bienestar de los demás. ¿Qué tres detalles del cuento indican que Aaron es un muchacho considerado? Escríbelo.

   Detalles que indican que Aaron es considerado:

   ____

   ____

   ____

2. **Destreza de lectura:** Usa tus **conocimientos previos** para explicar por qué la mamá de Aaron no lo deja jugar con Carl y los demás.

   ____

3. **Análisis literario:** Completa esta tabla para indicar de qué manera los detalles del **entorno** influyen en los sucesos del cuento.

	Detalles del entorno	Sucesos del cuento
Tiempo		
Lugar		

Coméntalo

Hacer lo correcto Aaron quería pertenecer al club de los muchachos, pero no dejó que ellos lastimaran a la paloma. ¿Crees que hizo lo correcto? ¿O crees que debió hacer lo que cualquier otro hubiera hecho para ganarse la aceptación popular y dejar que los muchachos maltrataran a la paloma? Comenta tus opiniones con un compañero.

Creo que Aaron ____.

El diario de Zlata
Zlata's Diary

Las obras de no ficción tratan sobre personas, lugares, ideas y experiencias reales. A veces, el autor cuenta historias de su propia vida.

La **organización** de las obras de no ficción es importante. Los ensayos y los artículos deben ser claros y fáciles de seguir. En esta tabla se enumeran diferentes tipos de organización.

Organización	Definición	Ejemplo
Cronológica	• presenta los detalles en el orden en el que ocurren, del primero al último o incluso del último al primero	el diario de unas vacaciones
Causa y efecto	• muestra las relaciones entre los sucesos	un ensayo sobre las razones por las que cerró una piscina del vecindario y el efecto que esto tuvo en los niños del vecindario
Comparación y contraste	• muestra las maneras en que dos o más temas son similares y diferentes	un ensayo en el que se muestra en qué se parecen y en qué se diferencian dos escuelas

Lo que el autor piensa sobre el tema es importante. En esta lista se explica la importancia del autor en las obras de no ficción.

- **Influencias del autor:** Todas las personas tienen contextos, culturas y creencias personales diferentes. Estas experiencias forman a los autores.

- **Estilo del autor:** Cada autor tiene un estilo de escritura propio. El estilo del autor puede ser formal, amistoso o incluso gracioso.

- **Ambiente:** El ambiente es el sentimiento general que genera un ensayo o artículo. El ambiente de un texto puede depender de las influencias y del estilo del autor.

- **Propósito del autor:** Todos los autores tienen un propósito o razón para escribir. El propósito ayuda al escritor a decidir qué detalles incluir. Su propósito puede ser entretener, informar o persuadir, entre otros.

Estos son algunos tipos de obras de no ficción:

Cartas y diarios: los pensamientos y recuerdos de una persona

Biografías y autobiografías: las historias de vida de una persona

- **Biografía:** la historia de vida de una persona escrita por otra persona

- **Autobiografía:** la historia que una persona escribe sobre su propia vida

Informes publicitarios: artículos de periódicos y revistas, e informes de la televisión o la radio

Ensayos y artículos: textos breves que se centran en un tema determinado

- **Texto histórico:** presenta información sobre hechos y explica sucesos históricos

- **Texto persuasivo:** convence a los lectores para que hagan algo o cambien de opinión

- **Texto descriptivo:** apela a los cinco sentidos (vista, oído, gusto, tacto, olfato)

- **Texto expositivo:** presenta hechos, comenta ideas o explica un proceso

- **Texto narrativo:** cuenta historias basadas en experiencias de la vida real

- **Texto visual:** usa palabras e imágenes o gráficas para dar información

- **Texto reflexivo:** explica por qué un suceso es importante para el autor

Vocabulario

Estas palabras están subrayadas en el cuento. Escucha cada palabra. Dila. Luego, lee la definición y la oración de ejemplo.

repugnante *adj.* **Repugnante** describe algo que es asqueroso e inaceptable.

Meterse los dedos en la nariz es repugnante.

testigo *s.* Si alguien es **testigo** de algo, ve que algo sucede, en especial un accidente o un delito.

Kylie fue testigo del accidente de su hermana.

lujo *s.* Un **lujo** es un placer especial.

En casa, los helados son un lujo que reservamos para ocasiones especiales.

Vocabulary

These words are translations of the words underlined in the story. Listen to each word. Say it. Then, read the definition and the sample sentence.

disgusting (dis GUST ing) *adj.* **Disgusting** describes something that is shocking and unacceptable.

Picking your nose is disgusting.

witness (WIT nis) *n.* If you are a **witness,** you see something happen, especially an accident or a crime.

Kylie was a witness to her sister's accident.

luxury (LUHK shuh ree) *n.* A **luxury** is a special pleasure.

At home, ice-cream is a luxury reserved for special occasions.

A. Práctica: Completa cada oración con la palabra correcta de vocabulario.

1. Aquel viaje en crucero fue un _____________________.

2. A Peter el helado de fresa le parece _____________________.

3. Maya fue _____________________ de lo que sucedió en la tienda.

B. English Practice: Complete each sentence with the correct vocabulary word.

1. That messy room is _____________________.

2. The teacher was _____________________ to the science experiment.

3. On Sundays, I allow myself the _____________________ of an extra piece of cake.

"El diario de Zlata"

Zlata Filipović

Resumen Zlata Filipović es una niña de quinto grado que vive en Sarajevo. Ella comienza a escribir un diario, puesto que estalla una guerra en el país. Su diario se convierte en un registro de la guerra. Ella escribe sobre las dificultades que su familia, sus amigos y su ciudad deben enfrentar.

Summary Zlata Filipović is a young girl in fifth grade in Sarajevo. She begins to keep a diary as a war is beginning in her country. Her diary becomes a journal of the war. She writes about the difficulties that her family, her friends, and her city face.

Guía para tomar notas

Completa esta gráfica con detalles acerca de Zlata.

Qué dice Zlata

Qué hace Zlata

Nombre del personaje

Zlata Filipović

Quieren que Zlata esté a salvo y se vaya a otro país.

Qué piensa Zlata

Qué dice la gente de Zlata

"El diario de Zlata"

Zlata Filipović

Zlata decide llamar Mimmy a su diario. Comienza su primera carta a Mimmy el 30 de marzo de 1992. Le cuenta que su país está en guerra y se rumorea que podrían bombardear su ciudad, Sarajevo, el 4 de abril. Zlata tiene mucho miedo.

Su siguiente carta a Mimmy es del 12 de abril.

◆　◆　◆

Los nuevos vecindarios de la ciudad (Dobrinja, Mojmilo, Vojnicko polje) sufren bombardeos[1] terribles. Están destrozando y quemando todo. La gente está en **refugios.** Aquí en el medio de la ciudad, donde vivimos, es diferente. Todo está tranquilo. La gente sale de su casa. Hoy fue un día de primavera agradable y cálido. Nosotros también salimos. La calle Vaso Miskin estaba llena de gente, de niños. Parecía una marcha por la paz. Todos salían para estar juntos, nadie quiere la guerra. Desean vivir y divertirse como antes. Es natural, ¿no? ¿A quién le gusta la guerra, o quién podría desearla, si la guerra es lo peor del mundo?

◆　◆　◆

La siguiente carta de Zlata a Mimmy es del 14 de abril. Zlata dice que muchas personas están abandonando Sarajevo. Ha visto imágenes tristes de familiares que se despiden en los programas de noticias de la televisión. Se pregunta por qué estas personas inocentes tienen que sufrir tanto. Zlata sabe que sus propios padres no saben qué hacer: si irse o quedarse.

En su carta del 2 de mayo, Zlata dice que ése fue el peor día de todos. Los tiroteos comenzaron

Palabras de uso diario

refugios *s.* lugares que protegen a las personas del peligro o del clima

1. **bombardeos** *s.* situación en la que se lanzan bombas

Activar conocimientos previos

Describe por qué una persona podría llevar un diario o cuaderno de anotaciones.

____

____

____

Desarrollar el vocabulario en inglés: Identificar cognados

Los cognados son palabras que comparten el mismo origen o la misma raíz. En el párrafo que está enmarcado por un corchete, subraya los cognados en español de estas palabras en inglés: *bombing, different, march, natural.*

Verifica tu comprensión 

Zlata escribe en su diario que muchas personas se están yendo de Sarajevo y que sus padres no saben qué hacer. En las líneas a continuación, escribe lo que piensas que podría sucederles a Zlata y a su familia.

____

____

____

Verifica tu comprensión 

¿Dónde deciden dormir Zlata y sus padres? Encierra la respuesta en un círculo.

Desarrollar el vocabulario en inglés: Identificar cognados

En el párrafo que está enmarcado por un corchete, subraya los cognados en español de estas palabras en inglés: *innocent, victim, destroyed, stupid.*

Verifica tu comprensión 

Zlata se hace preguntas que reflejan su tristeza e incertidumbre. Con un compañero, comenta las preguntas y los sentimientos de Zlata.

al mediodía. Zlata y su madre salieron al pasillo del apartamento para alejarse de las ventanas. Su padre estaba abajo, en la oficina. Tomaron a Cicko, el canario de Zlata, y bajaron corriendo para encontrarse con el padre. Luego todos se escondieron en el oscuro sótano. Oían los ruidos de los revólveres, las bombas y los aviones.

Regresan al apartamento esa noche. El vecindario ha sufrido muchos daños. Zlata está preocupada por sus abuelos. Viven en otro vecindario que sufrió daños aún peores.

El 5 de mayo Zlata escribe su siguiente carta a Mimmy. Relata que los tiroteos han disminuido un poco. Cree que los adversarios intentan llegar a un acuerdo.

◆　◆　◆

…Ah, ojalá lo hagan, para que podamos vivir y respirar nuevamente como seres humanos. Las cosas que han sucedido aquí en estos últimos días son terribles. Quiero que esto se termine para siempre. ¡PAZ! ¡PAZ!

◆　◆　◆

Le cuenta a Mimmy que sus padres y ella ya no duermen en sus dormitorios. Es muy peligroso debido a los disparos. Así que ahora duermen lejos de las ventanas, en colchones, sobre el suelo de la sala de estar. Su canario ahora vive en la cocina. Se trasladarán nuevamente al sótano si los tiroteos y los bombardeos vuelven a empeorar.

La siguiente carta es del 7 de mayo. Zlata cuenta que una bomba cayó en un parque donde solía ir a jugar. Hubo muchos heridos. Su amiga Nina murió.

◆　◆　◆

¿Es posible que nunca más vuelva a ver a Nina? Nina, una inocente niña de 11 años, ha sido víctima de una guerra estúpida. Estoy triste. Lloro, y me pregunto: ¿por qué? Ella no hizo nada. Una guerra <u>repugnante</u> ha destruido la vida de una niña.

◆　◆　◆

Comienza su carta del 29 de junio con palabras que han llegado a simbolizar su vida, entre ellas, desesperanza, hambre y miedo.

◆　◆　◆

¡Así es mi vida! ¡La vida de una inocente estudiante de once años! Una estudiante sin escuela, sin la diversión y la alegría de la escuela. Una niña sin juegos, sin amigos, sin el sol, sin pájaros, sin naturaleza, sin frutas, sin chocolates ni dulces, con tan sólo un poco de leche en polvo. En resumen, una niña sin niñez. Una niña de la guerra. Ahora me doy cuenta de que realmente estoy viviendo en guerra, soy <u>testigo</u> de una guerra horrible y repugnante. Junto con miles de niños de esta ciudad que están destruyendo, que grita, llora, busca ayuda, pero no la recibe.

◆　◆　◆

Se pregunta si este terrible período tendrá fin.

◆　◆　◆

…Una vez escuché que la niñez es el momento más maravilloso de la vida. Y es así. Me encantaba, y ahora una guerra horrible me la está quitando.

◆　◆　◆

En su siguiente carta relata que a su madre le han ofrecido la posibilidad de mudarse a Holanda. Su madre no sabe qué hacer. Zlata y ella estarían a salvo si se marchan. El padre de Zlata tendría que quedarse. El 2 de noviembre escribe que su madre ha decidido que ellas dos deben partir. Tal vez el padre de Zlata también pueda ir.

◆　◆　◆

Jueves 3 de diciembre de 1992

Querida Mimmy:
Hoy es mi cumpleaños. Mi primer cumpleaños en tiempos de guerra. Doce años. Felicidades. ¡Feliz cumpleaños a mí!

◆　◆　◆

Verifica tu comprensión 

¿Qué es lo que la guerra le está quitando a Zlata? Subraya la oración en el texto.

Desarrollar el vocabulario en inglés: Identificar cognados 

En el párrafo que está enmarcado por un corchete, subraya los cognados en español de estas palabras en inglés: *innocent, horrible, nature, fruit.*

Verifica tu comprensión

Al escribir, Zlata refleja el sufrimiento en su vida. ¿Cómo crees que escribir un diario la ayuda a sobrellevar la guerra?

____

____

____

Verifica tu comprensión 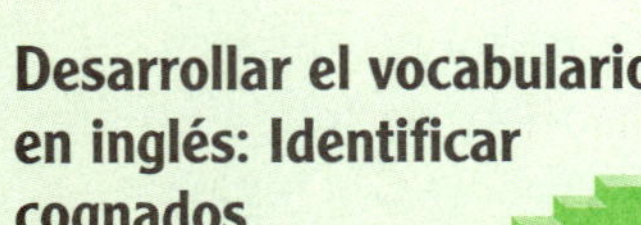

¿Por qué Zlata está más feliz que antes? Escribe la respuesta en las siguientes líneas.

____

____

____

Desarrollar el vocabulario en inglés: Identificar cognados

En los párrafos que están enmarcados por un corchete, subraya los cognados en español de estas palabras en inglés: *Atlantic, bars, class.*

Verifica tu comprensión 

Lee el párrafo del 7 de octubre. ¿Qué es lo que Zlata echa de menos de su vida? En el texto, encierra la respuesta en un círculo.

A pesar de la guerra, el cumpleaños estuvo lleno de besos, regalos, una fiesta en familia y hasta un pastel de cumpleaños.

◆　◆　◆

…No es como solía ser, pero estamos en guerra. Por suerte no hubo tiroteos, así que pudimos celebrar. Fue muy lindo, pero faltaba algo. ¡Se llama paz!

◆　◆　◆

En la siguiente anotación, del 27 de julio de 1993, Zlata dice que los periodistas de todo el mundo están interesados en su diario. Está muy contenta. Pero los tiroteos continúan y la vida es difícil. No hay electricidad, agua ni gas, y la comida es muy poca.

Finalmente, el 7 de octubre, Zlata escribe que las cosas están volviendo a la normalidad. Parecería que los tiroteos han cesado. Vuelve a ir a la escuela. Pero se acerca el invierno y no hay calefacción en el apartamento. Se da cuenta de que la guerra ha durado dos terribles años. Hay muy poca comida.

Su carta del 12 de octubre está llena de felicidad. Su escuela organizó un programa de amigos por correspondencia. Zlata escribió una carta a un estudiante de Estados Unidos. Cuenta con alegría que ha recibido respuesta de un muchacho llamado Brandon que vive en Pensilvania.

◆　◆　◆

…Ahora tengo un amigo en Estados Unidos y Brandon tiene una amiga en Sarajevo. Ésta es la primera carta que recibo desde el otro lado del Atlántico. Y viene con un sobre de respuesta y un lápiz precioso.

Un equipo de televisión canadiense y una **periodista** del periódico *The Sunday Times* (Janine) vinieron hoy a nuestra clase de gimnasia. Me trajeron dos barras de

Palabras de uso diario

periodista *s.* persona que escribe informes para los periódicos, las revistas, la televisión o la radio

chocolate. Qué <u>lujo</u>. Hacía mucho tiempo que no
comía dulces.

◆   ◆   ◆

En diciembre de 1993, Zlata empieza su carta con
un alegre anuncio. ¡Está en París, en Francia! Hay
electricidad, agua, gas y comida. Le encantan las
cosas "normales" que ve y las luces brillantes de la
ciudad. Siente que debe estar soñando, ¡o tal vez
está loca!

◆   ◆   ◆

…Dejamos atrás la oscuridad. Ahora llueven sobre
nosotros luces encendidas por buenas personas. Recuerda
eso: buenas personas. Bombilla por bombilla, no velas,
sino bombilla por bombilla, y sobre mí llueven las luces
de París. Sí, París. Increíble. Tú no entiendes. Sabes, creo
que yo tampoco entiendo. Siento como si estuviera loca,
soñando, como si esto fuera un cuento de hadas, pero
todo es VERDAD.

Verifica tu comprensión 

¿Qué sucedió con la familia de
Zlata durante la guerra? ¿Fue
correcta tu predicción? Escribe la
respuesta en las siguientes
líneas.

____

____

____

Desarrollar el vocabulario en inglés: Identificar cognados

En el párrafo que está
enmarcado por un corchete,
subraya los cognados en español
de estas palabras en inglés:
normal, electricity, December.

Piensa en la selección
Thinking About the Selection

1. Zlata registra en su diario lo que ve y siente. Completa la gráfica con los detalles de su diario.

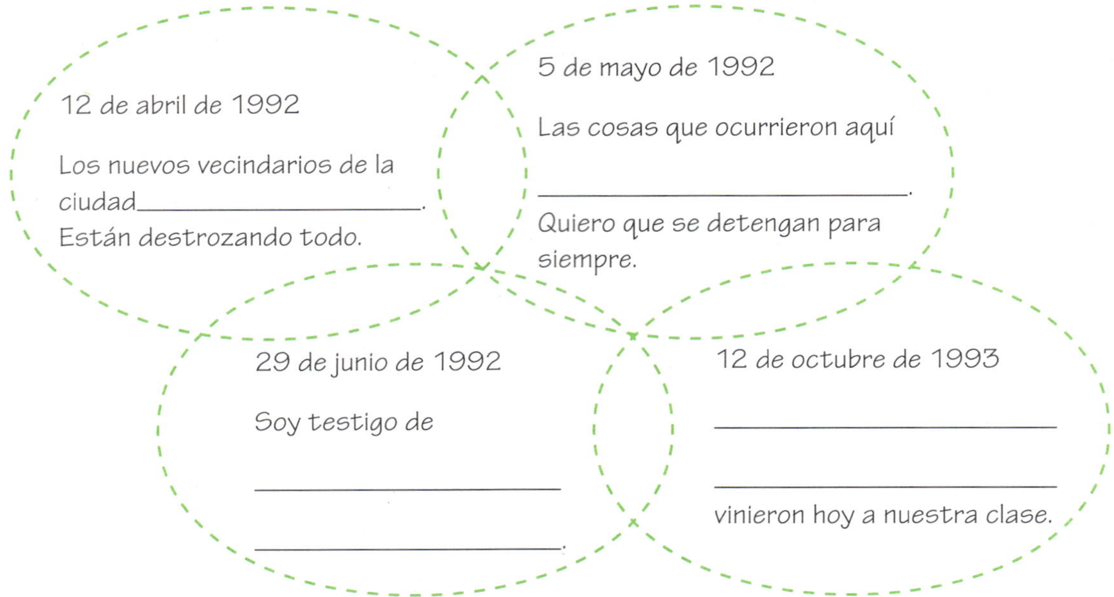

2. Durante la guerra, Zlata y su familia sobrevivieron porque ________________
____.

Coméntalo   **Decisiones difíciles**

La madre de Zlata tuvo la oportunidad de ir a vivir a Holanda. Sin embargo, no sabía si quería dejar el hogar. ¿Qué debió haber hecho? Comenta tus ideas con un compañero.

La madre de Zlata debió ____.

Escríbelo   **¿Qué pasó?**

Imagina que eres Zlata. Te has ido de Sarajevo y luego regresaste. ¿Estás feliz o triste por haberte ido? Escribe tus pensamientos y sentimientos en un diario.

Creo que debería haber ____
____.

Más duro que una piedra • Agua
Hard as Nails • Water

Destreza de lectura

El **propósito del autor** es la razón principal por la que escribe la obra. Un autor puede tener más de un propósito. Puede escribir un artículo sobre árboles para dar información sobre los abetos. Es posible que el autor también desee convencer a los lectores para que protejan a los abetos.

Aprende a reconocer los detalles que muestran el propósito del autor.

- Los hechos y las estadísticas se usan para dar información o para convencer al lector de que haga algo o tenga una determinada opinión.

- Los cuentos sobre experiencias se usan para entretener a los lectores.

- Las opiniones y los pensamientos se usan para reflexionar sobre una experiencia.

Usa este diagrama para determinar el propósito del autor.

Clases de detalles

$\downarrow$

Propósito del autor

Análisis literario

Una historia verdadera que narra sucesos verdaderos con personajes verdaderos es un **ensayo narrativo**. Un autor escribe una **narrativa autobiográfica,** o personal, para hablar de algo que le sucedió. Puede incluir sus pensamientos, sentimientos o reacciones.

Los autores usan detalles específicos para lograr un propósito, como compartir lecciones que han aprendido de los errores que cometieron.

Vocabulario

Estas palabras están subrayadas en el cuento. Escucha cada palabra. Dila. Luego, lee la definición y la oración de ejemplo.

imitarla *v.* **Imitarla** significa copiarla.

La niña podía imitarla a la perfección.

conciencia *s.* **Conciencia** significa percepción.

Los actores tenían conciencia del público.

deseosa *adj.* Si una persona está **deseosa** de hacer algo, tiene un fuerte deseo de hacerlo.

Después de pasar un verano relajante, Hannah estaba deseosa de volver a la escuela.

Vocabulary

These words are translations of the words underlined in the story. Listen to each word. Say it. Then, read the definition and the sample sentence.

imitate (IM uh tayt) *v.* To **imitate** means to copy or mimic.

The girl could imitate her to perfection.

consciousness (KAHN shuhs nis) *n.* **Consciousness** means awareness.

The actors had a consciousness of the audience.

eager (EE ger) *adj.* Someone who is **eager** to do something has a strong desire to do that thing.

After a relaxing summer, Hannah was eager to return to school.

A. Práctica: Completa cada oración con la palabra correcta de vocabulario.

1. Cuando llegamos a la cima de la montaña tomamos _____________________ de la inmensidad del paisaje.

2. Andrea está _____________________ de que llegue el verano para ir a la playa.

3. Aquel loro conoce bien a su dueña y sabe _____________________.

B. English Practice: Complete each sentence with the correct vocabulary word.

1. The boy can _____________________ his father by speaking just like him.

2. The photographer had a _____________________ of her surroundings.

3. I am _____________________ to begin ice skating lessons.

"Agua"
Helen Keller

Resumen Helen Keller era ciega y sorda. Su nueva maestra, Anne Sullivan intentaba enseñarle a Helen cómo comunicarse. Helen no entendía. Un día la maestra hizo correr agua sobre la mano de Helen. Luego, la señorita Sullivan deletreó la palabra "a-g-u-a" mientras marcaba las letras en la otra mano de Helen. Helen conectaba cada cosa del mundo con lo que sentía. Helen quería aprender más y más palabras.

Summary Helen Keller was blind and deaf. Her new teacher, Anne Sullivan, tried to teach Helen how to communicate. Helen did not understand. The teacher ran water over Helen's hand one day. Miss Sullivan then spelled "w-a-t-e-r" in Helen's other hand. Helen connected the word to the thing she felt. Helen wanted to learn more words.

Escribir acerca de la Gran pregunta

¿Qué es importante saber? En "Agua", la maestra de Helen Keller la ayuda a empezar a comunicarse a través de las palabras. Completa esta oración:

Una razón importante de comunicarse claramente con los demás es ______________

____ .

Guía para tomar notas
Usa esta tabla para anotar los detalles del cuento.

¿Qué le regaló la Srta. Sullivan a Helen el primer día?	La señorita Sullivan le regaló una muñeca a Helen.
¿Por qué Helen rompió la muñeca?	
¿Cómo le enseñó la Srta. Sullivan a Helen la palabra agua?	
¿Cómo se sintió Helen después de aprender la primera palabra?	

Activar conocimientos previos

Piensa en alguna vez que te hayas impacientado porque no podías entender algo. Describe cómo te sentiste cuando finalmente lo entendiste.

____

____

____

Desarrollar el vocabulario en inglés: Identificar cognados

Los cognados son palabras que comparten el mismo origen o raíz. En el párrafo que está enmarcado por un corchete, subraya los cognados en español de estas palabras en inglés: *imitate, movement, existed, simply.*

Análisis literario 

Un **ensayo narrativo** es una historia verdadera sobre sucesos reales. ¿Es este texto un ensayo narrativo? ¿Cómo lo sabes?

____

____

"Agua"
Helen Keller

Intenta imaginar cómo sería ser ciego y **sordo** al mismo tiempo. El mundo a tu alrededor sería completamente oscuro y silencioso. Sería muy difícil entender algo o comunicarse con otra persona. Así es el mundo en el que vive la joven Helen Keller, y no parece haber muchas esperanzas para ella. Pero su maestra, la señorita Sullivan, está decidida a ayudarla. Y un día encuentra una nueva manera de que Helen se comunique con el mundo que la rodea.

Al comienzo de la historia, Helen describe sus primeras experiencias con la señorita Sullivan, su nueva maestra:

◆　◆　◆

La mañana después de que llegara mi maestra, me llevó a su cuarto y me dio una muñeca. Cuando había jugado con ella por un rato, la señorita Sullivan deletreó lentamente sobre mi mano la palabra "m-u-ñ-e-c-a". Este juego con los dedos me interesó enseguida y traté de imitarla.

◆　◆　◆

Finalmente, Helen logra formar las letras correctamente. Se llena de orgullo infantil y corre a mostrarle a su madre lo que ha aprendido.

◆　◆　◆

Yo no sabía que estaba deletreando una palabra, ni siquiera sabía que existían las palabras; simplemente estaba imitando unos movimientos de los dedos, como lo haría un mono.

◆　◆　◆

En los días siguientes, Helen aprende a deletrear con la mano muchas otras palabras. Un día, la señorita Sullivan intenta una y otra vez que Helencomprenda que "m-u-ñ-e-c-a" se refiere tanto a su gran muñeca de trapo como a su nueva muñeca.

Palabras de uso diario

sordo *s.* persona que tiene un impedimento físico para oír

Pero Helen se impacienta con tantos intentos. Arroja su nueva muñeca contra el piso, y la muñeca se rompe en pedazos. Helen no siente tristeza ni remordimiento, sólo alivio. Luego, la señorita Sullivan lleva a Helen afuera, bajo la luz cálida del sol.

◆ ◆ ◆

Caminamos por el sendero que iba a la caseta donde estaba el pozo de agua, atraídas por la **fragancia** de las madreselvas que cubrían la caseta. Alguien estaba sacando agua y mi maestra colocó mi mano debajo de la boca de agua. Mientras el chorro de agua fría me corría a borbollones por una mano, ella deletreó en la otra la palabra *agua*, primero lentamente, luego rápidamente. Me mantuve inmóvil, con toda mi **atención** fija en el movimiento de sus dedos. Súbitamente sentí como una nebulosa conciencia de algo olvidado: el estremecimiento de un pensamiento que volvía a mí; y de alguna manera me fue revelado el misterio del lenguaje. Supe entonces que "a-g-u-a" era ese algo maravilloso y frío que estaba corriendo por mi mano.

Salí de la caseta deseosa de aprender. Todo tenía un nombre y cada nombre era el nacimiento de un nuevo pensamiento.

◆ ◆ ◆

Dentro de la casa, Helen encuentra los fragmentos de la muñeca rota. Por primera vez siente tristeza. Ese día Helen aprende muchas otras palabras, como *madre, padre, hermana* y *maestra.*

◆ ◆ ◆

Cuando descansaba en mi cama, al final de ese día lleno de acontecimientos, reviviendo las alegrías que me había traído, hubiera sido difícil encontrar a otro niño más feliz que yo, y por primera vez anhelé que llegara un nuevo día.

Palabras de uso diario

fragancia *s.* aroma agradable

atención *s.* pensar, escuchar o mirar algo detenidamente

Destreza de lectura 

El **propósito del autor** puede ser educar, entretener, convencer o expresar una idea. El párrafo que está marcado con un corchete describe los sentimientos de Helen sobre esta experiencia decisiva. ¿Cuál crees que es su propósito para escribir? Explica tu respuesta.

____

____

____

Desarrollar el vocabulario en inglés: Identificar cognados 

En el párrafo que está enmarcado por un corchete, subraya los cognados en español de estas palabras en inglés: *fragrance, attention, language, mystery*.

Verifica tu comprensión

¿Qué aroma atrajo a Helen y Anne Sullivan hacia la caseta? Encierra la respuesta en un círculo.

Piensa en la selección
Thinking About the Selection

1. Una grave enfermedad dejó a la autora sorda y ciega a una edad temprana. Explica cómo Helen Keller aprendió a comunicarse a pesar de ser ciega y sorda.

   ____

   ____

   ____

   ____

2. **Destreza de lectura:** El **propósito del autor** es la razón principal por la que escribe un. ¿Qué propósito puede haber tenido Keller para escribir este ensayo?

   ____

   ____

3. **Análisis literario:** Una **narrativa autobiográfica** cuenta sobre un momento determinado en la vida del autor. Completa esta tabla para averiguar por qué Keller habla sobre un suceso determinado en su narrativa autobiográfica.

Suceso de la narrativa	Pensamientos y sentimientos de la autora	¿Por qué se incluye?
Helen relaciona la palabra a-g-u-a con el agua de la bomba.		

Escríbelo ➤ **Carta de agradecimiento**

Escribe una carta de agradecimiento a la señorita Sullivan como si fueras Helen. Escribe acerca de cómo ella te ayudó. Explica cómo te hizo sentir. Especifica de qué forma su ayuda pudo mejorar tu vida.

Gracias por ayudarme a trabajar arduamente _______________________________

   ____.

Vocabulario

Estas palabras son traducciones de las palabras que están resaltadas en el cuento. Escucha cada palabra. Dila. Luego, lee la definición y la oración de ejemplo.

agotar *v* . **Agotar** algo es usarlo todo.

> *Correr va a <u>agotar</u> mi energía.*

holgazán *adj.* Si alguien es **holgazán,** no trabaja o es inactivo.

> *Cuando Gordon se enfermó, estuvo <u>holgazán</u> durante días.*

sublime *adj* . **Sublime** describe algo que es majestuoso o impresionante por su gran belleza.

> *El arco iris era <u>sublime</u>.*

Vocabulary

These words are highlighted in the story. Listen to each word. Say it. Then, read the definition and the example sentence.

exhaust (ig ZAHWST) *v.* To **exhaust** something is to use something up.

> *Running will <u>exhaust</u> my energy.*

idle (Y duhl) *adj.* If someone is **idle,** he or she is not working or active.

> *When Gordon was sick he was <u>idle</u> for days.*

sublime (suh BLYM) *adj.* **Sublime** describes something that is majestic or impressive because of great beauty.

> *The rainbow was <u>sublime</u>.*

A. Práctica: Completa cada oración con la palabra correcta de vocabulario.

1. Cruzar el océano Atlántico es una travesía __________________.

2. Debemos cuidar el agua porque en algún momento se puede __________________.

3. Estar de vacaciones no es una excusa para ser __________________.

B. English Practice: Complete each sentence with the correct vocabulary word.

1. Buying the baseball glove would __________________ my savings.

2. Carly enjoyed being __________________ during the summer.

3. Winning the speech competition was __________________.

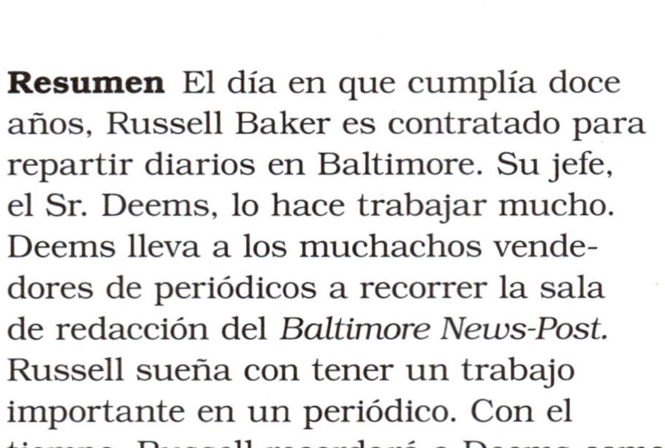

"Más duro que una piedra"

Russell Baker

Resumen El día en que cumplía doce años, Russell Baker es contratado para repartir diarios en Baltimore. Su jefe, el Sr. Deems, lo hace trabajar mucho. Deems lleva a los muchachos vendedores de periódicos a recorrer la sala de redacción del *Baltimore News-Post*. Russell sueña con tener un trabajo importante en un periódico. Con el tiempo, Russell recordará a Deems como un tipo "más duro que una piedra".

Summary Russell Baker is hired on his twelfth birthday to deliver newspapers in Baltimore. His boss, Mr. Deems, makes him work hard. Deems gives the newsboys a tour of the newsroom of the *Baltimore News-Post*. Russell dreams of having an important job at the newspaper. Later Russell remembers Deems as "hard as nails."

Escribir acerca de la Gran pregunta

¿Qué es importante saber? En "Más duro que una piedra", Russell Baker debe aprender las habilidades para hacer un buen trabajo. Completa esta oración:

Antes de comenzar un nuevo trabajo, debes saber acerca de ___________________

____.

Guía para tomar notas

Usa esta tabla para anotar los detalles importantes del cuento.

¿**Quién** hace que Russell consiga el trabajo?	La madre de Russell
¿**Dónde** reparte los periódicos?	
¿**Qué** hace el Sr. Deems para que Russell venda más periódicos?	
¿**Cómo** se siente Russell cuando visita la sala de redacción?	
¿**Por qué** piensa Russell que el Sr. Deems renuncia?	

Piensa en la selección
Thinking About the Selection

1. El narrador comenzó a trabajar en el negocio de los periódicos cuando solo tenía doce años. Responde a las preguntas para describir su primer trabajo.

   ¿Quién es el primer jefe de Russell? _______________________

   ¿Dónde es el primer trabajo de Russell? _______________________

   ¿Qué hace el jefe de Russell para que venda más periódicos?

   ____

   ¿Cómo se siente Russell cuando visita la sala de redacción?

   ____

   ¿Por qué quiere Russell continuar trabajando en un periódico?

   ____

2. **Destreza de lectura:** El propósito es la razón principal por la que el autor escribe una obra. ¿Qué **propósito** puede haber tenido Baker?

   ____

3. **Análisis literario:** A veces, el autor incluye detalles específicos para explicar por qué una persona hace algo. Completa esta tabla para pensar por qué Baker incluye un suceso en particular en su **narrativa autobiográfica**.

Suceso de la narrativa	Pensamientos y sentimientos del autor	¿Por qué se incluye?
Baker va a la cena.		

Coméntalo

Solicitud de trabajo Imagina que eres Russell. Tienes una reunión con el Sr. Deems. ¿Qué le dirías para convencerlo de que te contrate? Intenta persuadir a un compañero de que eres buen empleado.

Sr. Deems, usted debería contratarme porque _______________________.

La derrota · Jackie Robinson: justicia al fin
The Shutout · Jackie Robinson: Justice at Last

Destreza de lectura

El **propósito del autor** es su razón para escribir. **Haz preguntas** para averiguar el propósito del autor.

- ¿Qué clase de detalles se dan?

- ¿Cómo se dan los detalles?

- ¿Por qué el autor da estos detalles de esta manera?

En la tabla se muestran las respuestas a estas preguntas de dos obras diferentes sobre la construcción de una caseta para perros. Las respuestas muestran que cada obra tiene un propósito distinto. Completa el espacio en blanco con detalles de la selección a medida que lees.

¿Qué clase de detalles?		
Instrucciones para construir una caseta para perros	El autor trata de construir una caseta para perros.	
¿Cómo se presenta?		
Pasos numerados	Cuentos exagerados	
¿Por qué?		
Para que sea fácil seguir las instrucciones	Para que la situación sea divertida	
Propósito		
Informar	Entretener	

Análisis literario

Un **ensayo** es un texto breve de no ficción. Un **ensayo expositivo** da información, comenta ideas y opiniones y explica cómo hacer algo.

Vocabulario

Estas palabras están subrayadas en el cuento. Escucha cada palabra. Dila. Luego, lee la definición y la oración de ejemplo.

incluir *v.* **Incluir** significa agregar algo a un grupo o tenerlo en él.

Quisiera incluir a todos los estudiantes en una sola clase de educación física.

espléndido *adj.* Si algo es **espléndido,** significa que es excelente.

El espectáculo estuvo espléndido.

represalias *s.* Alguien que toma **represalias** castiga a otra persona o grupo para vengarse por algún daño.

Nunca tomó represalias contra nadie que intentó hacerle daño.

Vocabulary

These words are translations of the words underlined in the story. Listen to each word. Say it. Then, read the definition and the sample sentence.

integrate (IN tuh grayt) *v.* To **integrate** means to add and keep something into a group or whole.

I would like to integrate all the students into one physical education class.

superb (soo PERB) *adj.* If something is **superb,** it means it is excellent.

The show was superb.

retaliation (re tal ee AY shuhn) *n.* Someone who does something in **retaliation** punishes another person or group in return for an injury or wrong done.

When somebody tried to hurt him, he never did anything in retaliation.

A. Práctica: Completa cada oración con la palabra correcta de vocabulario.

1. Para lograr la paz, no es aconsejable tomar _________________.

2. Juan debe _________________ levadura en la masa para hacer pan.

3. El día está _________________, no se ve ni una sola nube.

B. English Practice: Complete each sentence with the correct vocabulary word.

1. Our school plans to _________________ girls' and boys' gym classes.

2. The designer created many _________________ outfits for her line.

3. Laren's _________________ did a lot of harm.

"Jackie Robinson: justicia al fin"

Geoffrey C. Ward y Ken Burns

Resumen Branch Rickey era el dueño del equipo de béisbol Dodgers. Él quería que los afroamericanos jugaran en las principales ligas de béisbol. Le preguntó a Jackie Robinson si quería ser el primer jugador negro del equipo. Robinson enfrentó muchos obstáculos y desafíos. Y se convirtió en un modelo a seguir.

Summary Branch Rickey owned the Dodgers baseball team. He wanted African Americans to play major league baseball. He asked Jackie Robinson to become the first black player on his team. Robinson faced many obstacles and challenges. He became a role model.

Escribir acerca de la Gran pregunta

¿Qué es importante saber? En "Jackie Robinson: justicia al fin", Jackie Robinson sabía cómo ser fuerte y valiente, aun cuando las personas eran crueles con él. Completa esta oración:

Si las personas son injustas contigo, es importante poner límites a tus reacciones,

como por ejemplo ____

_______________________ porque _______________________________________.

Guía para tomar notas

Usa la tabla para recordar los detalles más importantes de la selección.

¿**Quién** era Branch Rickey?	Era el dueño de los Dodgers.
¿**Por qué** quería a Jackie Robinson en el equipo?	
¿**Cuáles** fueron los problemas que tuvo Robinson durante la primera temporada?	
¿**Por qué** era importante que Robinson no tomara represalias?	

"Jackie Robinson: justicia al fin"

Geoffrey C. Ward y Ken Burns

El béisbol profesional en Estados Unidos era sólo para los blancos hasta que Branch Rickey contrató a Jackie Robinson. Al ser el primer jugador de béisbol negro de las Grandes Ligas, Robinson debe sobreponerse a los insultos que le gritan. Debe demostrar con su juego que pertenece a los *Dodgers* de Brooklyn y que otros atletas afroamericanos también pueden jugar en las grandes ligas. Robinson lo consigue, y los equipos de béisbol incorporan jugadores de distintas razas.

Al comenzar la historia, Branch Rickey decide que ha llegado el momento de que los negros y los blancos jueguen juntos.

◆ ◆ ◆

Corría el año 1945 y la Segunda Guerra Mundial había llegado a su fin. Estadounidenses de todas las razas habían defendido el país con sus vidas. No obstante, seguía sin admitirse a negros en las Grandes Ligas. El **pasatiempo** nacional deleitaba a todos los Estados Unidos, pero las Grandes Ligas eran sólo para blancos.

Branch Rickey, propietario de los *Dodgers* de Brooklyn, pensaba que eso no era justo. De los dueños de equipos, era el único que creía que los blancos y los negros debían jugar juntos. El béisbol, intuía, sería aún más emocionante, y aficionados de todos los colores abarrotarían su estadio.

Rickey tomó la decisión de que su equipo sería el primero en incluir a jugadores de distintas razas. Muchos eran los jugadores que brillaban en las Ligas Negras, pero Rickey sabía que el primer jugador negro de Grandes Ligas necesitaría mucho más que habilidades atléticas.

◆ ◆ ◆

Palabras de uso diario

pasatiempo *s.* una actividad para pasar el tiempo libre de manera agradable

---

Destreza de lectura 

Los detalles pueden ayudarte a determinar el **propósito del autor** o la razón principal por la que escribe. Subraya un detalle importante en el tercer párrafo. Escribe una pregunta que puedas hacer para comprender el propósito de los autores.

____

____

Verifica tu comprensión 

¿Con qué equipo de béisbol estaban asociados Robinson y Rickey? Subraya la respuesta.

Desarrollar el vocabulario en inglés: Identificar cognados

Los cognados son palabras que comparten el mismo origen o raíz. En el párrafo que está enmarcado por un corchete, subraya los cognados en español de estas palabras en inglés: *professional, insults, demonstrate, athletes.*

Verifica tu comprensión 

¿Cuántos años tenía Jackie Robinson cuando se unió a los *Dodgers*? Encierra la respuesta en un círculo.

Desarrollar el vocabulario en inglés: Identificar cognados

En el párrafo que está enmarcado por un corchete, subraya los cognados en español de estas palabras en inglés: *defend, case, converse, provocation.*

Análisis literario 

Un **ensayo expositivo** es un texto breve de no ficción sobre un tema específico. ¿Cuál es el tema de este ensayo expositivo?

____

____

____

____

Muchos aficionados y jugadores tenían prejuicios. El primer jugador negro sería insultado y abucheado. Sus propios compañeros de equipo tratarían de meterse con él.

◆　◆　◆

Pero ese hombre tendría, de alguna manera, que sobreponerse a todo ello y mantener la calma ocurriese lo que ocurriese. No importara lo que le dijesen, no debería replicar. Bastaría que se viese envuelto en una sola reyerta para que la gente dijera que la integración racial no funcionaba.

◆　◆　◆

Rickey cree que Robinson es el hombre indicado. Tiene 28 años, es un atleta <u>espléndido</u> y fue a la universidad. En su primera temporada en las Ligas Negras bateó. 387. Es nieto de un esclavo y está orgulloso de su raza.

Robinson siempre había defendido sus derechos. Pero Rickey le dice que deberá dejar de hacerlo.

◆　◆　◆

Al principio Robinson pensó que Rickey andaba en busca de alguien que tuviese miedo de defenderse a sí mismo. Pero conversando con él, Robinson llegó a entender que en este caso lo que un hombre verdaderamente valiente haría sería evitar la pelea. Tras pensarlo por un tiempo, terminó prometiéndole a Rickey que no respondería a ninguna provocación.

Robinson firmó un contrato con los *Dodgers* y durante 1946 jugó en ligas menores. Rickey tenía razón: los aficionados insultaban a Robinson tanto como lo hacían los propios jugadores. Pero Robinson jugó de maravillas y evitó las peleas. En 1947, Robinson fue llamado a las mayores.

◆　◆　◆

Muchos jugadores de los *Dodgers* estaban molestos. Algunos firmaron una petición en la que solicitaban ser canjeados.

◆　◆　◆

El 15 de abril, inicio de la temporada, 26,623 aficionados colmaron el estadio *Ebbets Field*. Más de la mitad eran negros. Robinson ya era su héroe, uno que estaba haciendo historia con sólo aparecer en el terreno.

Era una tarde fría y húmeda, pero nadie se fue del estadio. Los *Dodgers* derrotaron a los *Bravos* de Boston

5 a 3. Robinson falló en sus cuatro turnos al bate, pero eso no impidió que los aficionados locales corearan cada uno de sus movimientos.

◆　◆　◆

La primera temporada de Robinson fue difícil. Los aficionados amenazaban con matarlo. Los jugadores trataron de lastimarlo. El equipo de los *Cardenales* de San Luis amenazó con declararse en huelga si Robinson salía al campo de juego. En algunos estados, Robinson no podía comer ni dormir en los mismos lugares que sus compañeros de equipo, debido a las leyes de separación de las razas.

◆　◆　◆

A pesar de todo, Robinson mantuvo la promesa que le había hecho a Rickey de no tomar <u>represalias</u> contra nadie que lo insultase.

◆　◆　◆

La dignidad de Robinson rindió frutos. Miles de aficionados llenaban los **estadios** para verlo jugar. Los *Dodgers* rompieron récords de concurrencia.

◆　◆　◆

Poco a poco, los compañeros de Robinson lo fueron aceptando, al tiempo que se daban cuenta de que Robinson era la chispa que había hecho de los *Dodgers* un equipo ganador. Nadie corría mejor las bases que Robinson ni nadie era mejor con el guante en la mano. En la goma, su control del bate era inmenso y podía batear por todo el campo de béisbol. Aquella temporada Robinson fue nombrado el primer Novato del Año.

Jackie Robinson tuvo una carrera gloriosa. Pero hizo más que jugar bien al béisbol: Robinson les dio a todos los estadounidenses una lección llena de coraje. Branch Rickey abrió una puerta, y Robinson entró por ella y no dejó que se cerrara nunca más. Algo maravilloso le ocurrió al béisbol —y con él a Estados Unidos— el día en que Jackie Robinson se unió a los *Dodgers*.

Palabras de uso diario

estadio *s.* instalaciones deportivas formadas por grandes campos que están rodeados de filas de asientos

---

TOMAR NOTAS
Take Notes

Destreza de lectura 

Lee la última oración del ensayo. ¿De qué manera te ayuda esta oración a comprender el **propósito de los autores** para escribir este ensayo?

____

____

____

Verifica tu comprensión 

¿Qué amenazaron hacer los *Cardenales* de San Luis? Subraya la respuesta.

Desarrollar el vocabulario en inglés: Identificar cognados

En el párrafo que está enmarcado por un corchete, subraya los cognados en español de estas palabras en inglés: *accepting, bases, bat, control.*

Piensa en la selección
Thinking About the Selection

1. Jackie Robinson y Branch Rickey enfrentaron una resistencia a la incorporación de Robinson al equipo de béisbol. ¿Cuáles fueron algunas de las dificultades que tuvieron durante la primera temporada de Robinson? Explícalas en el diagrama.

> Dificultades durante la primera temporada de Jackie Robinson

1.	2.	3.

2. **Destreza de lectura:** El **propósito del autor** es su razón para escribir. ¿Cuál es el **propósito** de este ensayo?

   ____

   ____

3. **Análisis literario:** Un **ensayo** es un texto breve de no ficción sobre un tema específico. ¿Cuál es el enfoque de este **ensayo expositivo**?

   ____

   ____

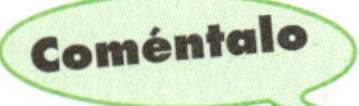

Defenderse

Jackie Robinson no respondió a los insultos ni a las amenazas. ¿Crees que debería haber tomado represalias? ¿Por qué sí o por qué no? Apoya tu respuesta con detalles de la selección.

Creo que Robinson debería haber tomado represalias porque _______________.

Creo que Robinson no debería haber tomado represalias porque _____________.

Vocabulario

Estas palabras son traducciones de las palabras que están resaltadas en el ensayo. Escucha cada palabra. Dila. Luego, lee la definición y la oración de ejemplo.

diverso *adj.* Ser **diverso** significa tener o mostrar muchas o diferentes características.

El diverso cuerpo estudiantil hace que mi escuela sea especial.

irracional *adj.* **Irracional** significa que carece de razón.

Tiene un miedo irracional a las arañas.

compuesto *v.* Estar **compuesto** de algo es estar formado por algo.

El libro estaba compuesto de varios ensayos.

Vocabulary

These words are highlighted in the essay. Listen to each word. Say it. Then, read the definition and the example sentence.

diverse (duh VERS) *adj.* **Diverse** means having or showing various or differing characteristics.

The diverse student body makes my school special.

irrational (i RA shuhn uhl) *adj.* **Irrational** means unreasonable.

He has an irrational fear of spiders.

composed (kuhm POHZD) *v.* To be **composed** of something is to be made up of something.

The book was composed of several essays.

A. Práctica: Completa cada oración con la palabra correcta de vocabulario.

1. El parque está ___________________ de muchos juegos de diversión.

2. En el mercado se puede encontrar un conjunto ___________________ de frutas y verduras.

3. La película de terror nos causó un temor ___________________.

B. English Practice: Complete each sentence with the correct vocabulary word.

1. My school has many ___________________ students.

2. Sonya rarely makes ___________________ decisions.

3. The collage was ___________________ of photos from various magazines.

"La derrota"
Patricia C. McKissack y Fredrick McKissack, Jr.

Resumen Este ensayo describe la historia del béisbol desde sus principios. Al principio, los afroamericanos armaban equipos de jugadores negros y blancos. El béisbol se convirtió en un negocio después de la guerra civil. Los jugadores afroamericanos fueron "derrotados" en el juego por los equipos de las ligas principales hasta después de la Segunda Guerra Mundial. En vista de esto, formaron sus propios equipos.

Summary This essay describes baseball's early history. At first, African Americans played on teams of black and white players. Baseball became a business after the Civil War. African American players were "shut out" from playing on major league teams until after World War II. They formed their own teams as a result.

Escribir acerca de la Gran pregunta

¿Qué es importante saber? "La derrota" describe qué hicieron los jugadores de béisbol afroamericanos cuando no les permitían jugar en las ligas principales. Completa esta oración:

Conocer maneras de solucionar los problemas es importante porque ____________

____.

Guía para tomar notas

Completa las fechas en la tabla para crear una línea cronológica de la historia del béisbol.

Suceso	El béisbol comenzó a ser popular.	Se formó la Asociación Nacional de Jugadores de Béisbol.	Carolina del Sur se separó de la Unión.	La Asociación Nacional de Jugadores de Béisbol votó por no admitir miembros afroamericanos.
Fecha				

Piensa en la selección
Thinking About the Selection

1. Un cambio que sucedió después de la creación del béisbol fue ____________

____

____ .

2. **Destreza de lectura:** La negativa de los dueños de los equipos a permitir que jugaran los afroamericanos tuvo efectos en la historia del béisbol. Completa el siguiente cuadro de **causa** y **efecto** para describir esos efectos.

Los dueños de los equipos no permitían que jugaran afroamericanos.	Entonces,
	Entonces, el Salón de la Fama del Béisbol no reconoció a ningún jugador de la Liga Negra.

Escríbelo · **¿Qué piensas?**

Escribe más acerca de lo que opinas. Por ejemplo, puedes pensar que algunos deportes están segregados por género, pero que otros no. Si es así, escribe sobre ambos.

Creo que los deportes ____________________________________

____ .

Langston Terrace • Los pavos
Langston Terrace • Turkeys

Destreza de lectura

La **idea principal** es el punto más importante de una obra literaria. A menudo el autor incluye la idea principal. Otras veces, debes averiguarla mediante **detalles clave**. Los detalles clave te dicen sobre qué es una obra. A veces se repiten en toda la obra literaria. Los detalles clave se relacionan con otros detalles en una obra.

Anota los detalles clave en el organizador gráfico a medida que lees. Luego, usa esos detalles para averiguar la idea principal.

Análisis literario

Las **influencias del autor** son las ideas culturales y los sucesos históricos que influyen sus trabajos. Busca detalles sobre las influencias del autor a medida que lees. Pueden incluir la época y el lugar del nacimiento del autor, sus orígenes culturales o sucesos mundiales.

Vocabulario

Estas palabras están subrayadas en el cuento. Escucha cada palabra. Dila. Luego, lee la definición y la oración de ejemplo.

métodos *s.* Los **métodos** son maneras de hacer algo.

Los métodos de la maestra eran nuevos en la escuela.

recuerdo *s.* Si alguien tiene un **recuerdo** de una persona, un lugar o una experiencia, se acuerda del pasado.

Mi primer recuerdo es de cuando tenía cuatro años.

abandonado *v.* Una persona que ha **abandonado** a alguien o algo, lo dejó y no regresó.

La familia ha abandonado su hogar porque el incendio lo destruyó.

Vocabulary

These words are translations of the words underlined in the story. Listen to each word. Say it. Then, read the definition and the sample sentence.

methods (METH uhdz) *n.* **Methods** are ways of doing something.

The teacher's methods were new to the school.

memory (MEM uh ree) *n.* If someone has a **memory** of a person, place, or experience, that person remembers it from the past.

My first memory is from when I was four years old.

abandoned (uh BAN duhnd) *v.* A person who **abandoned** something left a person or thing and did not return.

The family abandoned the house after it was damaged in the fire.

A. Práctica: Completa cada oración con la palabra correcta de vocabulario.

1. El perro había _____________________ el hueso en un jardín.

2. Los científicos usan diferentes _____________________ de investigación.

3. Mi mejor _____________________ de mi abuela viene de la niñez.

B. English Practice: Complete each sentence with the correct vocabulary word.

1. Our class tried different _____________________ of measuring distance.

2. My father's _____________________ of his first home is special to him.

3. The pirates _____________________ the boat as it started to sink.

"Los pavos"

Bailey White

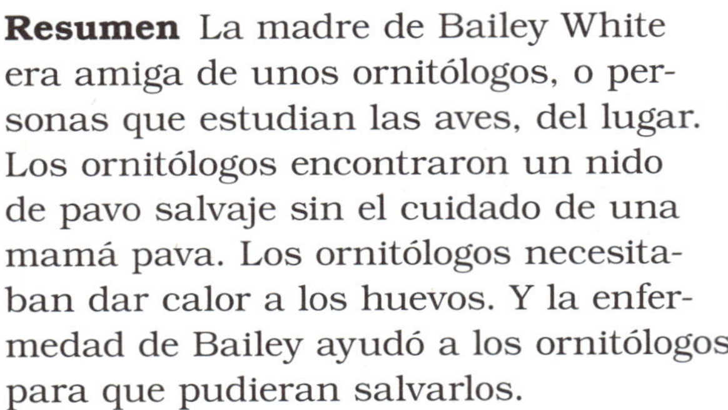

Resumen La madre de Bailey White era amiga de unos ornitólogos, o personas que estudian las aves, del lugar. Los ornitólogos encontraron un nido de pavo salvaje sin el cuidado de una mamá pava. Los ornitólogos necesitaban dar calor a los huevos. Y la enfermedad de Bailey ayudó a los ornitólogos para que pudieran salvarlos.

Summary Bailey White's mother was a friend to local ornithologists, or people who study birds. The ornithologists found a wild turkey nest that was not watched over by a mother turkey. The ornithologists needed to keep the turkey eggs warm. Bailey's illness helped the ornithologists save the turkey eggs.

 ## Escribir acerca de la Gran pregunta

¿Qué es importante saber? En "Los pavos", una niña ayuda a evitar la extinción de los pavos salvajes. Completa estas oraciones:

Las personas que trabajan para salvar a los animales de la extinción deben

estudiar ________________________________. El **conocimiento** que adquieren estu-

diando se puede utilizar para ____.

Guía para tomar notas

Usa la tabla para anotar los detalles importantes del cuento.

¿Quién es el narrador?	La narradora es Bailey White cuando era niña.
¿Qué estudian los ornitólogos?	
¿Por qué deja el nido la mamá pava?	
¿Cómo salvan los ornitólogos los huevos de los pavos?	

"Los pavos"
Bailey White

Mi mamá tiene algo que atrae a los ornitólogos[1]. Todo comenzó hace algunos años, cuando una pareja de ornitólogos descubrió que una rara especie de pájaro carpintero venía al comedero de aves de mi mamá. Los ornitólogos venían a casa, se sentaban frente a la ventana y, entre exclamaciones, tomaban fotografías con cámaras grandes y sofisticadas. Pero mucho después de que los pájaros carpinteros de cresta roja se marcharon, los ornitólogos seguían ahí.

◆ ◆ ◆

Los ornitólogos estaban preocupados por los pavos salvajes de la zona. Los pavos salvajes habían comenzado a aparearse con los pavos domésticos de los granjeros. Esto hacía que la especie se debilitara. Ya no podían volar tan bien como solían hacerlo.

◆ ◆ ◆

Por aquella época, en la primavera en que tenía seis años, me enfermé de **sarampión**. Tenía mucha fiebre y mi madre estaba preocupada. Mantenía la casa oscura y en silencio, y se movía sin hacer ruido, mientras probaba diferentes métodos para que la fiebre bajara.

Hasta los ornitólogos se mantenían alejados; pero no por miedo al sarampión. La verdad era que habían descubierto un nido de pavos salvajes.

◆ ◆ ◆

Los ornitólogos vigilaban el nido para protegerlo de los depredadores. Una noche, fueron a la casa de la narradora mientras ella seguía enferma. Llevaban una caja de cartón. Medio dormida, escuchó que hablaban cerca de ella.

◆ ◆ ◆

Palabras de uso diario

sarampión *s.* enfermedad infecciosa que produce puntos rojos pequeños en el rostro y el cuerpo

---

1. **ornitólogo** *s.* científico que estudia los pájaros

Activar conocimientos previos

En las siguientes líneas, describe algunas de las causas por las que los animales pueden estar en peligro de extinción.

____

____

____

Verifica tu comprensión 

¿Por qué los ornitólogos se mantenían alejados de la narradora? Encierra en un círculo la respuesta.

Desarrollar el vocabulario en inglés: Identificar cognados

Los cognados son palabras que comparten el mismo origen o raíz. En el párrafo que está enmarcado por un corchete, subraya los cognados en español de estas palabras en inglés: *species, photographs, cameras, sophisticated.*

Análisis literario 

Las **influencias del autor** son cosas que han ocurrido e influyen en sus obras. ¿De qué manera crees que esta experiencia ha influido en los sentimientos de la autora sobre los pavos salvajes?

____

____

Desarrollar el vocabulario en inglés: Identificar cognados

En el párrafo que está enmarcado por un corchete, subraya los cognados en español de estas palabras en inglés: *finally, adult, ornithologists.*

A la mañana siguiente me sentí mejor. El recuerdo de los ornitólogos con sus susurros parecía como un sueño de otra vida. Pero cuando quité las cobijas, encontré dieciséis pavos recién nacidos que me observaban con ojitos saltones y las bocas abiertas, junto con los restos de los cascarones de dieciséis huevos con pintitas.

♦   ♦   ♦

La mamá pavo había abandonado el nido. Era una noche fría y había que mantener a los huevos calientes. Los ornitólogos recordaron que la narradora tenía fiebre, y llevaron los huevos junto a ella.

Los pichones de pavo se volvieron más fuertes. Seguían a la narradora adonde fuera.

♦   ♦   ♦

Finalmente, al terminar el verano, llegó el día en que los pavos estuvieron listos para su primer vuelo de adultos. Los ornitólogos se reunieron. Corrí colina abajo y los pavos también corrieron. Luego, uno a uno, levantaron vuelo. Volaban alto y rápido. Los ornitólogos sonreían. Saltaban y se abrazaban. —¡Son pavos cien por ciento salvajes! —decían.

Desde entonces han transcurrido casi cuarenta años. Ahora existe una **vacuna** contra el sarampión. Y el bosque donde vivo está lleno de pavos totalmente salvajes.

Palabras de uso diario

vacuna *s.* sustancia que se usa para proteger a las personas de una enfermedad; contiene una forma débil del virus que causa la enfermedad

Piensa en la selección
Thinking About the Selection

1. En el diagrama, completa la información para mostrar el orden en el que ocurren los acontecimientos en la historia. Completa la oración en cada casilla.

> Los científicos encuentran una rara ____________________________________.

> La narradora se enferma de ____________________________________.

> Los científicos llevan los huevos a la cama de la narradora para ____________________.

> La narradora se despierta y ve que ____________________________________.

2. **Destreza de lectura:** La **idea principal** es el punto más importante que afirma el autor. Escribe cuál es la idea principal del cuento en tus propias palabras.

   ____

   ____

3. **Análisis literario:** Enumera los factores culturales que pueden haber **influido** en la autora cuando escribió "Los pavos". Toda la información que necesitas está en el cuento.

   Tiempo y lugar: ____

   Entorno cultural: ____

   Sucesos mundiales: Los pavos salvajes corrían peligro de extinción en esa zona.

Escríbelo ▶ **Un estudio científico**

Imagina que eres uno de los ornitólogos del cuento. Escribe un informe para compartir con otros científicos acerca de tu experiencia. Incluye todos los sucesos importantes y escríbelo como un científico lo haría.

   Creo que fue ____.

Vocabulario

Estas palabras son traducciones de las palabras que están resaltadas en el cuento. Escucha cada palabra. Dila. Luego, lee la definición y la oración de ejemplo.

comunidad *s.* Una **comunidad** es un grupo de personas que viven en la misma área.

La abuela vive en una comunidad para jubilados.

reunión *s.* Una **reunión** es una congregación de personas que no se han visto durante un período.

El picnic fue una reunión familiar.

coral *adj.* **Coral** describe algo que se relaciona con un coro o grupo de cantantes.

Un famoso compositor escribió la música coral.

Vocabulary

These words are highlighted in the story. Listen to each word. Say it. Then, read the definition and the example sentence.

community (kuh MYOO nuh tee) *n.* A **community** is a group of people living in the same area.

Grandma lives in a retirement community.

reunion (ree YOON yuhn) *n.* A **reunion** is a gathering of people who have not seen each other for a period of time.

The picnic is a family reunion.

choral (KOH ruhl) *adj.* **Choral** describes something relating to a singing group or choir.

The choral music was written by a famous composer.

A. Práctica: Completa cada oración con la palabra correcta de vocabulario.

1. Aquella banda _____________________ italiana fue muy buena.

2. Después de clases, habrá una _____________________ de padres.

3. Todos debemos participar para que nuestra _____________________ sea cada día mejor.

B. English Practice: Complete each sentence with the correct vocabulary word.

1. Our _____________________ has a public swimming pool.

2. We will return after graduation for a class _____________________.

3. I belong to a _____________________ group at school.

"Langston Terrace"

Eloise Greefield

Resumen Eloise Greenfield y su familia se mudan a una nueva casa en Langston Terrace. Langston Terrace es un nuevo proyecto de viviendas de bajo costo en Washington, D.C. Las personas que viven allí inician programas de música, deportes y poesía. Eloise y sus amigos tienen hermosos recuerdos de Langston Terrace.

Summary Eloise Greenfield and her family move to a new house in Langston Terrace. Langston Terrace is a new, lowrent housing project in Washington, D.C. The people who live there start music, sports, and poetry programs. Eloise and her friends have pleasant memories of Langston Terrace.

Escribir acerca de la Gran pregunta

¿Qué es importante saber? En "Langston Terrace", la narradora y su familia se mudan a un nuevo vecindario. Completa esta oración:

Lo que te gustaría saber de tu futuro vecindario incluye _________________

____

____ .

Guía para tomar notas

Usa esta tabla para anotar los detalles importantes del cuento.

¿**Qué** es Langston Terrace?	Un proyecto de viviendas de bajo costo
¿**Dónde** queda?	
¿**Cómo** obtiene una casa allí la familia de Eloise?	
¿**Por qué** tiene Eloise buenos recuerdos de Langston Terrace?	

Piensa en la selección
Thinking About the Selection

1. Completa el diagrama con información del cuento.

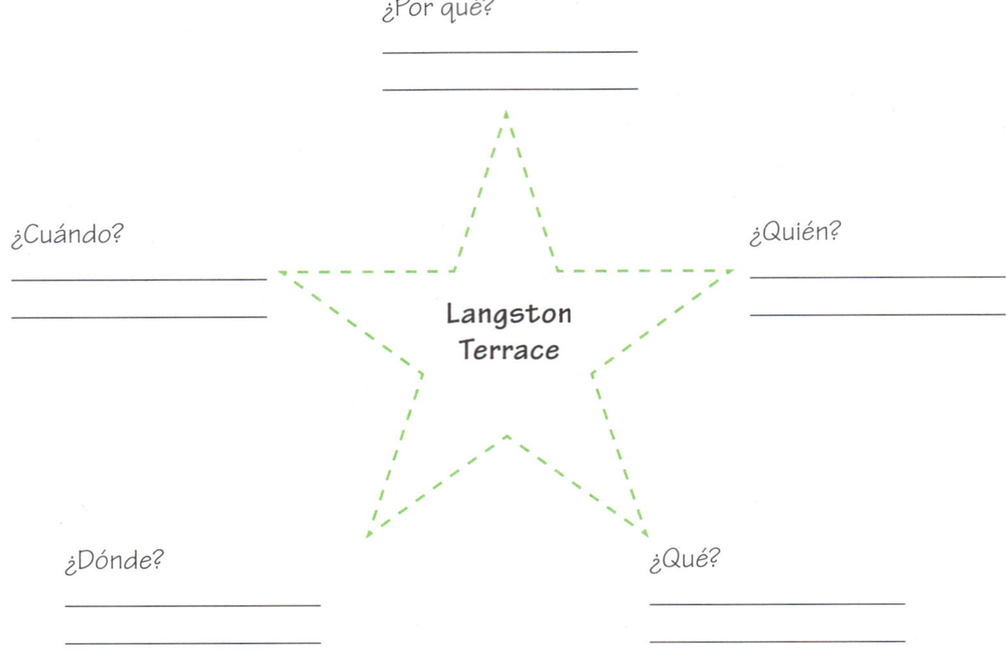

2. **Destreza de lectura:** La idea principal es el punto más importante de una obra literaria. Escribe cuál es la **idea principal** del cuento en tus propias palabras.

   ____

   ____

3. **Análisis literario:** Piensa cuándo y dónde se desarrolla "Langston Terrace". Enumera los factores culturales e históricos que **influyeron** en Greenfield.

   Tiempo y lugar: ____

   Entorno cultural: ____

   Sucesos mundiales: ____

Coméntalo

Comparar y contrastar La familia de Eloise vivía con sus familiares y amigos antes de mudarse a Langston Terrace. ¿En qué se parecen y en qué se diferencian el nuevo hogar de la familia y el anterior? Coméntalo con un compañero.

El nuevo hogar de Eloise es ____.

La leña buena · *de* El porquero y yo
La Leña Buena · *from* The Pigman & Me

Destreza de lectura

La **idea principal** es el punto más importante de un cuento o ensayo. Debes saber **distinguir entre detalles importantes y no importantes** para hallar la idea principal. Los detalles importantes son fragmentos de información que dicen más sobre la idea principal. También se llaman *detalles de apoyo.*

- Hazte preguntas como éstas sobre los detalles de una obra: *¿Por qué el autor incluyó este detalle? ¿Este detalle ayuda a los lectores a comprender la idea principal de la obra?*

- Recuerda que no todos los detalles apoyan la idea principal.

Usa esta tabla para enumerar los detalles a medida que lees. Decide si los detalles son importantes. Luego, usa los detalles importantes para escribir la idea principal.

Detalle	¿Es importante?
El Tío Abrán se gana la vida haciendo carbón de madera.	Sí
Idea principal:	

Análisis literario

El **ambiente** es el sentimiento general que un cuento o ensayo crea en el lector. Por ejemplo, el ambiente de una obra puede ser feliz, triste, de miedo o de esperanza. Los escritores eligen palabras e imágenes con cuidado para que atraigan los sentidos del lector. Estos dos elementos ayudan a crear el ambiente de sus cuentos.

Algunas obras crean un ambiente a través de toda la selección. En otras obras, el ambiente va cambiando.

Vocabulario

Estas palabras están subrayadas en el ensayo. Escucha cada palabra. Dila. Luego, lee la definición y la oración de ejemplo.

acuerdo *s.* Cuando alguien tiene un **acuerdo** con otra persona, se han puesto de acuerdo sobre algo.

Leah y Paul tienen un acuerdo de turnarse para cortar el césped.

confiscaban *v.* Si unas personas (por lo general una autoridad gubernamental) **confiscaban** algo, lo tomaban.

Los policías confiscaban todos los automóviles que estaban estacionados ilegalmente.

humillado *adj.* **Humillado** significa avergonzado.

Tropecé y me sentí humillado.

Vocabulary

These words are translations of the words underlined in the essay. Listen to each word. Say it. Then, read the definition and the sample sentence.

arrangement (uh RAYNJ mint) *n.* When someone has an **arrangement** with another person, those people have agreed on something.

Leah and Paul have an arrangement to take turns cutting the grass.

confiscated (KAHN fuhs kayt id) *v.* If something is **confiscated**, it means it is seized, usually by a governmental authority.

Police confiscated the illegally parked cars.

humiliated (hyoo MIL ee ayt id) *adj.* **Humiliated** means ashamed.

I stumbled and felt humiliated.

A. Práctica: Completa cada oración con la palabra correcta de vocabulario.

1. Mark y Tom firmaron un _______________ para no pelearse.

2. José se sintió _______________ cuando se cayó de la bicicleta.

3. Los porteros nos _______________ la pelota cuando la encontraban.

B. English Practice: Complete each senténce with the correct vocabulary word.

1. Our social studies teacher _______________ the comic book.

2. Leo made an _______________ with his neighbor to share the patio.

3. I felt _______________ when I dropped the ball.

"La leña buena"

John Phillip Santos

Resumen El narrador cuenta la historia del hermano de su bisabuelo, el Tío Abrán. El Tío Abrán ganó mucho dinero trabajando con la madera en México. Conocía la mejor manera de utilizar la madera de diferentes árboles. El Tío Abrán tuvo que negociar con los revolucionarios mexicanos antes de venir a los Estados Unidos.

Summary The narrator tells the story of his great-grandfather's brother, Tío Abrán. Tío Abrán made a successful living from wood in Mexico. He could tell the best way to use the wood from different trees. Tío Abrán had to deal with Mexican revolutionaries before coming to America.

Escribir acerca de la Gran pregunta

¿Qué es importante saber? En "La leña buena", el tío del autor era experto en hacer una clase muy especial de carbón. Completa esta oración:

Una manera de distinguir a un experto de alguien que tiene conocimiento

básico acerca de un tema es ____.

Guía para tomar notas

Usa esta tabla para anotar tres detalles importantes de "La leña buena".

Detalle importante	Detalle importante	Detalle importante
1. El Tío Abrán conoce mucho sobre la madera.	2.	3.

Análisis literario 

El **ambiente** es el sentimiento general que produce una obra literaria en un lector. Lee el tercer párrafo. ¿Qué **ambiente** o sentimiento se crea en él?

____

____

Desarrollar el vocabulario en inglés: Identificar cognados

Los cognados son palabras que comparten el mismo origen o la misma raíz. En el párrafo que está enmarcado por un corchete, subraya los cognados en español de estas palabras en inglés: *characteristics, rapidly, excellent.*

Verifica tu comprensión

¿Por qué Tío Abrán lleva a su familia a San Antonio? Escribe un resumen de sus razones.

____

____

____

"La leña buena"

John Phillip Santos

Tío Abrán conocía las características de la madera. El huisache arde rápidamente. No da mucho calor. No es bueno para el fuego del hogar. El mezquite[1] y el cedro son excelentes para el fuego del hogar. Arden lentamente y dan mucho calor. Son magníficos para hacer carbón. Tío Abrán hacía carbón. En México, el carbón que él hacía era muy valorado. Su fuego duraba mucho tiempo.

Tío Abrán trajo su familia a Estados Unidos aproximadamente en 1920. Fue uno de los últimos miembros de la familia García en irse de México. Allí no podía encontrar buena madera para hacer carbón. Tenía que viajar muy lejos de su casa para hallar mezquite. También tenía que atravesar lugares donde había personas que querían pelear.

◆　◆　◆

Junto a la vieja Villa las Rusias, en un valle alejado de la carretera, había árboles de mezquite por todos lados. Tío Abrán hizo un acuerdo con el propietario de las villas para darle una **parte** de la venta del carbón que hacía con el mezquite. Pero muchas veces, los Revolucionarios[2] confiscaban su carga diaria de madera, y tenía que volver a casa, humillado, con su carro vacío.

◆　◆　◆

Tío Abrán no quería marcharse de México. Llevó a su familia a San Antonio. Le dijo al Abuelo Jacobo que se habría quedado en México si hubiera sido más fácil conseguir mezquite.

Palabras de uso diario

parte *s.* participación de alguien en algo, por ejemplo, dinero

1. **mezquite** *s.* clase de madera
2. **Revolucionarios** eran las personas que lucharon en la Revolución Mexicana durante la década de 1910.

Piensa en la selección
Thinking About the Selection

1. Al escribir, los detalles importantes apoyan una idea principal. La idea principal de esta historia es que Tío Abrán luchó por ganarse la vida. ¿Cuáles son los detalles que apoyan esta idea principal? Completa las oraciones en la siguiente tabla.

	Para encontrar mezquite Tío Abrán tenía que
El Tío Abrán luchó por ganarse la vida con la madera.	Los ladrones muchas veces tomaban

2. **Destreza de lectura:** ¿Cuál es la **idea principal** del ensayo?

____

____

3. **Análisis literario:** Completa los espacios en blanco para mostrar una palabra y una imagen que ayuden a crear el **ambiente** en "La leña buena".

Palabra: _______________________________________

Imagen: _______________________________________

Ambiente: sin esperanza

Coméntalo   **Decisiones difíciles**

Tío Abrán no quería irse de México. ¿Crees que Tío Abrán se habría ido de México si el mezquite hubiese sido más fácil de conseguir? Comenta tus opiniones con un compañero.

Tío Abrán se hubiese ido de México porque ____________________.

Tío Abrán no se hubiese ido de México porque ____________________.

Vocabulario

Estas palabras son traducciones de las palabras que están resaltadas en el cuento. Escucha cada palabra. Dila. Luego, lee la definición y la oración de ejemplo.

distorsionó *v.* **Distorsionó** significa que se torció de tal manera que cambia la forma normal.

La fotografía se distorsionó y se veía rara.

observador *adj.* La palabra **observador** describe a alguien que es bueno para darse cuenta de las cosas.

Un estudiante observador se dará cuenta de todo primero.

condena *s.* Una **condena** es una fuerte expresión de desaprobación.

Las personas que no obedecen las leyes reciben la condena de su comunidad.

Vocabulary

These words are highlighted in the story. Listen to each word. Say it. Then, read the definition and the example sentence.

distorted (dis TOHRT id) *v.* **Distorted** means twisted out of normal shape.

The distorted photograph looked odd.

observant (uhb ZUHR vent) *adj.* **Observant** describes how someone is quick to notice something.

An observant student will notice things first.

condemnation (kahn duhm NAY shuhn) *n.* **Condemnation** is an expression of strong disapproval.

People who break the law face condemnation from their communities.

A. Práctica: Completa cada oración con la palabra correcta de vocabulario.

1. El delincuente enfrenta una _____________________ de cadena perpetua.

2. Cuando estábamos en el cine la imagen se _____________________ y no pudimos terminar de ver la película.

3. Pedro es muy _____________________. Nunca se pierde ningún detalle.

B. English Practice: Complete each sentence with the correct vocabulary word.

1. The water _____________________ the bodies of the swimmers.

2. Noelle is an _____________________ person who rarely forgets things.

3. The jury's _____________________ meant that the criminal went to prison.

de "El porquero y yo"

Paul Zindel

Resumen Paul Zindel es el nuevo alumno de la escuela. Todavía no conoce las reglas. Accidentalmente, Paul le deja el ojo morado a John Quinn. John quiere pelear con Paul. Paul le pide consejos a Nonno Frankie sobre cómo pelear. Paul intenta seguir los consejos durante la pelea. Pero la pelea no termina como él pensó.

Summary Paul Zindel is the new kid at school. He does not know the rules yet. He accidentally gives John Quinn a black eye. John wants to fight Paul. Paul asks Nonno Frankie for advice about fighting. Paul tries to follow the advice during the fight. The fight does not end the way he expected.

Escribir acerca de la Gran pregunta

¿Qué es importante saber? En *El porquero y yo*, un niño se mete en problemas porque no conoce las reglas de la clase de gimnasia de la nueva escuela. Completa esta oración:

El objetivo de que en las escuelas haya reglas es _______________________

____ .

Guía para tomar notas

Usa la tabla para anotar los sucesos importantes del cuento.

¿Qué olvida decirle Richard Cahill a Paul?	¿Qué le hace Paul a John Quinn?	¿Qué le enseña Nonno Frankie a Paul?	¿Quién salva a Paul al final?
Richard olvida decirle a Paul que sólo puede tener el remo durante quince minutos.			

Piensa en la selección
Thinking About the Selection

1. En este cuento, un suceso provoca otros sucesos. Completa las oraciones que aparecen en el diagrama para contar lo que ocurrió.

Este suceso		Ocasionó este suceso
John intenta que Paul le dé el remo.	→	Paul
John quiere ajustar cuentas con Paul porque le dejó el ojo morado.	→	Paul le pregunta a Nonno Frankie
Moose va tras Paul para darle una paliza.	→	La hermana de Paul

2. Cuando Nonno Frankie ve la talla en el árbol, _______________________________
____.

Escríbelo ⟩ ¿Qué sucedería si...?

¿En qué cambiaría el cuento si la hermana de Paul no hubiese ido a rescatarlo? Escribe un final alternativo breve para el cuento.

Paul habría ____
____
____
____.

Naranjas
Oranges

Los poetas usan lenguaje creativo por diferentes motivos:

- para ayudar al lector a ver una imagen

- para contar historias

- para compartir sentimientos

- para describir experiencias

Los poetas usan **técnicas sonoras** para hacer que sus obras suenen musicales. Estas técnicas refuerzan el significado y el ambiente de un poema. En la tabla se muestran las técnicas sonoras más comunes.

Técnica sonora	Definición	Ejemplo
Rima	Repetición de sonidos al final de las palabras	misión, canción, traición
Ritmo	Ritmo que se crea a través de un patrón de sílabas acentuadas y no acentuadas	Los MOnos son Ocho.
Repetición	Uso de cualquier parte del lenguaje (sonido, palabra, etc.) más de una vez	La hermosa niña dormía. La hermosa estrella la iluminaba.
Onomatopeya	Uso de palabras que imitan sonidos	guau, miau, mu
Aliteración	Repetición de sonidos de consonante al comienzo de las palabras	tres tristes tigres

El **lenguaje figurado** es texto o discurso que no se debe tomar literalmente. Las diferentes clases de lenguaje figurado se llaman **figuras literarias**.

Los poetas usan el lenguaje figurado para expresar ideas o sentimientos de manera original. En la tabla se listan las clases más comunes de lenguaje figurado.

Lenguaje figurado	Definición	Ejemplo
Metáfora	Describe una cosa como si fuese otra.	La nieve era una sábana blanca que cubría todo el pueblo.
Símil	Usa las palabras *tan* y *como* para comparar dos cosas diferentes.	Es lenta como una tortuga.
Personificación	Da cualidades humanas a algo que no lo es.	El océano resonaba con enojo durante la tormenta.

El **lenguaje sensorial** es un tipo de escritura que ayuda al lector a usar sus sentidos. Los cinco sentidos son la vista, el oído, el olfato, el gusto y el tacto. El lenguaje sensorial crea **imágenes** a partir de palabras. Las imágenes ayudan al lector a experimentar el poema.

Estas son algunas formas de poesía:

- **Narrativa:** Un poema narrativo cuenta una historia en estrofas. Una estrofa es una composición ordenada de versos. Un poema narrativo tiene una trama. También tiene personajes, al igual que los cuentos.

- **Lírica:** La poesía lírica expresa los pensamientos y sentimientos de un narrador. Esta clase de poesía a menudo tiene estrofas muy musicales.

- **Concreta:** Los poemas concretos están organizados para parecerse al tema del poema. El poeta acomoda las estrofas para crear una imagen en la página.

- **Haikú:** El haikú es una composición poética japonesa que tiene tres versos. El primero y el tercero tienen cinco sílabas cada uno. El segundo tiene siete sílabas.

- *Limerick:* Se llama *limerick* a un poema humorístico de cinco versos. Estos poemas tienen un patrón de ritmo y un esquema de rima propios.

Vocabulario

Estas palabras están subrayadas en el poema. Escucha cada palabra. Dila. Luego, lee la definición y la oración de ejemplo.

agrietaba *v.* Algo que se **agrietaba** es algo que se rompía y en su superficie aparecía al menos una línea.

La ventana se agrietaba lentamente después de que le arrojaron una piedra.

pasillo *s.* Si caminas por un **pasillo**, lo haces por un pasaje largo, a menudo entre filas de asientos.

Mi tía prefiere sentarse cerca del pasillo cuando va al cine.

solté *v.* Si **solté** algo, dejé de sostenerlo o lo dejé caer.

Solté la correa del perro cuando entramos en el parque canino.

Vocabulary

These words are translations of the words underlined in the poem. Listen to each word. Say it. Then, read the definition and the sample sentence.

cracking (CRAK ing) *v.* Something that is **cracking** is breaking so that it shows at least one line on its surface.

The window was slowly cracking after being hit with a rock.

aisle (YL) *n.* If you walk down an **aisle**, you walk down a long passage, often between rows of seats.

My aunt prefers to sit near the aisle at movie theaters.

released (ree LEESD) *v.* Someone who **released** something stopped holding it or dropped it.

I released the dog's leash when I entered the dog park.

A. Práctica: Completa cada oración con la palabra correcta de vocabulario.

1. La novia camina orgullosa por el _________________ de la iglesia hacia el altar.

2. Miré al cielo y _________________ la paloma en señal de la libertad que tanto deseaba.

3. El puente de madera se _________________ a medida que pasaban los caballos.

B. English Practice: Complete each sentence with the correct vocabulary word.

1. I'm worried that the window will continue _________________.

2. Soup is located in the same _________________ as crackers.

3. Alberto _________________ the papers in surprise.

"Naranjas"
Gary Soto

Resúmenes El narrador de "Naranjas" es un niño de doce años que comparte junto con una pequeña niña la experiencia de visitar una tienda. "Oda a las fotografías familiares" se trata de las fotografías que la madre del poeta tomó de él y la familia.

Summaries The speaker in "Oranges" is a twelve-year-old boy who shares his experience of visiting a store with a young girl. "Ode to Family Photographs" is about the photographs the poet's mother took of him and his family.

Guía para tomar notas

Usa esta tabla para anotar detalles de los personajes del poema y sus acciones.

	Personajes	Acciones
Naranjas	el narrador	
	una niña	
	una vendedora	

"Naranjas"
Gary Soto

La primera vez que salí
con una muchacha, tenía doce años,
sentía frío y cargaba el peso
de dos naranjas en el abrigo.
5 Diciembre. La escarcha se <u>agrietaba</u>
bajo mis pasos, mi aliento
iba delante de mí, luego desaparecía,
mientras yo caminaba hacia
su casa, aquélla en la que la
10 luz amarillenta del porche brillaba
noche y día, en cualquier clima.
Me ladró un perro, hasta
que ella salió ajustándose
los guantes, la cara iluminada
15 por el **rubor.** Sonreí,
le toqué el hombro y la llevé
por la calle, cruzamos
un lote de coches usados y una hilera
de árboles recién plantados,
20 hasta que nuestro aliento estuvo
delante de una tienda.
Entramos, la pequeña campana
atrajo a una vendedora
al angosto <u>pasillo</u> de productos.
25 Fui hacia los dulces
alineados como gradas
y le pregunté qué quería,
había luz en los ojos, una sonrisa
se asomó en las comisuras
30 de su boca. Palpé
una moneda de cinco centavos en mi bolsillo,
y cuando ella tomó un chocolate
que costaba diez centavos,

Palabras de uso diario

rubor *s.* maquillaje rojo para las mejillas

TOMAR NOTAS
Take Notes

Activar conocimientos previos

¿Sobre qué experiencia de tu niñez te gustaría escribir? Descríbela brevemente.

____

____

____

Desarrollar el vocabulario en inglés: Identificar cognados

Los cognados son palabras que comparten el mismo origen o raíz. En el fragmento que está enmarcado por un corchete, subraya los cognados en español de estas palabras en inglés: *December, porch, climate, illuminated.*

Verifica tu comprensión 

¿Por qué crees que la vendedora permite que el muchacho pague el chocolate con una moneda de cinco centavos y una naranja?

____

____

____

Desarrollar el vocabulario en inglés: Identificar cognados

En el fragmento que está enmarcado por un corchete, subraya los cognados en español de estas palabras en inglés: *cents, discreetly.*

no dije nada.
35 Saqué los cinco centavos del
     bolsillo, luego una naranja,
     y los coloqué discretamente sobre
     el mostrador. Cuando levanté la vista,
     los ojos de la vendedora y los míos se cruzaron,
40 y ella mantuvo la mirada, sabiendo
     muy bien qué
     pasaba.
             Afuera,
     algunos coches pasaron silbando,
45 la niebla colgaba como abrigos
     viejos entre los árboles.
     Tomé la mano de mi novia
     entre las mías durante dos cuadras,
     luego la solté para
50 que pudiera desenvolver el chocolate.
     Quité la cáscara de mi naranja
     que brillaba tanto contra
     el gris de diciembre
     que, desde lejos,
55 alguien podría haber pensado
     que tenía una fogata entre las manos.

Piensa en la selección
Thinking About the Selection

1. El poema de Soto cuenta una historia. Completa el organizador gráfico con lo que sucede en esa historia.

Naranjas
1. El narrador camina hacia una tienda acompañado por una niña.
2.
3. Ella elige un chocolate que cuesta diez centavos.
4.

2. El muchacho del poema *Naranjas* está impaciente porque _______________

____.

3. La vendedora del poema sabe que el muchacho no tiene suficiente dinero para pagar el chocolate. ¿Cómo reaccionaría la muchacha si supiera que él es pobre?

____

Coméntalo **¿Tú qué crees?**

En el poema, el narrador oculta su pobreza para no decepcionar a la niña. ¿Estás de acuerdo con su manera de actuar? ¿Crees que habrías actuado de la misma manera en una situación similar?

Yo habría actuado/no habría actuado de la misma manera porque __________

____.

Escríbelo **Recuerdos**

El narrador de "Naranjas" escribe sobre un recuerdo de su infancia. Escribe una carta a un amigo en la que le cuentes un recuerdo que sea especial para ti.

Querido/a ____.

Quiero contarte ____.

Colecciones de poesía 1 y 2
Poetry Collections 1 and 2

Destreza de lectura

Las **pistas del contexto** pueden ayudarte a adivinar el significado de una palabra que no conoces. Las pistas están en la página donde aparece la nueva palabra. Es posible que las pistas del contexto tengan el mismo significado que la palabra, que la describan o la expliquen.

Haz preguntas como éstas para usar las pistas del contexto:

- *¿Qué clase de palabra es?*

- *¿Qué palabra puedo usar en lugar de la palabra nueva?*

- *¿Tiene sentido la nueva oración?*

Usa la tabla como ayuda para hallar el significado de *zancadas* en esta oración:

Ejemplo: Alargó sus <u>zancadas</u> para alcanzar a su amigo.

Usa esta tabla para hallar el significado de una palabra nueva que aparezca en el poema.

Análisis literario

El **ritmo** y la **rima** agregan una cualidad musical a los poemas.

- El **ritmo** es el patrón de sonido creado por las sílabas acentuadas y no acentuadas.
  Ejemplo: Ana y eLIna suBIEron la coLIna.
  (4 acentuadas/9 no acentuadas)

- La **rima** es el mismo sonido al final de dos o más palabras.
  Ejemplo: *canción* y *actuación*

A menudo los poetas establecen un patrón de rima, también llamado *esquema*. Comienzas a esperar las rimas cuando ves un patrón.

Palabra desconocida
zancada

↓

Pregunta
¿Qué clase de palabra es?

↓

Respuesta
Se refiere a un paso largo que se da para alcanzar a alguien.

↓

Significado
"paso"

Vocabulario

Estas palabras están subrayadas en el poema. Escucha cada palabra. Dila. Luego, lee la definición y la oración de ejemplo.

ofendió *v.* Si alguien se **ofendió**, se sintió humillado o herido.

Se ofendió al escuchar las palabras de su amigo.

repelente *adj.* Si algo es **repelente**, es muy feo.

Ese insecto es repelente.

brea *s.* La **brea** es una sustancia oscura que se obtiene de la madera.

La brea se usa para fabricar materiales de carbón.

Vocabulary

These words are translations of the words underlined in the poem. Listen to each word. Say it. Then, read the definition and the example sentence.

offended *v.* (uh FEND id) If someone got **offended,** he or she felt humiliated or hurt.

She got offended as soon as she heard his friend's opinion.

hideous (HID ee uhs) *adj.* If something is **hideous**, it is very ugly.

That insect is hideous.

pitch *n.* (PITCH) **Pitch** is a dark red substance which is made from wood.

Pitch is used to manufacture coal materials.

A. Práctica: Completa cada oración con la palabra correcta de vocabulario.

1. El ogro del cuento era ___________________. Todo el que lo miraba se asustaba.

2. Sus ojos, oscuros como ___________________, me miraron fijamente.

3. La nueva secretaria se ___________________ cuando su jefe le dijo que no estaba haciendo bien su trabajo.

B. English Practice: Complete each sentence with the correct vocabulary word.

1. I was ___________________ when Peter used those horrible words to refer to my best friend.

2. That ___________________ Halloween costume frightened the children.

3. ___________________ is produced in the new factory.

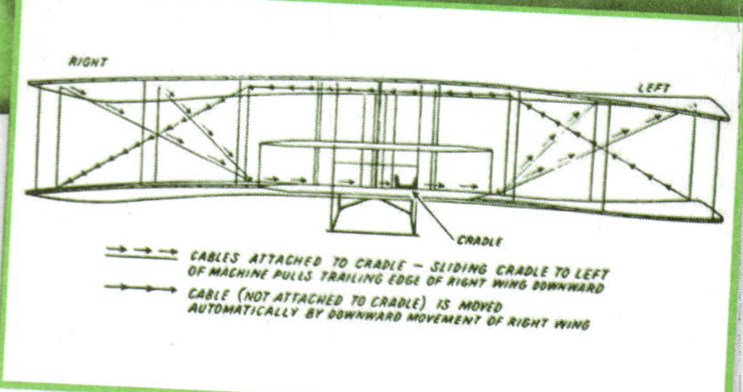

Colección de poesía 1

Resúmenes La valiente Isabel derrota a un oso, una bruja, un gigante y un médico en "Las aventuras de Isabel". "Ankylosaurus" describe a un fuerte dinosaurio. "Wilbur y Orville Wright" describe cómo los hermanos Wright crearon el primer avión.

Summaries Brave Isabel defeats a bear, a witch, a giant, and a doctor in "Adventures of Isabel." "Ankylosaurus" describes a tough dinosaur. How the Wright brothers built the first airplane is described in "Wilbur Wright and Orville Wright."

Escribir acerca de la Gran pregunta

¿Necesitamos palabras para comunicarnos bien? En "Las aventuras de Isabel", Isabel se comunica más con acciones que con palabras. Completa esta oración:

La comunicación verbal y la comunicación **no verbal** son eficaces en diferentes

tipos de situaciones porque ____

____ .

Guía para tomar notas

Usa esta tabla para anotar información sobre las acciones de Isabel en el poema.

Personaje	Acciones
Isabel	

"Las aventuras de Isabel"

Ogden Nash

Con un oso gigante Isabel se encontró,
a Isabel, a Isabel, no le importó;
el oso era voraz, tenía un hambre espantosa,
su enorme boca era cruel y cavernosa.
5 El oso dijo, Isabel, encantado de conocerte,
¡Cómo estás, Isabel, ahora voy a comerte!
Isabel, Isabel, no se preocupó,
Isabel no gritó ni huyó.
Se lavó las manos y el cabello se peinó,
10 y con tranquilidad al oso se comió.

Una noche negra como la brea
Isabel se encontró con una malvada bruja vieja.
La cara de la bruja era horrible y arrugada,
algunos dientes sus encías salpicaban.
15 ¡Ja, ja, Isabel! la vieja bruja graznaba,
¡Te convertiré en una horrible rana!
Isabel, Isabel, no se preocupó,
Isabel no gritó ni huyó.
No se enojó ni se ofendió:
20 Convirtió a la bruja en leche y se la bebió.

Isabel se encontró con un gigante repelente,
Isabel siguió siendo autosuficiente.
El gigante era peludo, el gigante era monstruoso,
en el medio de la frente tenía un solo ojo.

Activar conocimientos previos

¿Qué personajes de otros poemas o canciones infantiles recuerdas? Escribe los nombres en estas líneas.

____

____

____

Destreza de lectura 

Las **pistas del contexto** se encuentran en el texto cerca de las palabras nuevas. Encierra en un círculo la palabra que te da una pista sobre el significado de "voraz".

Desarrollar el vocabulario en inglés: Identificar cognados

Los cognados son palabras que comparten el mismo origen o raíz. En el fragmento que está enmarcado por un corchete, subraya los cognados en español de estas palabras en inglés: *gigantic, cruel, cavernous.*

Destreza de lectura 

¿Qué pista del contexto te ayuda a entender que un "biscote" es un alimento comestible? Encierra en un círculo la palabra que te ayuda a comprender el significado de "biscote".

Verifica tu comprensión 

¿Por qué crees que el médico con quien se encontró Isabel era fastidioso? Encierra en un círculo el fragmento de texto en el que se indica esto.

Análisis literario

Señala con flechas dos palabras de la última estrofa que **rimen.**

25 Buenos días, Isabel, dijo el gigante,
te moleré los huesos para hacer mi pan.
Isabel, Isabel, no se preocupó,
Isabel no gritó ni huyó.
Su biscote de siempre comenzó a mordisquear
30 y la cabeza al gigante le cortó al terminar.

Isabel se encontró con un médico fastidioso,
puyaba y picaba hasta que terminó por sobresaltarla.
El médico hablaba de resfríos y de tos
y de su maletín brotaban medicamentos.
35 El médico dijo a Isabel,
Toma esto, te hará bien.
Isabel, Isabel, no se preocupó,
Isabel no gritó ni huyó.
Las píldoras del boticario en sus manos tomó,
40 y con tranquilidad al médico curó.

Piensa en la selección
Thinking About the Selection

1. En el poema hay palabras que suenan igual. Estos sonidos ayudan a crear el ritmo. Completa la tabla con palabras del poema que suenen como las de la tabla.

Poema	Palabras del poema que suenan igual	
Las aventuras de Isabel	espantosa	
	conocerte	
	preocupó	
	repelente	

2. **Destreza de lectura:** Una **pista del contexto** es una palabra que ayuda a hallar el significado de otra palabra que no conoces. Lee el verso: *te moleré los huesos para hacer mi pan.*

   ¿Qué palabras del verso te ayudan a comprender el significado de la palabra "moleré"? Explica tu respuesta.

   ____

3. ¿Te gustaría ser amigo de alguien como Isabel? Explica tu respuesta.

   ____

Coméntalo

Ser valiente La heroína del poema no tiene miedo de las personas atemorizantes con las que se encuentra. ¿Crees que debería haberles temido? ¿Cómo influyó su falta de temor en sus acciones? Comenta tus ideas con un compañero.

Isabel debería haberles temido porque _________________________________.

Isabel no debería haberles temido porque _______________________________.

Escríbelo **¿Qué más hizo Isabel?** Escribe otra estrofa del poema en la que se cuente otra aventura que Isabel podría haber vivido. Usa palabras del poema para que tu estrofa suene como una parte del poema.

Isabel se encontró con _______________________________________.

Vocabulario

Estas palabras son traducciones de las palabras que están resaltadas en los poemas. Escucha cada palabra. Dila. Luego, lee la definición y la oración de ejemplo.

consideran *v.* **Consideran** significa que opinan o creen algo.

Los organizadores consideran que es necesario suspender el recital por lluvia.

suplicó *v.* Si una persona **suplicó**, significa que pidió o rogó por algo.

Me suplicó que lo pensara.

sombrío *adj.* La palabra **sombrío** se usa para describir algo que causa tristeza o melancolía.

Tras la derrota del campeón, el estadio quedó sombrío y silencioso.

Vocabulary

These words are highlighted in the poems. Listen to each word. Say it. Then, read the definition and the sample sentence.

deem (DEEM) *v.* To **deem** means to hold as an opinion or judgment.

We deem it necessary to cancel the concert due to the rain.

beseeched (bee SEECH) *v.* If a person **beseeched**, it means that he or she begged for something.

He beseeched me to think about it.

dismal (DIZ muhl) *adj.* Dismal describes something that causes gloom or misery.

The stadium became dismal and silent after the champion's defeat.

A. Práctica: Completa cada oración con la palabra correcta de vocabulario.

1. La maestra les _________________ a los estudiantes que hicieran silencio en la biblioteca.

2. Los padres de Jack _________________ que su hijo dice la verdad.

3. Se mudaron a un departamento oscuro y _________________.

B. English Practice: Complete each sentence with the correct vocabulary word.

1. The principal may _________________ it acceptable to arrive late.

2. Cheerleaders _________________ fans to cheer for the team.

3. Rainy weather always seems _________________.

Colección de poesía 2

Resúmenes "Un sueño dentro de un sueño" describe cómo se siente una persona después de haber perdido un amor. La narradora de "La vida no me asusta" describe todas las cosas a las que ella no les teme. Una morsa y un carpintero invitan a algunas ostras a pasear en "La morsa y el carpintero".

Summaries "A Dream Within a Dream" describes how someone feels after having lost a love. The speaker in "Life Doesn't Frighten Me" describes all of the things she is not afraid of. A walrus and a carpenter invite some oysters on a walk in "The Walrus and the Carpenter."

 ## Escribir acerca de la Gran pregunta

¿Necesitamos palabras para comunicarnos bien? En "La morsa y el carpintero" los protagonistas no logran comunicarles sus intenciones a las ostritas. En "La vida no me asusta", una niña insiste en que muchas cosas espantosas en realidad no lo son. Completa esta oración:

A veces, las personas no usan el **lenguaje** para comunicar sus pensamientos y

sentimientos reales porque ____.

Guía para tomar notas

Usa esta tabla para anotar información sobre las acciones de los personajes de cada poema.

Personajes	Acciones
El narrador de "Un sueño dentro de un sueño"	
La narradora de "La vida no me asusta"	dice "¡bu!", se ríe de las cosas, sonríe
La morsa y el carpintero	

Piensa en la selección
Thinking About the Selection

1. En cada poema hay palabras que tienen el mismo sonido. Escribe en la tabla pares de palabras de los poemas que rimen entre sí.

Poema	Palabras con el mismo sonido	
"Un sueño dentro de un sueño"		
"La vida no me asusta"		
"La morsa y el carpintero"		

2. En "Un sueño dentro de un sueño", el poeta describe _________________________

____.

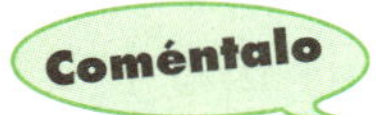

Sacar conclusiones

La narradora de "La vida no me asusta" se sonríe ante las cosas que dan miedo. ¿Cómo crees que puede ser la personalidad de la narradora? Conversa con un compañero sobre la narradora. Apoya tus ideas con detalles del poema.

Me parece que la narradora tiene una personalidad _________________________.

Comparar

Ni la narradora de "La vida no me asusta" ni las ostras de "La morsa y el carpintero" son muy miedosas. ¿Te parece que esta actitud es buena o es mala? ¿Qué consecuencias tiene la falta de miedo? Escribe un párrafo en el que compares y contrastes la actitud de la narradora de "La vida no me asusta" y la de las ostras.

Los narradores de los poemas ____.

Colecciones de poesía 3 y 4
Poetry Collections 3 and 4

Destreza de lectura

El **contexto** es la manera en que se usa una palabra o expresión. Hay palabras difíciles de comprender o que tienen más de un significado. Los detalles que rodean una palabra te dan pistas de su significado. **Vuelve a leer y continúa leyendo** para hallar pistas del contexto que aclaren el significado de una palabra. En estos ejemplos se muestra de qué manera el contexto aclara el significado de la palabra *banco*:

- **Ejemplo:** El comerciante depositó sus ahorros en el <u>banco</u>.
  El <u>banco</u> de la plaza estaba pintado de azul.

Análisis literario

El **lenguaje figurado** es lenguaje que no significa exactamente lo que dice. Los autores lo usan para describir las cosas de manera original. Pueden usar uno o más de estos tipos de lenguaje figurado:

- **Símiles:** comparan dos cosas diferentes por medio de las palabras *tan* y *como*. *Sus ojos eran grandes como platos.*

- **Metáfora:** compara dos cosas diferentes al decir que una es la otra. *La esperanza es un águila.*

- **Personificación:** compara un objeto o animal con un ser humano al darle a ese objeto o animal cualidades humanas. *La acogedora cabaña nos abrazó en la fría noche.*

Observa el ejemplo de lenguaje figurado que aparece en la tabla. Usa la tabla para anotar ejemplos de lenguaje figurado que encuentres al leer.

Vocabulario

Estas palabras están subrayadas en el poema. Escucha cada palabra. Dila. Luego, lee la definición y la oración de ejemplo.

fama *s.* Si alguien o algo tiene **fama,** es conocido por mucha gente.

Gracias a su fama consiguió mucho de lo que ahora tiene.

aguijón *s.* Un **aguijón** es un órgano puntiagudo que tienen algunos insectos.

Los escorpiones tienen un aguijón venenoso.

abeja *s.* Una **abeja** es un insecto volador que tiene un cuerpo redondeado y peludo.

La abeja hace miel.

Vocabulary

These words are translations of the words underlined in the poem. Listen to each word. Say it. Then, read the definition and the example sentence.

fame *n.* (FAYM) If somebody or something has **fame,** he, she, or it is known by many people.

Most of what he achieved is due to his fame.

sting *n.* (STING) A **sting** is a sharp organ which some insects have.

A scorpion has a poisonous sting.

bee *n.* (BEE) A **bee** is a flying insect with a round hairy body.

A bee makes honey.

A. Práctica: Completa cada oración con la palabra correcta de vocabulario.

1. Mientras jugábamos en el parque me picó una _______________.

2. Mi tío tiene _______________ de ser muy malhumorado, pero en realidad no lo es.

3. El _______________ de una abeja es diferente del de un escorpión.

B. English Practice: Complete each sentence with the correct vocabulary word.

1. Last weekend my family and I visited the Football Hall of _______________.

2. Wasps use their poisonous _______________ to defend themselves from enemies.

3. My little brother got bitten by a _______________ when he stooped to smell the flowers.

Colección de poesía 3

Resúmenes El narrador de "Comparación: el sauce y el ginkgo" contrasta el delicado árbol de sauce con el robusto árbol de ginkgo para mostrar los diferentes tipos de belleza. "La fama es una abeja" describe cómo la fama se parece a una abeja. El narrador de "Canción de la lluvia de abril" recurre a poderosas imágenes a fin de que la lluvia parezca estar viva.

Summaries
The speaker in "Simile: Willow and Ginkgo" compares the delicate willow tree and the sturdy ginkgo tree to show different kinds of beauty. "Fame Is a Bee" describes how fame is similar to a bee. The speaker in "April Rain Song" uses powerful images to make the rain seem alive.

 ## Escribir acerca de la Gran pregunta

¿Necesitamos palabras para comunicarnos bien? En "La fama es una abeja", verás que la poeta describe una cosa común de manera poco común. Completa esta oración:

Los poetas **relacionan** cosas comunes con cosas poco comunes para ________

____.

Guía para tomar notas
Usa la tabla para anotar detalles importantes que describan el tema del poema.

Título del poema	Descripción
La fama es una abeja	

Activar conocimientos previos

¿Conoces insectos que tengan aguijón? Escribe sus nombres en las siguientes líneas.

____

____

____

Verifica tu comprensión 

¿Por qué la autora dice que la fama "tiene un aguijón"?

____

____

____

"La fama es una abeja"

Emily Dickinson

La fama es una abeja.
Tiene una canción,
tiene un aguijón,
ah, y tiene alas también.

Piensa en la selección
Thinking About the Selection

1. La autora de *La fama es una abeja* describe distintos aspectos de la fama como

   ____

   ____.

2. Completa la tabla con ideas del poema de Emily Dickinson. Anota cosas buenas y malas sobre la fama en las primeras dos columnas. Vuelve a leer el poema. Escribe lo que sientes en la tercera columna.

Cosas buenas sobre la fama	Cosas malas sobre la fama	Reacción final al poema
atrae la atención	atrae críticas	

3. **Análisis literario:** A través de la **personificación** se le dan características humanas a algo. Encuentra un ejemplo de personificación en el poema. Explica por qué es un ejemplo de personificación.

   ____

Coméntalo

Comparación

La autora del poema compara la fama con una abeja. ¿Con qué otro animal podrías comparar la fama? Comenta tus ideas con un grupo pequeño de compañeros.

   Podría comparar la fama con ____

   ____.

Escríbelo **Una estrofa más**

Agrega una estrofa al poema "La fama es una abeja". Intenta buscar otras características de las abejas que podrían describir la fama.

   La fama también es ____

Vocabulario

Estas palabras son traducciones de las palabras que están resaltadas en los poemas. Escucha cada palabra. Dila. Luego, lee la definición y la oración de ejemplo.

hincha *adj.* Cuando algo se **hincha**, se infla.

La vela de la nave se hincha por el viento.

zambullen *v.* Las cosas que se **zambullen** se mueven repentinamente hacia abajo.

Los niños se zambullen una y otra vez en la piscina.

acusadores *s.* Los **acusadores** son los que critican o culpan a alguien.

Mis acusadores me señalaron con el dedo.

Vocabulary

These words are highlighted in the poems. Listen to each word. Say it. Then, read the definition and the example sentence.

billowing (BI loh ing) *v.* If something is **billowing,** it is swelling or bulging.

The sails were billowing in the wind.

plunging (PLUNJ ing) *v.* If something is **plunging,** it is moving suddenly downward.

The children kept plunging into the pool.

accusers (uh KYOOZ uhrz) *n.* **Accusers** are those who find fault or blame with someone else.

My accusers pointed at me.

A. Práctica: Completa cada oración con la palabra correcta de vocabulario.

1. Mi pecho se _________________ de orgullo al escuchar el himno nacional.

2. Los _________________ aseguraron que aquel hombre era culpable del delito.

3. Las cigüeñas se _________________ en el agua y pronto salen con un pez en la boca.

B. English Practice: Complete each sentence with the correct vocabulary word.

1. The clean sheets were _________________ in the wind as they dried.

2. The divers are _________________ into the swimming pool.

3. Ms. Dalton asked the boys' _________________ to provide proof.

Colección de poesía 4

Resúmenes El narrador de "Qué abuelito" compara al hombre feliz y divertido que era su abuelo con el hombre débil y enfermo que se volvió. "El mundo no es un lugar agradable para estar" recuerda a los lectores la importancia de tener amigos. "El niño en el techo del invernadero" describe el fabuloso e interesante mundo que un niño observa desde el techo de un invernadero.

Summaries
The speaker in "Abuelito Who" compares the fun, happy man her grandfather was with the sick, weak man he has become. "The World Is Not a Pleasant Place to Be" reminds readers of the importance of friends. "Child on Top of a Greenhouse" describes the exciting and interesting world a child sees from the roof of a greenhouse.

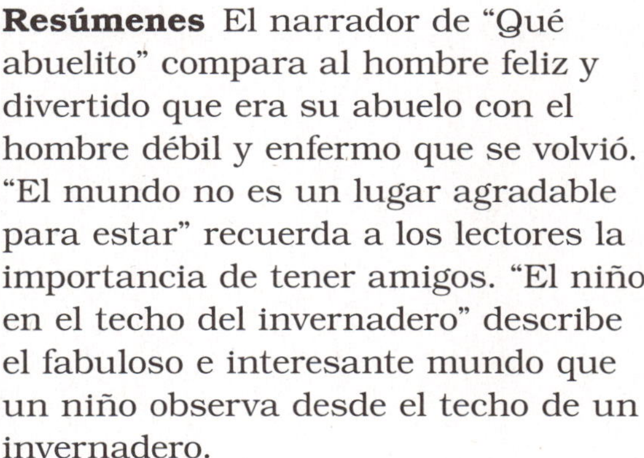 **Escribir acerca de la Gran pregunta**

¿Necesitamos palabras para comunicarnos bien? En la Colección 4 hay poemas en los que el narrador expresa lo que siente por sus seres queridos. Puedes mostrarles a los demás lo importantes que son para ti con palabras o con acciones. Completa esta oración:

Para expresar el cariño que sientes por tus amigos, puedes ___________________

____.

Guía para tomar notas

Usa esta tabla para anotar detalles importantes acerca de los personajes de cada poema.

Título del poema	Personaje	Descripciones
"Qué abuelito"	Abuelito	es masa y es plumas, triste, enfermo, cansado, oculto, es mantas y es cucharas y es zapatos grandes marrones, lluvia sobre el techo
"El mundo no es un lugar agradable para estar"		
"El niño en el techo del invernadero"		

Piensa en la selección
Thinking About the Selection

1. El narrador de "El niño en el techo del invernadero" describe cómo se siente estar sobre el invernadero. Completa el organizador gráfico para mostrar cómo es la descripción.

El narrador ve	
El narrador oye	
El narrador toca	

2. El narrador de "Qué abuelito" compara ________________________________

____

____

____.

Coméntalo   **Amistad**

Con un compañero, vuelve a leer el poema "El mundo no es un lugar agradable para estar". Comenta lo que piensas sobre los amigos al leer el poema. ¿Se necesitan amigos para ser feliz?

Se necesitan amigos porque ________________________________.

No se necesitan amigos porque ________________________________.

Escríbelo   **De poesía a prosa**

Escribe un ensayo breve acerca de las ideas que se expresan en "El mundo no es un lugar agradable para estar". Usa palabras del poema para relacionar las dos formas de escritura.

El mundo es agradable cuando ________________________________.

Colecciones de poesía 5 y 6
Poetry Collections 5 and 6

Destreza de lectura

Parafrasear es decir con tus propias palabras lo que dice el autor. Parafrasear partes difíciles o confusas de un poema te ayuda a comprender su significado. Al parafrasear, sigue estos pasos:

- Detente y **vuelve a leer** todos los versos o fragmentos difíciles.

- Busca palabras que no conozcas. Halla su significado. Reemplázalas por palabras que signifiquen lo mismo.

- Vuelve a leer tu paráfrasis para ver si tiene sentido.

Observa el ejemplo de paráfrasis que se muestra en la tabla. A medida que lees, usa la tabla para parafrasear versos difíciles.

Análisis literario

Los poetas usan diferentes **formas de poesía** para acompañar las ideas, las imágenes y los sentimientos que desean expresar. Estas son tres formas poéticas:

- Las palabras de un **poema concreto** se ubican de modo tal que se ven como el tema del poema.

- Un **haikú** es un poema japonés de tres versos. Los versos 1 y 3 tienen cinco sílabas cada uno. El verso 2 tiene siete sílabas.

- Un **limerick** es un poema cómico de cinco versos. Los versos 1, 2 y 5 riman. Estos versos tienen tres sílabas acentuadas cada uno. Los versos 3 y 4 riman. Tienen dos sílabas acentuadas cada uno.

Verso
A pie y distendido, salgo a hacer mi camino.

Palabra desconocida
a pie = caminando distendido = tranquilo hacer mi camino = salir a andar

Paráfrasis
Salgo a caminar tranquilo.

Vocabulario

Estas palabras están subrayadas en el poema. Escucha cada palabra. Dila. Luego, lee la definición y la oración de ejemplo.

rozando *v.* **Rozando** significa deslizando o moviendo sobre una superficie con rapidez y ligereza.

El bote iba rozando el lago.

asfalto *s.* El **asfalto** es una sustancia oscura que se usa para pavimentar caminos.

Laura se quemó los pies al caminar descalza sobre el asfalto caliente.

viro *v.* Cuando **viro,** significa que giro.

En la carretera vieja, viro para evitar los hoyos.

Vocabulary

These words are translations of the words underlined in the poem. Listen to each word. Say it. Then, read the definition and the sample sentence.

skimming (SKIM ing) *v.* **Skimming** means gliding or moving swiftly and lightly over a surface.

The boat was skimming over the lake.

asphalt *n.* (AS phuhlt) **Asphalt** is a dark substance that is used for paving roads.

Laura burned her feet by walking barefoot on the hot asphalt.

swerve *v.* (SWERV) If I **swerve,** it means that I turn.

On the old highway, I swerve to avoid the potholes.

A. Práctica: Completa cada oración con la palabra correcta de vocabulario.

1. Si veo un embotellamiento, _________________ y tomo otro camino.

2. Pavimentarán las calles del pueblo con _________________ producido en el extranjero.

3. Estaba _________________ su mano con la mía cuando lo miré y se detuvo.

B. English Practice: Complete each sentence with the correct vocabulary word.

1. _________________ is very expensive to produce.

2. Drive past the hotel and _________________. You'll find the movie theater on the right.

3. Their lips were _________________.

Colección de poesía 5

Resúmenes "Haikú" de Matsuo Bashó describe un tranquilo momento en la naturaleza. El *limerick* anónimo presenta un juego de palabras para crear una divertida escena. "El corredor sobre la acera" tiene la forma de una patineta. El poema describe la sensación de andar en patineta.

Summaries Matsuo Basho's "Haiku" describes a quiet moment in nature. The anonymous limerick plays with words to create a fun scene. "The Sidewalk Racer or On the Skateboard" is shaped like a skateboard. The poem describes the feeling of skateboarding.

 ## Escribir acerca de la Gran pregunta

¿Necesitamos palabras para comunicarnos bien? La caja de herramientas de un poeta siempre contiene palabras pero los poetas usan más que simples palabras para comunicarse. También usan la rima y el ritmo para expresar ideas.

Completa esta oración:

El **lenguaje** de la poesía es único porque____

____.

Guía para tomar notas

Usa esta tabla para anotar de qué trata el poema.

Título del poema	De qué trata el poema
El corredor sobre la acera, o En patineta	

Verifica tu comprensión 

¿Por qué el narrador dice ser tanto el marinero como el velero?

____

____

____

Verifica tu comprensión 

¿A qué se refiere el narrador cuando dice *mar de asfalto*?

____

____

"El corredor sobre la acera, o En patineta"

Lillian Morrison

Rozando
un mar de asfalto,
giro, doblo,
viro; a toda velocidad
5 vuelo zumbando a centímetros
del suelo; soy el marinero
y el velero, soy el
conductor y la rueda
soy el único
10 automóvil humano
de una sola
pieza.

Piensa en la selección
Thinking About the Selection

1. El narrador del poema adora andar en patineta. ¿Qué palabras del poema muestran este sentimiento?

____

____

2. **Destreza de lectura: Parafrasear** es volver a decir algo con tus propias palabras. Parafrasea los versos 6 a 12 del poema.

____

____

3. **Análisis literario:** "El corredor sobre la acerca, o En patineta" es un **poema concreto:** las palabras se ubican de tal modo que tienen la apariencia del tema del poema. ¿Qué efecto crees que el autor busca producir en los lectores al elegir esta forma poética?

____

____

____

Coméntalo **¿Cómo se siente?**

Al narrador de "El corredor sobre la acera, o En patineta" le encanta andar en patineta. Comenta con un compañero cómo se siente cuando lo hace.

El narrador se siente _______________________________.

Escríbelo **A la venta**

Escribe un anuncio para vender una patineta. Describe lo que experimentará quien la compre. Incluye detalles del poema "El corredor sobre la acera, o En patineta" para que tu anuncio sea más entretenido.

Se vende: Una patineta que _______________________.

Vocabulario

Estas palabras son traducciones de las palabras que están resaltadas en los poemas. Escucha cada palabra. Dila. Luego, lee la definición y la oración de ejemplo.

aúllan *v.* Quienes **aúllan** producen un sonido fuerte y triste.

Los lobos aúllan todas las noches.

tipo *s.* Un **tipo** es un hombre o un joven.

Ganó el tipo de camisa azul.

invernal *adj.* Un día **invernal** es un día muy frío.

La baja temperatura de ese día invernal me dio escalofríos.

Vocabulary

These words are highlighted in the poems. Listen to each word. Say it. Then, read the definition and the example sentence.

howl (HOWL) *v.* To **howl** is to make a loud, sorrowful wailing sound.

The wolves howl every night.

fellow (FEL loh) *n.* A **fellow** is a man or a boy.

The fellow in the blue shirt was the winner.

wintry (WIN tree) *adj.* A **wintry** day is a very cold day.

The wintry day gave me chills.

A. Práctica: Completa cada oración con la palabra correcta de vocabulario.

1. Avísale a ese _______________________ que lo están buscando.

2. Entre la soledad y el frío _______________________ se sintieron muy angustiados.

3. A Beti le da mucho miedo salir cuando los lobos _______________________.

B. English Practice: Complete each sentence with the correct vocabulary word.

1. Can you hear the wind _______________________?

2. Please deliver the package to that _______________________.

3. The _______________________ wind chilled the campers.

Colección de poesía 6

Resúmenes "Haikú" de Muso Soseki le da vida al invierno. El *limerick* anónimo utiliza rimas y palabras con más de un significado para describir un accidente de una manera divertida. "El gato de hormigón" utiliza sustantivos relacionados con los gatos. La poetisa despliega sus palabras para crear la imagen de un gato.

Summaries
Musō Soseki's "Haiku" brings winter to life. The anonymous limerick uses rhyme and words with more than one meaning to describe an accident in a funny way. "Concrete Cat" uses nouns linked to cats. The poet lines up her words to create an image of a cat.

Escribir acerca de la Gran pregunta

¿Necesitamos palabras para comunicarnos bien? Los poetas van más allá de las meras palabras para transmitir sus ideas. Los haikús juegan con los patrones de sílabas, los poemas llamados *limerick* juegan con el ritmo y la rima, y los poemas concretos juegan con la disposición visual de las palabras. Completa esta oración:

Las imágenes visuales, cuando acompañan al texto, ayudan a transmitir significados porque ____

____.

Guía para tomar notas

Usa esta tabla para anotar de qué trata el poema.

Título del poema	De qué se trata el poema
Haikú	
Limerick	
El gato de hormigón	

Piensa en la selección
Thinking About the Selection

1. En el *limerick*, el poeta usa palabras que tienen dos significados posibles para referirse a dos cosas diferentes. Completa los espacios en blanco con dos ejemplos del poema. Indica el significado de las palabras en cada caso.

Ejemplo 1	Ejemplo 2
Palabra 1: __________________	Palabra 2: __________________
Significado 1: __________________	Significado 1: __________________
Significado 2: __________________	Significado 2: __________________

2. En el poema "El gato de hormigón", la palabra *ratón* está dada vuelta porque

____.

Coméntalo **Palabras que forman el gato**

Vuelve a leer con un compañero el poema "El gato de hormigón". Enumeren las palabras que forman el gato y los demás objetos que están a su alrededor. ¿La ubicación de qué palabras te parece más ingeniosa?

La ubicación de la palabra __________________ es la más ingeniosa porque

____

____.

Escríbelo **Escribir una respuesta** Vuelve a leer el haikú de esta colección. ¿En qué te hace pensar el haikú? ¿Cómo te hace sentir? Escribe un párrafo en respuesta al haikú.

El haikú me hace sentir __________________________________

____.

Colecciones de poesía 7 y 8
Poetry Collections 7 and 8

Destreza de lectura

Parafrasear es repetir algo con tus propias palabras. Lee el poema varias veces. Asegúrate de comprenderlo antes de parafrasearlo. Usa palabras simples para volver a expresar el significado del poema.

Leer en voz alta, con fluidez y respetando la puntuación te ayudará a comprender mejor el poema. Detente al final de un verso sólo si hay un signo de puntuación. Usa esta tabla para decidir dónde detenerte.

Guía de lectura de poesía	
Puntuación	Cómo leer
sin puntuación	No te detengas. Sigue leyendo.
coma (,)	pausa breve
dos puntos (:) punto y coma (;) guión (—)	pausa más larga
punto (.) signos de interrogación (¿?) signos de exclamación (¡!)	la pausa más larga de todas

Análisis literario

Los escritores usan **técnicas sonoras** para resaltar la musicalidad de las palabras. Las técnicas sonoras pueden ayudar a los poetas a expresar sentimientos. Estas son algunas técnicas sonoras comunes.

- **Repetición:** uso repetido de un sonido, una palabra o una frase. Por ejemplo, *del pueblo, por el pueblo y para el pueblo.*

- **Aliteración:** repetición de consonantes al principio de las palabras. Por ejemplo, el sonido *g* en *gran gruta.*

- **Onomatopeya:** uso de una palabra que suena como su significado. Por ejemplo, *miau* y *clic.*

Vocabulario

Estas palabras están subrayadas en el poema. Escucha cada palabra. Dila. Luego, lee la definición y la oración de ejemplo.

dispersa *v.* Si algo se **dispersa,** se separa en muchas direcciones.

Después de la obra de teatro, la multitud se dispersa.

esculpe *v.* Cuando alguien **esculpe** algo, le da forma.

El artista esculpe bustos de barro.

inmóvil *adj.* Alguien o algo que está **inmóvil** permanece quieto.

Permaneció inmóvil ante la sorpresa de su descubrimiento.

Vocabulary

These words are translations of the words underlined in the poem. Listen to each word. Say it. Then, read the definition and the sample sentence.

dispersed (di SPERST) *v.* If something is **dispersed,** it means it is distributed in many directions.

After the play, the crowd dispersed.

sculpts (SKULPT id) *v.* When someone **sculpts** something, he or she gives it shape.

The artist sculpts busts out of clay.

motionless (MOW shuhn les) *adj.* Someone or something that is **motionless** remains still.

He sat motionless from the shock of his discovery.

A. Práctica: Completa cada oración con la palabra correcta de vocabulario.

1. Mi tío ___________________ en arcilla preciosas figuras de animales.

2. El venado permaneció ___________________ para despistar a los cazadores.

3. El grupo de peces se ___________________ cuando se acerca un tiburón.

B. English Practice: Complete each sentence with the correct vocabulary word.

1. The students ___________________ when the bell sounded.

2. My mother ___________________ figurines in her spare time.

3. Students sat ___________________ in their seats while the teacher gave the lesson.

Colección de poesía 7

Resúmenes "No, gracias" es una larga lista de razones por las que el narrador no quiere tener un gatito. "Viento, agua, piedra" describe la manera en que interactúan estos tres elementos. El lenguaje juguetón de "Desfile" muestra la emoción del desfile de un circo que llega al pueblo.

Summaries "No Thank You" is a long list of reasons why the speaker does not want a kitten. "Wind and water and stone" describes how these three elements interact with one another. The playful language in "Parade" shows the excitement of a circus parade coming to town.

 ## Escribir acerca de la Gran pregunta

¿Necesitamos palabras para comunicarnos bien? Los poetas a menudo escriben sobre cosas comunes. El poema siguiente trata sobre un paisaje. Completa esta oración:

Cuando un poeta escribe sobre cosas comunes, **comparte** _______________________

____.

Guía para tomar notas
Usa esta tabla para anotar las imágenes importantes del poema.

Título del poema	Imágenes
Viento, agua, piedra	

Verifica tu comprensión 

¿Sobre qué trata el poema? Resume la idea principal del poeta en las líneas siguientes.

____

____

____

Análisis literario 

Las palabras del título del poema, "Viento, agua, piedra", aparecen muchas veces en el poema. ¿Qué **técnica sonora** usa el poeta?

____

Destreza de lectura 

Parafrasear es volver a expresar algo con tus propias palabras. **Parafrasea** los versos 9 a 11.

____

____

____

____

"Viento, agua, piedra"
Octavio Paz

El agua horada la piedra,
el viento dispersa el agua,
la piedra detiene al viento.
Agua, viento, piedra.

5   El viento esculpe la piedra,
la piedra es copa del agua,
el agua escapa y es viento.
Piedra, viento, agua.

El viento en sus giros canta,
10 el agua al andar murmura,
la piedra inmóvil se calla.
Viento, agua, piedra.

Uno es otro y es ninguno:
entre sus nombres vacíos
15 pasan y se desvanecen.
Agua, piedra, viento.

Piensa en la selección
Thinking About the Selection

1. En el poema "Viento, agua, piedra", el poeta describe estos tres elementos y dice que hacen algo. Completa la tabla con las palabras que faltan que indican lo que hace cada elemento.

Viento, agua, piedra			
el agua	__________ la piedra	__________ una taza	__________
el viento	__________ el agua	__________ la piedra	__________
la piedra	__________ el viento	__________	es __________

2. **Destreza de lectura: Parafrasear** significa expresar algo con tus propias palabras. Parafrasea los primeros dos versos del poema.

____

____

3. **Análisis literario:** Los escritores usan **técnicas sonoras** para expresar sentimientos y resaltar la musicalidad de las palabras. Completa los espacios en blanco con ejemplos de técnicas sonoras del poema.

Repetición: ______________________________________

Aliteración: ______________________________________

Escríbelo Una estrofa más Escribe una estrofa más para el poema "Viento, agua, piedra" en la que nombres acciones de cada uno de los elementos. Termina la estrofa con las palabras "Piedra, agua, viento".

____

____

____.

Vocabulario

Estas palabras son traducciones de las palabras que están resaltadas en los poemas. Escucha cada palabra. Dila. Luego, lee la definición y la oración de ejemplo.

ofensa *s.* Una **ofensa** es un acto dañino o una violación de la ley.

No pensé que ibas a tomar mi broma como una ofensa.

por lo tanto *adv.* **Por lo tanto** es una frase que se usa para presentar una consecuencia de lo que se dijo.

Por lo tanto, los estudiantes tuvieron que trabajar.

runrunea *v.* Si algo **runrunea,** produce un sonido similar a un zumbido.

El ventilador de mi habitación runrunea en el calor de la tarde.

Vocabulary

These words are highlighted in the poems. Listen to each word. Say it. Then, read the definition and the example sentence.

offense (awf FENS) *n.* An **offense** is a harmful act or a violation of rules or law.

I didn't mean for my joke to be an offense.

hence (HENS) *adv.* **Hence** is used to introduce a consequence of what has been said.

Hence, the students got to work.

whirs (WUHRZ) *v.* If something **whirs,** it flies or moves quickly with a buzzing sound.

The fan in my room whirs in the afternoon heat.

A. Práctica: Completa cada oración con la palabra correcta de vocabulario.

1. Si un mosquito _____________________ cerca de noche, me es imposible dormir.

2. No defender a la familia fue una _____________________ muy grave.

3. Estuvimos en el parque toda la mañana, _____________________, llegamos agotados.

B. English Practice: Complete each sentence with the correct vocabulary word.

1. Skipping class is an _____________________ at my school.

2. Olivia overslept; _____________________ she will be late.

3. Everyone looks up when a helicopter _____________________ overhead.

Colección de poesía 8

Resúmenes Las hadas advierten a las serpientes y otras criaturas que se alejen de la reina durmiente en "Canción de cuna de las hadas". "Cómo decir sí" trata del esfuerzo de la narradora para expresarse como una estadounidense de origen chino. La narradora de "Cynthia en la nieve" disfruta de la vista y el sonido de la nieve al caer.

Summaries Fairies warn snakes and other creatures to stay away from the sleeping Queen in "The Fairies' Lullaby." "Saying Yes" is about the speaker's struggle to express herself as a Chinese American. The speaker of "Cynthia in the Snow" enjoys the sight and sound of falling snow.

 ## Escribir acerca de la Gran pregunta

¿Necesitamos palabras para comunicarnos bien? En los poemas siguientes, una persona comunica sus experiencias y sentimientos. Completa esta oración:

Leer acerca de las experiencias de una persona ayuda al lector a establecer una

conexión con ________________________________

________________________________ .

Guía para tomar notas

Usa esta tabla para anotar los detalles importantes de estos tres poemas.

¿A **quién** protegen las hadas en "Canción de cuna de las hadas"?	La hadas protegen al Hada Madrina.
¿A **qué** criaturas hacen una advertencia las hadas?	
¿De **dónde** es la narradora de "Cómo decir sí"?	
¿**Por qué** le gusta la nieve a la narradora de "Cynthia en la nieve"?	

Piensa en la selección
Thinking About the Selection

1. En "Cynthia en la nieve", la poetisa dice que la nieve hace ciertas cosas.
   Completa el organizador gráfico con las palabras que se usan en el poema
   para describir las cosas que hace la nieve.

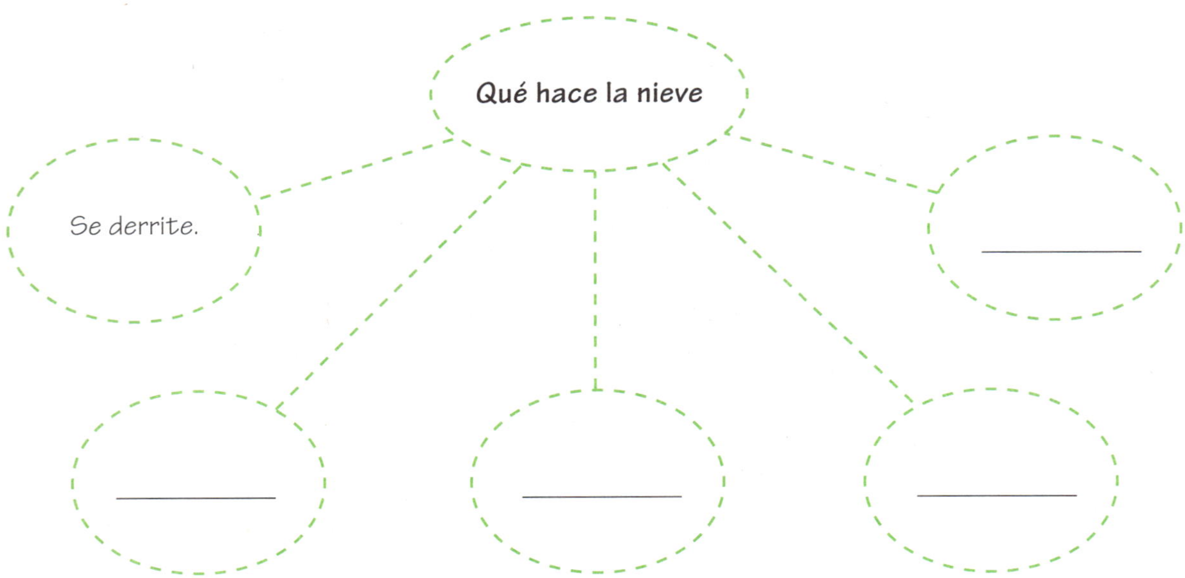

2. En "Canción de cuna de las hadas", las hadas le hablan a ___________________
   ____.

 **Coméntalo** **Identificar la actitud**

Vuelve a leer el poema "Cómo decir sí" con un compañero. Comenta si la
narradora tiene una actitud positiva sobre su identidad. Explica tu opinión. Apoya
tus ideas con detalles del poema.

La narradora tiene una actitud positiva porque ___________________________.

La narradora no tiene una actitud positiva porque _________________________.

Escríbelo **¿Y tú?**

Muchas personas consideran que pertenecen a más de una cultura. Escribe
un poema breve en el que describas lo que se sentiría pertenecer a más de una
cultura. Usa el mismo formato de preguntas y respuestas que usa la poetisa en
"Cómo decir sí".

Gluskabe y el viejo Señor Invierno
Gluskabe and Old Man Winter

Las obras de teatro se escriben para ser actuadas. Al leer la obra de teatro, debes imaginar que estás viendo y escuchando la acción. Las obras de teatro comparten estos elementos con otras formas de literatura:

- **Personajes:** las personas que participan en la acción

- **Conflicto:** un problema entre dos personajes o fuerzas

- **Tema:** un mensaje sobre la vida

Lee esta tabla para comprender los elementos de las obras de teatro.

Elementos del teatro	Definición	Ejemplo
Actos	unidades de la acción de la obra de teatro	Acto 1
Escenas	partes más pequeñas de los actos	Acto 1, Escena 1
Diálogo	• palabras que dicen los personajes • no se usa la raya de diálogo • el nombre del personaje se escribe antes de las palabras que pronuncia	GLUSKABE: Hace mucho frío este invierno, abuela.
Guión	forma impresa de una obra de teatro	copia en papel de la obra *Gluskabe y el viejo Señor Invierno*
Instrucciones de escenografía	• información que se escribe entre corchetes • describe el aspecto del escenario • describe la manera en que deben actuar los personajes	*[Habitación oscura con una lámpara de luz débil. Jeb parece cansado.]*
Decorado	disposición de la escenografía que indica el tiempo y el lugar en los que transcurre la acción	*wigwam en el rincón con árboles pelados, nieve en el suelo*
Utilería	objetos del escenario que los actores usan	libro, maleta, linterna

Existen tres tipos de obras de teatro:

- La palabra **drama** a menudo se usa para describir obras de teatro que tratan sobre un tema serio.

- La **comedia** es un tipo de obra de teatro que es gracioso o tiene un final feliz. Algunas comedias se escriben para entretener. Otras se escriben para dar una mirada humorística a temas serios.

- La **tragedia** es una obra de teatro que termina con la caída del personaje principal. Este personaje a menudo es una persona muy importante, como un rey.

Las obras de teatro a menudo se escriben para ser actuadas en el teatro. El formato de las obras de teatro también se usa en los guiones que se escriben para otros tipos de actuaciones:

- Los **guiones cinematográficos** son los guiones que se escriben para las películas. Incluyen indicaciones sobre los ángulos de las cámaras y los cambios de escena, que generalmente no figuran en los guiones de las obras de teatro.

- Los **guiones televisivos** son los guiones que se escriben para la televisión.

- Los **guiones radiofónicos** son los guiones que se escriben para las emisiones de radio. A veces incluyen efectos sonoros. Los guiones radiofónicos no tienen descripciones sobre el decorado.

Vocabulario

Estas palabras están subrayadas en la obra de teatro. Escucha cada palabra. Dila. Luego, lee la definición y la oración de ejemplo.

capa *s.* Si el hielo o el cristal forman una **capa,** forman una superficie delgada y plana.

Una capa de hielo cubría el suelo resbaladizo.

se arrojan en picada *v.* Cuando las personas o los animales **se arrojan en picada,** descienden del aire abruptamente.

Mira cómo los pájaros se arrojan en picada para atrapar insectos.

se agacha *v.* Si alguien **se agacha,** baja el cuerpo hasta el suelo y dobla completamente las rodillas.

Cuando juega a las escondidas, Juan se agacha detrás de la pared.

Vocabulary

These words are translations of the words underlined in the play. Listen to each word. Say it. Then, read the definition and the sample sentence.

sheet (SHEET) *n.* When ice or glass forms into a **sheet,** it forms into a thin flat piece.

The slippery ground was covered with a sheet of ice.

swoop (SWOOP) *v.* When people or things **swoop,** they move suddenly down through the air.

Watch as the birds swoop down to catch the bugs.

crouching (KROWCH ing) *v.* If you are **crouching,** you are lowering your body close to the ground by bending your knees completely.

During the hide-and-seek game, Juan was crouching behind the wall.

A. Práctica: Completa cada oración con la palabra correcta de vocabulario.

1. Las gaviotas ___________________ para atrapar peces en el mar.

2. La mujer ___________________ para recoger las flores del suelo.

3. El calentamiento global derrite la ___________________ de hielo del Polo Norte.

B. English Practice: Complete each sentence with the correct vocabulary word.

1. A ___________________ of ice made it unsafe to drive on the main road.

2. Ahmed saw the kite ___________________ down suddenly in the wind.

3. We watched the lions ___________________ in the tall grass.

"Gluskabe y el viejo Señor Invierno"

Joseph Bruchac

Resumen El viejo Señor Invierno no se quiere ir. Un ser humano le pide a Gluskabe y a la Abuela Marmota que acaben con el invierno así su pueblo puede vivir. Gluskabe se dirige hacia el viejo Señor Invierno luego de los consejos de la Abuela Marmota. Gluskabe debe actuar con inteligencia. Y finalmente acaba con el invierno gracias a los consejos de la Abuela Marmota.

Summary Old Man Winter stays too long. A human being asks Gluskabe and Grandmother Woodchuck to end winter so his people will live. Gluskabe goes to Old Man Winter after getting advice from Grandmother Woodchuck. Gluskabe has to be clever. He ends winter with the help of Grandmother Woodchuck's advice.

Guía para tomar notas

Completa esta tabla con los detalles acerca de Gluskabe.

¿En **qué** trabaja Gluskabe?	Se ocupa de ayudar a la gente.
¿**Por qué** Gluskabe se dirige a la tienda wigwam del viejo Señor Invierno?	
¿**Quién** aconseja a Gluskabe?	
¿**Cómo** engaña Gluskabe a los habitantes de la Tierra de Verano?	
¿**A dónde** lleva Gluskabe la vara de verano?	

"Gluskabe y el viejo Señor Invierno"

Joseph Bruchac

Personajes

Papeles con diálogo:

NARRADOR

GLUSKABE

ABUELA MARMOTA

SER HUMANO

VIEJO SEÑOR INVIERNO

CUATRO O MÁS HABITANTES
DE LA TIERRA DE VERANO,
INCLUIDO EL LÍDER

CUATRO CUERVOS

Papeles sin diálogo:

SOL

FLORES

PLANTAS

Escena I: La tienda wigwam[1] *de Gluskabe y la Abuela Marmota*

◆ ◆ ◆

Gluskabe y su abuela están sentados juntos, envueltos en mantas.

◆ ◆ ◆

NARRADOR. Hace mucho tiempo, Gluskabe vivía con su Abuela Marmota, que era vieja y muy sabia. Gluskabe se ocupaba de ayudar a la gente.

◆ ◆ ◆

Gluskabe y su abuela hablan sobre el invierno. Ha hecho mucho frío durante mucho tiempo. Un ser humano amigo los visita. Ellos dan la bienvenida a su huésped.

◆ ◆ ◆

SER HUMANO. Gluskabe, me han enviado los demás seres humanos para pedirte ayuda. Este invierno ha sido muy largo. Si no termina pronto, todos moriremos.

GLUSKABE. Haré lo que pueda. Iré a la tienda del viejo Señor Invierno. Ha permanecido aquí durante mucho tiempo. Le pediré que regrese al norte, a su casa en la Tierra de Invierno.

---

1. **wigwam:** clase de tienda que utilizaban algunos indios norteamericanos

Activar conocimientos previos

¿Qué estación del año quisieras cambiar? Explica por qué.

____

____

____

Verifica tu comprensión 

¿De qué crees que se tratará esta obra de teatro? Escribe tu predicción en las siguientes líneas.

____

____

____

____

____

Desarrollar el vocabulario en inglés: Identificar cognados

Los cognados son palabras que comparten el mismo origen o raíz. En el fragmento que está enmarcado por un corchete, subraya los cognados en español de estas palabras en inglés: *human, north.*

Verifica tu comprensión 

¿Qué le hace el viejo Señor Invierno a Gluskabe? Encierra la respuesta en un círculo.

Desarrollar el vocabulario en inglés: Identificar cognados

En el párrafo que está enmarcado por un corchete, subraya los cognados en español de estas palabras en inglés: *promises, rob*.

Verifica tu comprensión 

¿Qué piensa hacer Gluskabe para que los habitantes de la Tierra de Verano no lo reconozcan? Escribe tu respuesta en las siguientes líneas.

____

____

____

La Abuela Marmota le pide a Gluskabe que tenga cuidado. Él le dice que no se preocupe. Luego se marcha, y termina la escena.

◆　◆　◆

Escena II: La tienda wigwam del viejo Señor Invierno
EL VIEJO SEÑOR INVIERNO *está sentado en su tienda, "calentándose" las manos sobre el fuego hecho de hielo. Las cuatro bolas de verano están a un costado del escenario.*

◆　◆　◆

Gluskabe, que lleva una bolsa, golpea en la tienda del viejo Señor Invierno y entra. El viejo Señor Invierno le dice que pase y se siente junto al fuego. Gluskabe le dice que debe regresar a su casa en la Tierra de Invierno porque la gente está sufriendo con el clima tan frío. El viejo Señor Invierno lanza una capa de hielo sobre Gluskabe. Luego lo arroja afuera. El sol derrite el hielo y Gluskabe decide preguntarle a su sabia abuela qué debe hacer.

◆　◆　◆

ABUELA MARMOTA. ¡Todavía es invierno, Gluskabe! ¿El viejo Señor Invierno no quiso hablar contigo?

GLUSKABE. Hablamos, pero no me escuchó. Volveré a hablar con él y haré que me escuche. Pero dime, abuela, ¿de dónde viene el clima cálido?

ABUELA MARMOTA. Lo guardan en la Tierra de Verano.

◆　◆　◆

Gluskabe promete ir allí y traer al verano. La Abuela Marmota le advierte que los habitantes de la Tierra de Verano son extraños y peligrosos. Cada uno tiene un solo ojo. Guardan el verano en una gran olla y bailan alrededor de ella. Cuatro enormes cuervos la custodian. Los cuervos se arrojan en picada y le arrancan la cabeza a todo aquél que intente robar el verano. Gluskabe no tiene miedo. Se cubrirá un ojo para que los habitantes de la Tierra de Verano crean que es uno de ellos. Guarda las cuatro bolas en la bolsa, y termina la escena.

◆　◆　◆

Escena III: La aldea de la Tierra de Verano

Los HABITANTES DE LA TIERRA DE VERANO *bailan alrededor de la olla llena de verano. Cantan una canción sobre el baile de las serpientes e imitan a su líder, que sacude un cascabel con la mano. Cuatro cuervos custodian la olla mientras las personas bailan.*

◆　◆　◆

Las personas dejan de bailar cuando Gluskabe saluda. Logra hacerles creer que es uno de ellos. Lo invitan a unirse al baile. Gluskabe se acerca a la olla y toma una de las varas de verano. La gente grita a los cuervos para que le arranquen la cabeza. Gluskabe saca las bolas de la bolsa y las levanta. Cada cuervo toma una bola y piensa que es la cabeza de Gluskabe. Luego Gluskabe corre fuera del escenario con las varas de verano, y termina la escena.

◆　◆　◆

Escena IV: La tienda wigwam del viejo Señor Invierno

◆　◆　◆

Gluskabe lleva las varas de verano a la tienda del viejo Señor Invierno y golpea a la puerta. El viejo Señor Invierno lo invita a pasar y sentarse junto al fuego. Gluskabe le dice nuevamente que debe irse a su casa en la Tierra de Invierno. Señala que la vara de verano está derritiendo el helado fuego y la tienda. El viejo Señor Invierno corre fuera del escenario y <u>se agacha</u> para mostrar que se está derritiendo y encogiendo. De repente el brillante sol y las flores de verano entran en escena.

◆　◆　◆

NARRADOR. Así venció Gluskabe al viejo Señor Invierno. Como sólo trajo un pequeño trozo de verano, el invierno sigue regresando cada año. Pero, gracias a Gluskabe, siempre vuelve la primavera.

Verifica tu comprensión 

¿Cómo derrotó Gluskabe al viejo Señor Invierno? En las siguientes líneas, escribe un resumen de la última escena en la tienda *wigwam* del viejo Señor Invierno.

____

____

____

Desarrollar el vocabulario en inglés: Identificar cognados 

En el párrafo que está enmarcado por un corchete, subraya los cognados en español de estas palabras en inglés: *invite, enter.*

Verifica tu comprensión

¿Por qué el viejo Señor Invierno sale de escena agachándose? En el texto, encierra tu respuesta en un círculo.

Piensa en la selección
Thinking About the Selection

1. Gluskabe enfrenta varios desafíos en este cuento. Usa esta tabla para detallarlos.

El ser humano pide ayuda a Gluskabe porque _______________________________.

Cuando Gluskabe le pide al viejo Señor Invierno que se vaya, el viejo Señor Invierno _______________.

Los habitantes de la Tierra de Verano guardan el verano en _______________________.

Gluskabe usa la vara de verano para _______________________________.

2. El viejo Señor Invierno regresará todos los años porque _______________________

____.

Coméntalo   **Solución de problemas**

El trabajo de Gluskabe era ayudar a solucionar los problemas de la gente. ¿Crees que Gluskabe hizo bien su trabajo? Comenta lo que opinas con un compañero. Asegúrate de apoyar tus ideas con detalles de la obra.

Creo que Gluskabe hizo bien su trabajo porque ___________________________.

Creo que Gluskabe no hizo bien su trabajo porque _________________________.

Escríbelo   **Cómo lo haces tú**

Supongamos que eres Gluskabe. ¿Cómo les dirías a los demás que solucionen el problema del invierno? Redacta una lista de instrucciones para explicar qué se debe hacer. Usa la información de la obra para brindar más detalles en las instrucciones.

Para solucionar el problema del invierno, _______________________________

____.

La caseta de peaje fantástica, Acto I
The Phantom Tollbooth, Act I

Destreza de lectura

Un **resumen** es un enunciado corto de las ideas y sucesos principales de un texto. Sigue estas instrucciones cuando escribas un resumen:

- **Vuelve a leer para identificar cuáles son los sucesos principales.**

- Incluye sólo sucesos importantes que hacen que el cuento avance.

- Organiza los sucesos en el orden en que ocurren.

Usa este diagrama como ayuda para completar los sucesos principales del Acto I, Escena 2.

Análisis literario

Una **obra de teatro** es una historia escrita para representarse. Las obras de teatro tienen personajes, un escenario y una trama. También tienen estos elementos:

- **Diálogo:** las palabras que dicen los personajes

- **Guión:** la forma escrita de la obra. Los nombres de los personajes aparecen justo antes de las cosas que dicen:

    KATRINA. ¡No puedo creer lo que dijiste!
    WALLACE. Era una broma.

Presta atención a lo que dicen los personajes como ayuda para comprender el guión.

Vocabulario

Estas palabras están subrayadas en la obra de teatro. Escucha cada palabra. Dila. Luego, lee la definición y la oración de ejemplo.

expectativas *s.* Si alguien tiene **expectativas,** tiene esperanzas o confianza respecto de cómo serán las cosas.

Para Aiden, una de las expectativas del viaje era divertirse.

estancamiento *s.* Si alguien o algo está en un **estancamiento,** está inactivo.

Rápidamente nos aburrimos al enfrentarnos al estancamiento en que habían caído nuestros días de vacaciones.

obstáculos *s.* Los **obstáculos** dificultan alcanzar el éxito.

Los obstáculos que había en la carretera dificultaban su paseo en bicicleta.

Vocabulary

These words are translations of the words underlined in the play. Listen to each word. Say it. Then, read the definition and the sample sentence.

expectations (ek spek TAY shuhnz) *n.* When you have **expectations,** you have hopes or beliefs about the way things should be.

Aiden's expectations for the trip included having fun.

doldrums (DOHL druhmz) *n.* Someone or something that is in the **doldrums** is inactive.

We quickly got bored facing the doldrums of our vacation days.

obstacles (AHB sti kuhlz) *n.* **Obstacles** are challenges that make it difficult to succeed.

The obstacles in the road made it hard for her to ride her bike.

A. Práctica: Completa cada oración con la palabra correcta de vocabulario.

1. Después de hacer lo mismo todos los días durante años, es muy fácil caer en un _______________________.

2. Hay que seguir adelante a pesar de los _______________________.

3. Visitar un país exótico aumentaba las _______________________ de María antes de partir.

B. English Practice: Complete each sentence with the correct vocabulary word.

1. We had high _______________________ that the plan would work.

2. The winter _______________________ made us restless.

3. Our team faced many _______________________ before winning.

"La caseta de peaje fantástica, Acto I"

Susan Nanus

Basado en la novela de Norton Juster

Resumen Un aburrido niño llamado Milo vuelve de la escuela. Y encuentra un regalo envuelto en su habitación. Adentro de la caja encuentra una caseta de peaje. Milo se prepara para comenzar una aventura en un mundo de fantasía. Lee el Acto I, Escena 2 en las páginas siguientes.

Summary A bored young boy named Milo comes home from school. He finds a wrapped gift in his room. Inside the box he finds a tollbooth. Milo sets off on an adventure into a fantasy world. Read Act I, Scene ii on the following pages.

 ## Escribir acerca de la Gran pregunta

¿Cómo decidimos quiénes somos? En *La caseta de peaje fantástica, Acto I,* conocemos a Milo, un niño aburrido y sin motivaciones que recibe un regalo inesperado que lo conduce a hacer un asombroso viaje y descubrir una parte aventurera de su personalidad. Completa esta oración:

Las experiencias como _______________________________ pueden ayudar a las

personas a descubrir nuevos aspectos de sus personalidades porque _____________

____.

Guía para tomar notas

Completa esta tabla con algunas características de los personajes principales del cuento. Describe brevemente su comportamiento en el espacio correspondiente.

Personaje	Comportamiento
Milo	Estar en lugares extraños y hablar con desconocidos lo confunden.
Tac	Alienta a Milo a seguir adelante.
Azaz	
Matémago	
La Abeja Ortográfica	
Engorro	

Activar conocimientos previos

Describe la escena de un mundo de fantasía que hayas visto en un libro o una película.

____

____

____

Verifica tu comprensión 

¿En qué orden aparecen los personajes? En el texto, encierra la respuesta en un círculo.

Análisis literario 

El **diálogo** son las palabras que dicen los personajes. Encierra en un círculo la palabra que muestre qué personaje habla en el primer diálogo.

"La caseta de peaje fantástica, Acto I"

Susan Nanus
Basado en la novela de Norton Juster

Personajes (en orden de aparición)

EL RELOJ

MILO, UN NIÑO

EL SEÑOR INDECISIÓN

SEIS LETARGINESES

TAC, EL PERRO GUARDIÁN
  (QUE ES EL RELOJ)

AZAZ, EL REY DE
  DICCIONÁPOLIS

MATÉMAGO, EL REY DE
  DIGITÓPOLIS

LA PRINCESA DULCE TON

LA PRINCESA PURO SON

EL GUARDIA

TRES MERCADERES DE
  PALABRAS

EL HOMBRE DE LETRAS
  (EL CUARTO MERCADER
  DE PALABRAS)

LA ABEJA ORTOGRÁFICA

ENGORRO, UN INSECTO

LOS MINISTROS

Escenas

1. EL CUARTO DE MILO: con estantes, **banderines,** cuadros en la pared y sugerencias de los personajes del País de la Sabiduría.

2. RUTA AL PAÍS DE LA SABIDURÍA: un bosque desde donde salen el Señor Indecisión y los Letargineses.

3. DICCIONÁPOLIS: un mercado al aire libre, lleno de puestos y pequeñas tiendas. Deben abundar las letras y los carteles.

◆　◆　◆

Acto I, Escena 2 - Ruta a Diccionápolis

◆　◆　◆

[ENTRA MILO en su coche]

◆　◆　◆

MILO. ¡Qué raro! No reconozco para nada el paisaje. [*Se sobresalta al aparecérsele UN CARTEL.*] ¿Cómo? [*Lee.*] BIENVENIDO A EXPECTATIVAS. SE OFRECEN CON AGRADO INFORMACIÓN, PREDICCIONES Y CONSEJOS. ESTACIONE AQUÍ Y TOQUE LA BOCINA. [*MILO toca la bocina.*]

Palabras de uso diario

banderines *s.* banderas largas de forma triangular que usan las escuelas y los equipos deportivos como insignias

---

SEÑOR INDECISIÓN. [*Un hombre pequeñito envuelto en un abrigo largo y con un paraguas sale de un salto de atrás del cartel. Habla muy rápido y nerviosamente.*] ¡Oh, oh, oh, oh! ¡Bienvenido, bienvenido, bienvenido, bienvenido al país de las Expectativas, Expectativas, Expectativas! ¿En qué lo puedo ayudar? Soy el señor Indecisión.

MILO. [*Mirando el mapa.*] Mmm… ¿Voy bien para Diccionápolis?

SEÑOR INDECISIÓN. Bueno, bueno, bueno. No sé si se puede ir mal a Diccionápolis, así que si este es el camino a Diccionápolis, por aquí se debe ir bien, y si no se va bien, se debe poder ir bien a cualquier otro lado porque no se va mal a todos lados. ¿Le parece que va a llover?

MILO. ¿Cómo? ¿Usted no lo sabe?

SEÑOR INDECISIÓN. No. A mí me caracteriza la indecisión, no la información. Después de todo, es más importante saber si va a hacer tiempo que qué tiempo va a hacer.

◆　◆　◆

El señor Indecisión no es de mucha ayuda, así que Milo se marcha. Poco después, su coche comienza a moverse cada vez más lentamente, hasta que se detiene. Ha llegado al Estancamiento, un lugar donde nunca pasa nada y donde nada cambia nunca. Conoce a los Letargineses, que pasan sus días durmiendo, fantaseando, perdiendo el tiempo y nunca pensando. Milo empieza a bostezar. Los Letargineses invitan a Milo a quedarse con ellos. Está a punto de hacerlo cuando llega el Perro Guardián. Al Perro Guardián no le gusta que las personas pierdan el tiempo.

◆　◆　◆

PERRO GUARDIÁN. ¿Qué haces aquí?

MILO. No mucho. Estoy matando el tiempo. Verás…

PERRO GUARDIÁN. ¡MATANDO EL TIEMPO! [*Su DESPERTADOR SUENA con furia.*] Ya es bastante malo perder el tiempo sin matarlo. De todas maneras, ¿qué haces en el Estancamiento? ¿No tienes que ir a ningún lugar?

Análisis literario 

Un **guión** es la forma escrita de una **obra de teatro** o una historia que se escribe para representarse. Según el guión, ¿qué está haciendo Milo en el fragmento posterior al enmarcado por un corchete?

____

____

Verifica tu comprensión 

¿Cuál es el nombre del lugar en donde se detuvo Milo? En el texto, encierra el nombre del lugar en un círculo.

Desarrollar el vocabulario en inglés: Identificar cognados

Los cognados son palabras que comparten el mismo origen o raíz. En el párrafo que está enmarcado por un corchete, subraya los cognados en español de estas palabras en inglés: *rapidly, nervously, indecision.*

Análisis literario 

¿De qué manera el **diálogo** entre Milo y el Perro Guardián te ayuda a comprender el problema?

____

____

____

____

Destreza de lectura 

Un **resumen** es un texto corto sobre las ideas y sucesos principales de una obra. Escribe dos oraciones que resuman la conversación de Milo con el Perro Guardián.

____

____

____

Desarrollar el vocabulario en inglés: Identificar cognados

En el párrafo que está enmarcado por un corchete, subraya los cognados en español de estas palabras en inglés: *terrible, discussion, important, numbers.*

MILO. Creo que iba camino a Diccionápolis cuando me quedé estancado aquí. ¿Puedes ayudarme?

PERRO GUARDIÁN. ¡Ayudarte! Tienes que ayudarte tú mismo. Imagino que sabrás por qué te quedaste estancado.

MILO. Supongo que no estaba pensando.

PERRO GUARDIÁN. Exactamente. Ahora ya estás en camino.

MILO. ¿En serio?

PERRO GUARDIÁN. Por supuesto. Como te quedaste aquí por no pensar, parece razonable que para salir debas comenzar a pensar. ¿Te molesta si subo? Me encanta viajar en coche. [*Sube al coche. Esperan.*] ¿Y?

MILO. Está bien, lo intentaré. [*Frunce el ceño y piensa.*] ¿Nos estamos moviendo?

PERRO GUARDIÁN. Todavía no. Piensa más.

MILO. Estoy pensando tanto como puedo.

PERRO GUARDIÁN. Bueno, entonces piensa un poco más todavía. Vamos, tú puedes hacerlo.

MILO. Está bien, está bien… Estoy pensando en todos los planetas del sistema solar, y en por qué el agua se expande cuando se convierte en hielo, y en todas las palabras que comienzan con "q", y… [*Las ruedas comienzan a moverse.*] ¡Nos estamos moviendo! ¡Nos estamos moviendo!

◆   ◆   ◆

Milo se dirige a Diccionápolis con el Perro Guardián, que se llama Tac. En el camino, Tac le cuenta a Milo acerca de una discusión terrible que tuvieron Azaz, el rey de Diccionápolis, y Matémago, el rey de Digitópolis. El rey Azaz había dicho que las palabras eran más importantes que los números. Matémago había dicho que los números eran más importantes que las palabras.

Las princesas Dulce Ton y Puro Son habían tratado de poner fin a la discusión entre los gobernantes. Dijeron que las palabras y los números tenían la misma importancia. Azaz y Matémago no aceptaron la decisión de las princesas, y las expulsaron al Castillo en el Aire.

Pronto, Milo y Tac llegan a Diccionápolis. Visitan un mercado donde las personas compran y venden "palabras jugosas y tentadoras". Allí conocen a Engorro y a la Abeja Ortográfica, y los ministros del Rey los invitan al banquete real. Suenan las trompetas y aparece un PAJE.

◆ ◆ ◆

PAJE. El rey Azaz está a punto de dar comienzo al banquete real. [*Entra una gran mesa con el REY AZAZ sentado en una enorme silla, en la cabecera de la mesa.*]

AZAZ. Asiento. Todos tomen asiento. [*Todos los personajes se apresuran a sentarse a la mesa. MILO y TAC se sientan cerca del Rey. AZAZ mira a MILO.*] ¿Y éste quién es?

MILO. Su Alteza, mi nombre es Milo y él es Tac. Muchas gracias por invitarnos a su banquete, ¡y déjeme decirle que su palacio es hermoso!

MINISTRO 1. Exquisito.

MINISTRO 2. Maravilloso.

MINISTRO 3. Bello.

MINISTRO 4. Bonito.

MINISTRO 5. Encantador.

AZAZ. ¡SILENCIO! Ahora dime, jovencito, ¿qué puedes hacer para entretenernos? ¿Cantar canciones? ¿Contar historias? ¿**Hacer malabares** con platos?

MILO. No sé hacer ninguna de esas cosas.

AZAZ. Qué niño tan común. ¿No hay nada que sepas hacer?

MILO. Puedo contar hasta mil.

AZAZ. ¡Números! Nunca menciones un número aquí. ¿Por qué no cambiamos de tema y empezamos a cenar? Ya que eres nuestro invitado de honor, puedes elegir el menú.

Palabras de uso diario

hacer malabares *v.* arrojar al aire objetos y atraparlos rápidamente

---

Análisis literario 

Lee el primer párrafo del **guión.** ¿Qué se ve al comienzo del banquete?

____

____

Desarrollar el vocabulario en inglés: Identificar cognados

En el fragmento que está enmarcado por un corchete, subraya los cognados en español de estas palabras en inglés: *banquet, palace, exquisite.*

Destreza de lectura 

Resume lo que ocurre entre Azaz y Milo después de que habla el Ministro 5 y hasta el final de la página.

____

____

Verifica tu comprensión 

¿Qué tipos de platos pide Milo en el banquete? Encierra las respuestas en un círculo.

Desarrollar el vocabulario en inglés: Identificar cognados

En el fragmento que está enmarcado por un corchete, subraya los cognados en español de estas palabras en inglés: *moment, opportunity, cream, hamburguer.*

Destreza de lectura

Cuando escribas un **resumen,** organiza los sucesos en el orden en que ocurren. Enumera en orden las dos cosas principales que ocurren en esta página.

1.__________________________

____

2.__________________________

____

Milo pide un refrigerio liviano, y traen bandejas de aire. Luego, pide una comida balanceada y los mozos traen bandejas con balanzas de colores. A los invitados no les gusta ninguno de los dos platos.

◆　◆　◆

AZAZ. [*Bate las palmas y los sirvientes retiran las bandejas.*] Llegó el momento de los discursos. [*A MILO.*] Tú primero.

MILO. [*Vacilante.*] Su Majestad, damas y caballeros, me gustaría aprovechar esta oportunidad para decir que…

AZAZ. Es suficiente. No debes hablar todo el día.

MILO. Pero recién había empezado a…

AZAZ. ¡EL SIGUIENTE!

ENGORRO. [*Rápidamente.*] Pavo asado, puré de papas, helado de vainilla.

ABEJA ORTOGRÁFICA. Hamburguesas, mazorcas de maíz, crema de chocolate, c-h-o-c-o-l-a-t-e. [*Cada invitado nombra dos platos y un postre.*]

AZAZ. [*El último. Bate las palmas. Los sirvientes sirven a cada invitado las palabras que han dicho.*] ¡Al ataque! [*A MILO.*] Aunque tu elección no me parece gran cosa.

MILO. No sabía que tendría que comerme mis palabras.

AZAZ. Por supuesto, por supuesto. Aquí todos lo hacen. Tendrías que haber tenido mejor gusto para elegir tu discurso.

MINISTRO 1. Tome, pruebe ponerle un poco de salmodia. Mejora el sabor.

MINISTRO 2. Pruebe con una rebanada de pantomima. [*Le ofrece la panera.*]

MINISTRO 3. O con un poco de agasajo.

MINISTRO 5. Quizá quiera acompañarlo con una sopa de letras.

MINISTRO 5. ¿Por qué mejor no espera la guinda del postre?[1]

◆　◆　◆

Sirven el postre. Luego, todos los invitados se van, menos Milo, Tac y Engorro. Se quedan y hablan con el Rey sobre un problema en Diccionápolis. Milo sugiere que Azaz deje volver a Ton y a Son para solucionar el problema. A Azaz le gusta la idea de Milo, pero dice que rescatar a las princesas es demasiado difícil. Engorro dice que Milo puede hacerlo.

1. **la guinda del postre** *s.* la mejor parte de algo

Dice que lo único que tendría que hacer es atravesar los **parajes** inexplorados y peligrosos hasta llegar a Digitópolis. Allí tendría que convencer a Matémago (que jamás está de acuerdo con Azaz) de que acepte el plan. Luego penetraría las Montañas de la Ignorancia, de donde nunca nadie ha regresado vivo. Desde allí subiría una escalera de dos mil pies hasta el Castillo en el Aire, rescataría a las princesas y pelearía contra fieras temibles en el camino de regreso a Diccionápolis.

◆ ◆ ◆

Azaz. No creí que fuera tan simple.

milo. A mí me suena peligroso.

Azaz. Diccionápolis les estará siempre agradecida a ti y a tu perro. [*AZAZ palmea a TAC y a MILO.*]

tac. Pero, espere un momento, señor…

Azaz. Enfrentarán muchos peligros en el viaje, pero no teman, porque yo les daré algo que los protegerá. [*AZAZ da una caja a MILO.*] En esta caja están las letras del alfabeto. Con ellas puedes formar todas las palabras que necesitarás para vencer los <u>obstáculos</u> que encuentres en el camino.

◆ ◆ ◆

Azaz dice que Engorro será su guía y los pone en camino. De repente, los viajeros oyen un ruido terrible que viene de más adelante. Se miran asustados. Se apagan las luces del escenario.

Palabras de uso diario

parajes *s.* lugares

Análisis literario 

Los **diálogos** pueden darte información sobre los personajes. Lee el diálogo de esta página. ¿Cómo crees que se sienten Milo y Tac con respecto al viaje?

____

____

____

Desarrollar el vocabulario en inglés: Identificar cognados

En el fragmento que está enmarcado por un corchete, subraya los cognados en español de estas palabras en inglés: *simple, protect, alphabet, obstacles.*

Destreza de lectura 

Resume lo que debe hacer Milo para rescatar a las princesas.

____

____

____

Piensa en la selección
Thinking About the Selection

1. Los nombres de los personajes de este cuento reflejan sus personalidades o trabajos. Explica el significado de los nombres de los personajes.

   Señor Indecisión: ____

   Tac, el Perro Guardián: ____

   Azaz, el Rey de Diccionápolis: __________________________________

   Matémago: ____

   La Abeja Ortográfica: ____

2. **Destreza de lectura:** ¿Qué tres sucesos incluirías en un **resumen** del Acto I?

   ____

   ____.

3. **Análisis literario:** El **diálogo** ayuda a que los lectores sepan sobre la personalidad de un personaje, el escenario y una acción. Completa esta tabla con información sobre lo que muestran los diálogos. Hay un ejemplo.

Diálogo	Lo que sugiere
MILO. No mucho. Estoy matando el tiempo	**Personaje:** Milo está aburrido. No le interesa nada.
MILO. BIENVENIDO A EXPECTATIVAS. SE OFRECEN CON AGRADO INFORMACIÓN, PREDICCIONES Y CONSEJOS.	**Escenario:**
PERRO GUARDIÁN. ¿Te molesta si subo? Me encanta viajar en coche.	**Acción:**

Escríbelo ▷ **Guía de viajes**

En este cuento se describen muchos lugares poco comunes. Elige un lugar y escribe su descripción para que aparezca en una guía de viajes. Incluye detalles basándote en lo que has leído en la obra de teatro.

   En este lugar, verás ____

   ____.

La caseta de peaje fantástica, Acto II
The Phantom Tollbooth, Act II

Destreza de lectura

Compara dos cosas para decir en qué se parecen. **Contrasta** dos cosas para decir en qué se diferencian. **Imagina la acción** a medida que lees la obra de teatro. Presta atención al diálogo y a las descripciones de cómo hablan y actúan los personajes. Imaginar la acción te ayudará a comparar y contrastar los personajes, las situaciones y los sucesos.

Análisis literario

Las **instrucciones de escenografía** son las palabras que aparecen en una obra de teatro que los personajes no dicen. Las instrucciones dan la siguiente información:

- hacia dónde deben moverse los actores

- cómo deben hablar los actores

- cómo pueden imaginar los lectores la acción, los sonidos y los decorados

Las instrucciones de escenografía suelen escribirse en cursiva y entre paréntesis. Por ejemplo:

CARLOS. (*A Isabel*) Recuerda, ¡no hagas ruido! (*Se va del escenario en puntas de pie.*)

Completa la siguiente tabla para anotar las instrucciones de escenografía a medida que lees. Las instrucciones deben ayudarte a imaginar la acción. También te ayudarán a comprender qué piensan y sienten los personajes.

Instrucciones de escenografía
Qué muestran sobre un personaje o acción

Vocabulario

Estas palabras están subrayadas en la obra de teatro. Escucha cada palabra. Dila. Luego, lee la definición y la oración de ejemplo.

espléndido *adj.* Algo **espléndido** es algo maravilloso.

> *Pasaron un momento espléndido en la fiesta.*

escabullirse *v.* **Escabullirse** es escaparse sin que nadie lo note.

> *Pensó que debía escabullirse para no llegar tarde.*

revuelve *v.* Si alguien **revuelve** las cosas, está buscando algo moviéndolas de un lado a otro.

> *Bianca revuelve el ropero cada vez que pierde algo.*

Vocabulary

These words are translations of the words underlined in the play. Listen to each word. Say it. Then, read the definition and the sample sentence.

splendid (SPLEN did) *adj.* Something **splendid** is wonderful.

> *They had a splendid time at the party.*

slip away (SLIP e WAY) *v.* To **slip away** is to escape unnoticed.

> *He thought he would have to slip away so as not to be late.*

rummages (RUM ij iz) *v.* When someone **rummages** through things, he or she is searching for something by moving things around.

> *Bianca rummages through her closet every time she loses something.*

A. Práctica: Completa cada oración con la palabra correcta de vocabulario.

1. Antes de salir, Ana ___________________ toda su ropa, que queda desordenada.

2. Durante la noche las ratas intentan ___________________ por los callejones.

3. Las montañas nevadas son un paisaje ___________________.

B. English Practice: Complete each sentence with the correct vocabulary word.

1. We thought the cake tasted ___________________, so we wanted more.

2. We tried to ___________________ so that she would not see us.

3. The racoon ___________________ through the garbage looping for food.

"La caseta de peaje fantástica, Acto II"

Susan Nanus

Basado en la novela de Norton Juster

Resumen Milo, Tac y Engorro llegan a Digitópolis en la Escena 1. Le preguntan al Doctor de la Desafinación, al Dodecaedro y a Matémago qué camino deben tomar para encontrar a las princesas. Y así llegan a la Tierra de la Ignorancia para rescatar a las princesas. Después del triunfo, Milo aprende una importante lección.

Summary Milo, Tock, and Humbug arrive in Digitopolis in Scene i. They ask the Doctor of Dissonance, the Dodecahedron, and the Mathemagician which road to take to find the Princesses. They arrive in the Land of Ignorance to rescue the Princesses. After they succeed, Milo learns an important lesson.

Escribir acerca de la Gran pregunta

¿Cómo decidimos quiénes somos? En *La caseta de peaje fantástica, Acto I*, conocemos a Milo, un niño aburrido y sin motivaciones que recibe un regalo inesperado que lo conduce a hacer un asombroso viaje y descubrir una parte aventurera de su personalidad. Completa esta oración:

Las nuevas experiencias pueden darnos una nueva **perspectiva** de ___________

_______________ porque ____.

Guía para tomar notas

Milo, Tac y Engorro se encuentran con muchos desafíos en la Tierra de la Ignorancia. Completa esta tabla con la información acerca de los desafíos que tienen que enfrentar.

Personaje	Desafíos para Milo, Tac y Engorro
El hombre que siempre está	Confunde las palabras y los significados.
Trivialidad Terrible	
Demonio de la Insinceridad	
Quitasentidos	

Análisis literario 

Las **instrucciones de escenografía** ayudan a que los lectores se imaginen la acción, los sonidos y el decorado. Estas palabras a menudo se escriben entre paréntesis y en cursiva. ¿Qué te dicen las instrucciones de escenografía sobre la duración de la tarea que hace Milo?

____

____

____

Desarrollar el vocabulario en inglés: Identificar cognados 

Los cognados son palabras que comparten el mismo origen o raíz. En el párrafo que está enmarcado por un corchete, subraya los cognados en español de estas palabras en inglés: *splendid, move.*

Destreza de lectura

Imagina la acción para recordar detalles y sucesos. ¿Qué detalle o suceso del Acto I, Escena 2 recuerdas mejor?

____

____

____

"La caseta de peaje fantástica, Acto II"

Acto II, Escena 2 - El País de la Ignorancia

Ton y Son están encerradas en el castillo. Ton tiene miedo de que Milo, Tac y Engorro no logren salvarlas. Son trata de calmar a su hermana. Le dice que Milo ha aprendido mucho en su viaje.

Milo conduce a través del País de la Ignorancia. Tac y Engorro lo acompañan. Se encuentran con un hombre muy bien vestido. El hombre los recibe y les pide que lo ayuden. Milo acepta.

◆ ◆ ◆

HOMBRE. Espléndido, porque sólo tengo tres tareas. Primero, me gustaría mover esta pila de arena de aquí a allá. [*Señala con gestos una gran pila de arena.*] Pero me temo que lo único que tengo son estas pequeñas **pinzas.** [*Se las entrega a MILO, que empieza a mover la arena de a un grano por vez.*] En segundo lugar, me gustaría vaciar este pozo de agua y llenar aquel, pero no tengo un balde, así que tendrán que usar este gotero. [*Se lo entrega a TAC, que comienza a trabajar.*] Por último, debo hacer un hoyo en este acantilado, y aquí tienen la aguja para cavarlo.

◆ ◆ ◆

Pasa el tiempo. Milo y sus amigos siguen trabajando. No logran avanzar mucho. Milo calcula que terminarán en 837 años. Le dice al hombre que no le parece que valga la pena. El hombre se ríe. Les dice que él es la Trivialidad Terrible. Mantiene a las personas ocupadas con cosas que no son importantes.

◆ ◆ ◆

Palabras de uso diario

pinzas *s.* herramienta de metal que se usa para extraer o agarrar objetos pequeños

HOMBRE. Piensen en todos los problemas que se ahorran. Si dedican todo su tiempo únicamente a las tareas fáciles e inútiles, nunca tendrán tiempo para preocuparse por las tareas importantes que son tan difíciles. [*Camina hacia ellos, susurrando.*] Quédense conmigo. Nos divertiremos mucho juntos.

◆ ◆ ◆

Milo y sus amigos oyen una voz que les dice que huyan. Le hacen caso y huyen. Escapan de Trivialidad Terrible. Luego, caen en un pozo profundo. Descubren que la voz es del Demonio de la Insinceridad. El Demonio siempre da malos consejos. El Demonio se va y Milo, Tac y Engorro logran salir del pozo. Corren hacia el castillo para salvar a las Princesas. Tac ve que algo los está persiguiendo.

◆ ◆ ◆

TAC. Otros demonios, me temo. Si quieren ver de lo que hablo, voltéense. [*Se voltean. El escenario se oscurece y se ven brillar cientos de ojos amarillos.*]

ENGORRO. ¡Horror de los horrores! ¿Han visto cuántos hay? ¡Cientos! El Arrogante Sabelotodo, la Exageración Total, la Retrospectiva Revoltosa… ¡miren allí! ¡Los Triples Demonios del Compromiso! ¡Huyamos! [*Comienza a escabullirse.*] ¡Apúrense! ¿Por qué tardan tanto para todo?

◆ ◆ ◆

Los tres corren hacia el castillo. Por fin llegan. Ven a un hombre durmiendo en el primer escalón. Tiene un libro, un lapicero de pluma y una botella de tinta. El hombre se despierta.

◆ ◆ ◆

QUITASENTIDOS. No se preocupen, no tardaremos mucho. Soy el Quitasentidos oficial y debo tener cierta información antes de quitarles el sentido. Ahora, si son tan amables, díganme: [*Les entrega un formulario para completar. Habla despacio y pausadamente.*] Cuándo nacieron, dónde nacieron, por qué nacieron, cuántos años tienen ahora, cuántos años tenían entonces, cuántos años tendrán dentro de un tiempo…

◆ ◆ ◆

TOMAR NOTAS
Take Notes

Verifica tu comprensión 

La voz, ¿quién dice ser? Encierra la respuesta en un círculo.

Desarrollar el vocabulario en inglés: Identificar cognados

En el párrafo que está enmarcado por un corchete, subraya los cognados en español de estas palabras en inglés: *information, official, complete.*

Destreza de lectura 

Comparar dos cosas significa decir en qué se parecen. ¿En qué se parece Trivialidad Terrible a los Letargineses del Acto I?

____

____

____

Destreza de lectura 

Lee el primer párrafo. ¿Por qué son apropiados los hechizos del Quitasentidos para cada personaje? **Compara** los hechizos entre sí.

____

____

____

____

Desarrollar el vocabulario en inglés: Identificar cognados

En el fragmento que está enmarcado por un corchete, subraya los cognados en español de estas palabras en inglés: *instant, orientation, destroy, proportion.*

Análisis literario 

¿Qué dicen las **instrucciones de escenografía** del último párrafo sobre cómo Milo saca a las princesas del castillo?

____

____

____

____

____

Milo y sus amigos tratan de pasar al Quitasentidos. El Quitasentidos hace un hechizo para cada uno de ellos. Milo oye música de **circo**. Se detiene para escucharla. Un aroma interesante hace que Tac también se detenga. Engorro oye aplausos y también se detiene.

◆　◆　◆

[MILO *deja caer sin querer todos sus regalos. La Caja de Risas que le había dado el* DR. DISCORDE *se abre al caer y se oyen risas. Al instante,* MILO, TAC *y* ENGORRO *se ponen a reír también y el hechizo se rompe.*]

QUITASENTIDOS. Yo les dije que les arrebataría los sentidos. Les puedo robar el sentido de Orientación, el sentido del Deber, destruir su sentido de Proporción, y podrían estar todavía sin sentido… pero…

MILO. ¿Pero qué?

QUITASENTIDOS. Como conservan la habilidad de reírse, no les puedo robar el sentido del Humor. ¡Ay, ese maldito sentido del humor!

◆　◆　◆

Milo y sus amigos ven que los demonios se acercan. Huyen rápidamente. Los demonios los persiguen. Por fin, Milo y sus amigos llegan al castillo. No hay ninguna puerta. No hay forma de entrar.

◆　◆　◆

SON. No te apresures, Milo, piensa.

MILO. Mmm, está bien, dame un minuto o dos. [*Se concentra.*]

ENGORRO. Me voy a desmayar.

MILO. ¡Ya sé! ¿Dónde está el paquete con los regalos? ¡Ah! ¡Aquí está! [*Abre la caja con las letras y las pone en la pared una por una deletreando:*] E-N-T-R-A-D-A. Entrada. Veamos ahora. [*Revuelve el paquete y deletrea en minúsculas:*] E-m-p-u-j-e. Empuje. [*Empuja y se abre una puerta. Las* PRINCESAS *salen del castillo. Los demonios van subiendo lentamente por la escalera.*]

◆　◆　◆

Palabras de uso diario

circo *s.* grupo de artistas y animales que viajan a distintos lugares haciendo trucos y otras clases de entretenimiento

Hay una sola manera de escapar. Tac los lleva a todos sobre el lomo. Luego salta. Como "el tiempo vuela", nadie sale lastimado. Los demonios los persiguen. Azaz y Matémago llegan con sus ejércitos. Juntos vencen a los demonios. Las Princesas agradecen a Milo, Tac y Engorro. Todos los demás saludan a los héroes con una reverencia.

◆ ◆ ◆

MILO. Pero no podríamos haberlo hecho sin la ayuda que recibimos.

SON. Puede que tengas razón, pero tuviste el valor para intentarlo, y lo que puedes hacer a menudo depende de lo que *quieras* hacer.

AZAZ. Es por eso que no podía decirte algo muy importante de la misión hasta que regresaras.

MILO. Es verdad. ¿Qué era?

AZAZ. Muy simple. ¡Que era imposible!

MATÉMAGO. ¡Completamente imposible!

ENGORRO. ¿Quiere decir que…? [*Se está por desmayar.*] ¡Ay, creo que necesito sentarme!

AZAZ. Exactamente, pero si te lo hubiésemos dicho antes, seguramente no habrías ido.

MATÉMAGO. Y, como tú mismo descubriste, muchas cosas son posibles siempre y cuando no sepas que son imposibles.

◆ ◆ ◆

Ton y Son les agradecen a los héroes por rescatarlas. Milo se siente mal por no haberlas salvado antes. Dice que cometió muchos errores. Las Princesas le recuerdan que está bien equivocarse. A menudo, los errores son la única manera de aprender. Milo se despide de Azaz y Matémago. Se aleja en su coche. Muy pronto está de nuevo en su cuarto. Sólo se había ido por una hora. Empieza a revisar sus libros, sus juguetes y las demás cosas. Mira su reloj. Se sorprende cuando ve que sólo ha pasado una hora.

Verifica tu comprensión

¿Cuáles son las dos lecciones que Milo aprendió al final del cuento?

1. _______________________________

____

____

2. _______________________________

____

____

Desarrollar el vocabulario en inglés: Identificar cognados

En el fragmento que está enmarcado por un corchete, subraya los cognados en español de estas palabras en inglés: *depends, mission, impossible, exactly.*

Destreza de lectura

Cuando **contrastas,** te refieres a las diferencias que existen entre dos cosas. Contrasta la opinión que Milo y Son tienen sobre la valentía de Milo.

____

____

____

____

Piensa en la selección
Thinking About the Selection

1. Milo y sus amigos se detienen tres veces durante el viaje. Usa esta gráfica para identificar a los personajes que intentaron detenerlos.

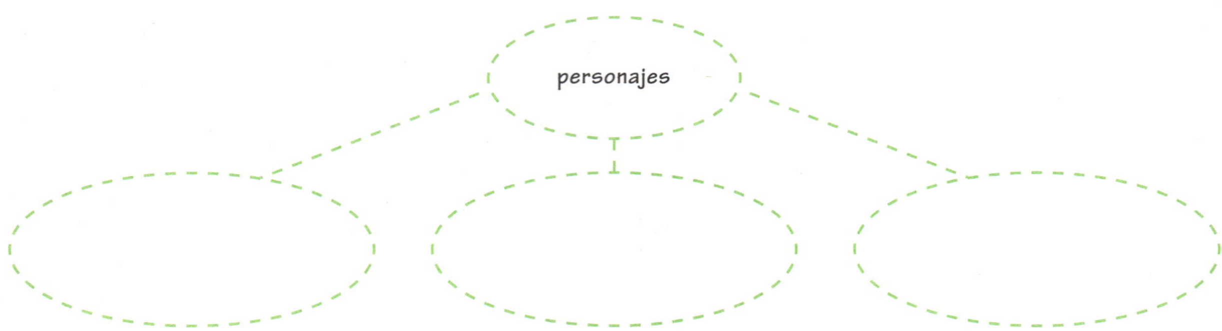

2. **Destreza de lectura:** Al **comparar** y **contrastar** se indica en qué se parecen y en qué se diferencian dos cosas. Compara y contrasta al Quitasentidos y Trivialidad Terrible.

   En qué se parecen: ____

   En qué se diferencian: ____

3. **Análisis literario:** Las **instrucciones de escenografía** ayudan a que los lectores comprendan qué hacen los personajes de una obra. Describe una parte de la obra donde las instrucciones de escenografía son necesarias para comprender qué sucede.

   ____

   ____

Coméntalo   **Enfrentar desafíos** El Matémago le dice a Milo que pudo terminar esa tarea imposible únicamente porque nadie le dijo que era imposible. ¿Crees que Matémago tiene razón? Comenta tus ideas con un compañero.

   Creo que Matémago tiene razón porque ________________________________.

   Creo que Matémago no tiene razón porque _____________________________.

Vaquero negro, caballos salvajes
Black Cowboy, Wild Horses

Las personas comenzaron a contar historias mucho antes de que existieran libros para leer. Las personas que contaban las historias en voz alta seguían lo que se llama la **tradición oral**. La mayoría de los cuentos folclóricos, mitos, leyendas, canciones folclóricas y cuentos de hadas se contaron primero en voz alta. Éstas son las características que encontrarás en las obras de la tradición oral:

- Un **tema universal** es un mensaje sobre la vida que la mayoría de las personas comprenden.

- La **literatura fantástica** es un tipo de escritura sobre temas inventados. Tiene elementos que no pertenecen a la vida real.

- La **personificación** es un tipo especial de lenguaje. Los escritores usan la personificación para dar características humanas a personajes que no son humanos. Los animales que pueden hablar son un ejemplo de personificación.

- La **ironía** es un suceso sorprendente que es lo opuesto de lo que esperas. Los finales sorprendentes son finales **irónicos**.

- La **hipérbole** es una exageración. Una *exageración* es una descripción en la que se dice que algo es más o menos de lo que realmente es. "Tengo tanta sed que podría beberme el océano" es un ejemplo de hipérbole. La hipérbole a menudo busca ser graciosa.

- El **dialecto** es la forma de lenguaje que usan las personas de ciertos lugares. Las personas que cuentan cuentos usan dialecto para que los **personajes** parezcan más reales.

- Las **costumbres locales** son las tradiciones de un grupo de personas. Los escritores usan detalles sobre las costumbres locales para ayudar a desarrollar el **entorno**. El entorno es el tiempo y el lugar en los que transcurre la acción del cuento.

En esta tabla se describen los diferentes tipos de cuentos de la tradición oral.

Tipo de obra de la tradición oral	Definición	Ejemplo
Cuentos folclóricos	• Son historias entretenidas que cuentan acerca de las ideas compartidas de una cultura. • A menudo incluyen héroes, aventura, magia o romance. • Los detalles cambian con el paso del tiempo. • Después de un tiempo se pusieron por escrito.	*La hormiga y la paloma*
Fábulas	• Son cuentos o poemas breves. • Enseñan una lección o moraleja. • Sus personajes suelen ser animales.	*El león y los toros*
Mitos	• Son cuentos ficcionales acerca de los dioses. • El conjunto de mitos de una cultura es su **mitología**.	*Arachne*
Leyendas	• Son los cuentos familiares y tradicionales de una cultura. • A menudo están basados en hechos reales. • Con el tiempo cambian e incluyen más detalles ficcionales. • Pueden llegar a convertirse en una **alusión**: una referencia a una persona, lugar, suceso u obra literaria conocida.	*La leyenda del jinete sin cabeza*

Vocabulario

Estas palabras están subrayadas en el cuento. Escucha cada palabra. Dila. Luego, lee la definición y la oración de ejemplo.

barranco *s.* Un **barranco** es una hondonada profunda y extensa en la tierra.

Caminamos sobre el barranco con los caballos nerviosos.

gradualmente *adv.* Si algo sucede **gradualmente**, se desarrolla lentamente durante un período.

La noche caía gradualmente mientras volvíamos a casa del parque.

triunfalmente *adv.* Hacer algo **triunfalmente** es hacerlo de forma que muestre el placer de obtener éxito.

Akemi atravesó triunfalmente la línea de llegada en la carrera.

Vocabulary

These words are translations of the words underlined in the story. Listen to each word. Say it. Then, read the definition and the sample sentence.

ravine (ruh VEEN) *n.* A **ravine** is a long, deep hollow in the earth.

We walked our nervous horses over the ravine.

gradually (GRAD yoo uh lee) *adv.* Something that happens **gradually** develops slowly over a period of time.

Night fell gradually as we walked home from the park.

triumphantly (try UHMF uhnt lee) *adv.* To do something **triumphantly** is to do that thing in a way that shows pleasure from success.

Akemi ran triumphantly across the finish line at the race.

A. Práctica: Completa cada oración con la palabra correcta de vocabulario.

1. Los niños aprenden a leer y escribir _____________________.

2. El equipo de béisbol llegó _____________________ a la final del campeonato.

3. El zorro caminó lentamente por el _____________________ en busca de un refugio.

B. English Practice: Complete each sentence with the correct vocabulary word.

1. The hikers could not safely cross the _____________________ without falling into it.

2. Our science teacher said to _____________________ mix the two solutions.

3. Denzel _____________________ displayed his first-place ribbon.

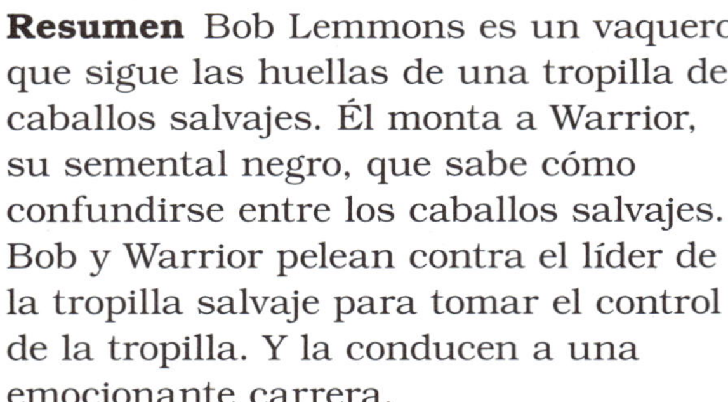

"Vaquero negro, caballos salvajes"

Julius Lester

Resumen Bob Lemmons es un vaquero que sigue las huellas de una tropilla de caballos salvajes. Él monta a Warrior, su semental negro, que sabe cómo confundirse entre los caballos salvajes. Bob y Warrior pelean contra el líder de la tropilla salvaje para tomar el control de la tropilla. Y la conducen a una emocionante carrera.

Summary Bob Lemmons is a cowboy who tracks a herd of wild horses. He rides his black stallion, Warrior, who knows how to blend in among wild horses. Bob and Warrior fight the wild herd's leader for control of the herd. They lead the herd on an exciting run.

Guía para tomar notas

Completa la tabla de causa y efecto para mostrar cómo Bob y Warrior toman el control de la tropilla.

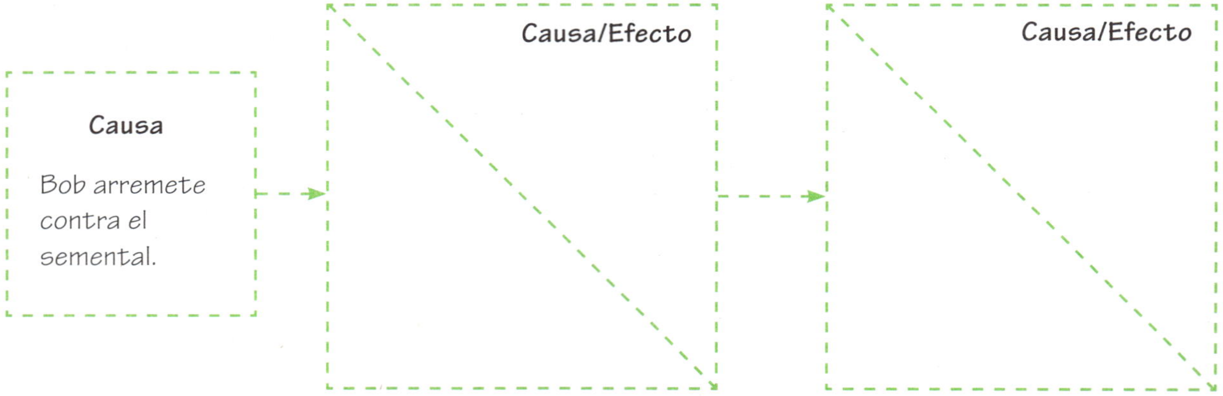

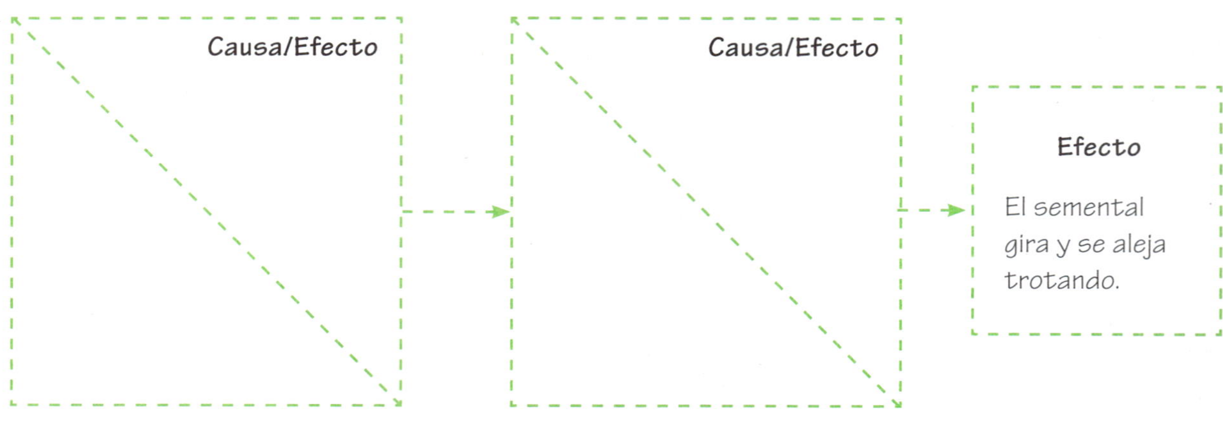

"Vaquero negro, caballos salvajes"

Julius Lester

La historia comienza cuando Bob Lemmons montó a Warrior, su semental negro, subió lentamente por la colina y miró desde arriba hacia el corral. Los otros vaqueros estaban ocupados con las **tareas** de la mañana. Frente a Bob y Warrior, la tierra era una llanura que se extendía hasta el horizonte.

Lentamente, Bob cabalgó cuesta abajo hacia la llanura. Warrior se encabritó, ansioso por correr. Bob lo tranquilizó y le prometió que muy pronto tendrían la oportunidad de hacerlo. Pero en ese momento Bob tenía que observar el suelo. Unas horas después, vio lo que estaba buscando: huellas de caballos salvajes, o mustangs. Examinó las huellas cuidadosamente.

◆　◆　◆

Algunas personas aprendían de los libros. Bob había sido esclavo y nunca aprendió a leer palabras. Pero podía mirar el suelo y leer qué animales habían caminado sobre él, su tamaño y peso, cuándo habían pasado por allí y hacia dónde iban. No conocía a nadie que pudiese traer mustangs por cuenta propia, pero Bob podía hacer que los caballos creyeran que era uno de ellos: porque lo era.

◆　◆　◆

Las huellas indicaban que ocho yeguas, un potro y un semental habían pasado por allí dos días atrás. Antes de unirse a ellos, Bob sabía que debía perder su olor humano.

Al atardecer comenzó a hacer frío, pero Bob no podía encender una **fogata**. Los *mustangs* podrían oler el humo en la ropa. Comió algunos alimentos fríos que había traído y luego se durmió. Temprano por la mañana, Warrior y él partieron nuevamente y siguieron las huellas hasta

---

Palabras de uso diario

tareas *s.* actividades que debes realizar

fogata *s.* fuego al aire libre que encienden las personas que acampan

Verifica tu comprensión 

¿Qué está deseoso de hacer Warrior? Subraya la respuesta en el texto.

Comprensión cultural

Este cuento contiene muchas palabras relacionadas con los caballos. Un *semental* es un caballo macho adulto. Una *yegua* es un caballo hembra adulto. Un *potro* es un caballo macho joven. Los *mustangs* son caballos salvajes. Un *corral* es un área cerrada para criar animales. Cuando los caballos se *encabritan*, levantan las patas traseras.

Verifica tu comprensión 

¿Crees que Bob logrará llevar a los mustangs? ¿Por qué sí o por qué no? Escribe tu predicción en las siguientes líneas.

____

____

____

Verifica tu comprensión 

¿Qué hace Bob para unirse a la tropilla? En el texto, subraya las oraciones que indiquen la respuesta.

Desarrollar el vocabulario en inglés: Identificar cognados

Los cognados son palabras que comparten el mismo origen o raíz. En el párrafo que está enmarcado por un corchete, subraya los cognados en español de estas palabras en inglés: *directly, accepted, imitate.*

Verifica tu comprensión 

¿Por qué Bob conduce a Warrior hacia el barranco? Subraya la respuesta correcta.

el anochecer. De repente, un relámpago brilló en el cielo. Bob galopó con Warrior hacia el refugio de un barranco. Entonces, a lo lejos, vio a la manada de mustangs. Warrior se encabritó y el salvaje semental pareció encabritarse a modo de respuesta. Luego se desataron las fuertes lluvias.

La lluvia habría borrado las huellas de los caballos, pero Bob sabía que los caballos iban hacia el río. Al amanecer, Bob se dirigió hacia allá. En las últimas horas del atardecer, vio que algunos caballos se acercaban al agua. El semental miró en dirección a Bob y olfateó el aire. Bob temió que se hubiera acercado demasiado. Si el semental se alarmaba, la manada se alejaría al galope, y quedaría fuera de su **alcance**.

◆ ◆ ◆

Parecía que el semental lo miraba directamente a él. Bob estaba demasiado lejos para que lo viera, pero ni siquiera parpadeó, temeroso de que el semental oyera el sonido. Finalmente, el semental comenzó a beber y los demás caballos lo imitaron. Bob suspiró lentamente. Lo habían aceptado.

◆ ◆ ◆

Bob volvió a seguir a la manada al día siguiente. Cuando los caballos pastaban, él se adelantaba. Cuando el salvaje semental levantaba la cabeza, Bob se detenía. Cuando la manada se movía, Warrior y él también lo hacían, y se acercaban lentamente.

◆ ◆ ◆

Los mustangs sentían su presencia. Creían que era un caballo.

Él también lo creía.

◆ ◆ ◆

A la mañana siguiente, Bob y Warrior se unieron gradualmente a la manada. El semental los miró con rapidez y luego puso a la manada a correr. Bob galopó a la par de ellos, agachándose en la montura, contra el lomo de Warrior, para esconderse de la vista.

Palabras de uso diario

alcance *s.* la distancia que puedes estirar tu brazo para tocar algo

Mientras la manada avanzaba lentamente durante el día siguiente, el potro de repente se cayó. Entonces Bob oyó a la serpiente de cascabel.

◆　◆　◆

Los caballos relincharon y cabriolaron con nerviosismo: olfateaban la presencia de la serpiente y la muerte entre ellos. Bob vio a la serpiente de cascabel, hermosa como un collar, que se deslizaba silenciosamente a través de los altos pastos. No intentó matarla. Cada criatura de la naturaleza tenía derecho de protegerse a sí misma, especialmente cuando tenía miedo.

◆　◆　◆

El potro murió rápidamente. Mientras los buitres volaban en círculos a su alrededor, el semental intentó que la manada continuara avanzando, pero la madre del potro no quería moverse. El semental la mordió varias veces y finalmente ella se unió a la manada, que había comenzado a galopar.

Bob supo que había llegado el momento de tomar el control. Warrior y él galoparon hacia el semental y lo obligaron a detenerse. El semental parecía sobresaltado y confundido. Bob lo embistió. Warrior y el semental se encabritaron, pateándose y mordiéndose. Bob y Warrior embistieron al semental una y otra vez.

El semental contraatacó y mordió a Warrior en el cuello. Furioso, Warrior se encabritó y pateó con fuerza al semental.

◆　◆　◆

Warrior mantuvo el equilibrio y pateó una y otra vez. El semental mustang relinchó de dolor. Warrior lo empujó con fuerza. El semental perdió el control y cayó a tierra. Warrior se levantó, relinchando <u>triunfalmente</u>. Sus patas delanteras se sacudían como si buscaran los peldaños para subir una escalera hacia el cielo.

El mustang vencido se puso de pie. Bufó débilmente. Cuando Warrior amenazó con embestirlo nuevamente, el semental giró, relinchó débilmente y se alejó trotando.

◆　◆　◆

Verifica tu comprensión 

El conflicto entre los animales y los seres humanos es un tema universal en la literatura. En esta página, aparecen tres conflictos. En las siguientes líneas, nombra quiénes participan en cada conflicto.

____

____

____

Desarrollar el vocabulario en inglés: Identificar cognados

En el párrafo que está enmarcado por un corchete, subraya los cognados en español de estas palabras en inglés: *presence, silently, nature, especially.*

Verifica tu comprensión 

En las **leyendas populares**, los héroes tienen cualidades especiales que las personas comunes no tienen. ¿Cómo es el comportamiento de Bob con Warrior comparado con el de un héroe?

____

____

____

Verifica tu comprensión

Finalmente, ¿hacia dónde lleva Bob a los mustangs salvajes? Encierra la respuesta en un círculo.

Comprensión cultural

Durante el siglo XIX, los vaqueros ayudaron a desarrollar la industria ganadera en la parte occidental de Estados Unidos. Además, formaron parte del folklore estadounidense. Muchos libros y películas ilustran la vida de los vaqueros.

Desarrollar el vocabulario en inglés: Identificar cognados

En el párrafo que está enmarcado por un corchete, subraya los cognados en español de estas palabras en inglés: *finally, direction.*

Al principio, Bob condujo a la manada lentamente y apresuró la marcha sólo cuando estuvo seguro de que los caballos lo seguirían.

◆　◆　◆

Durante todo ese día y el siguiente cabalgó con los caballos. Para Bob solamente existían los ojos oscuros y prominentes de los caballos, la trepidación de su carne, la agitación de sus músculos y la flexión de huesos en sus cuerpos. Él era ahora cielo, llanuras, pasto, río, caballo.

◆　◆　◆

Finalmente, Bob los condujo en un galope final a través de las llanuras, hacia la cima de la colina donde Warrior y él habían partido, y después cuesta abajo en dirección a casa. Luego detuvo a Warrior y dejó que los caballos salvajes siguieran corriendo hacia el corral. Los otros vaqueros gritaron y cerraron el portón.

Bob y Warrior volvieron cabalgando hacia la cima de la colina. Mientras observaban las llanuras, Warrior se encabritó y se quejó.

◆　◆　◆

—Ya sé —Bob susurró—. Ya sé. Tal vez algún día.

Tal vez algún día cabalgarían con los mustangs, hacia ese lugar eterno donde la tierra y el cielo se besaban, y luego seguirían cabalgando. Tal vez algún día.

Piensa en la selección
Thinking About the Selection

1. Bob demuestra una gran paciencia al tomar el control de los caballos salvajes. Completa la siguiente gráfica y anota qué sucedió cada día en el cuento.

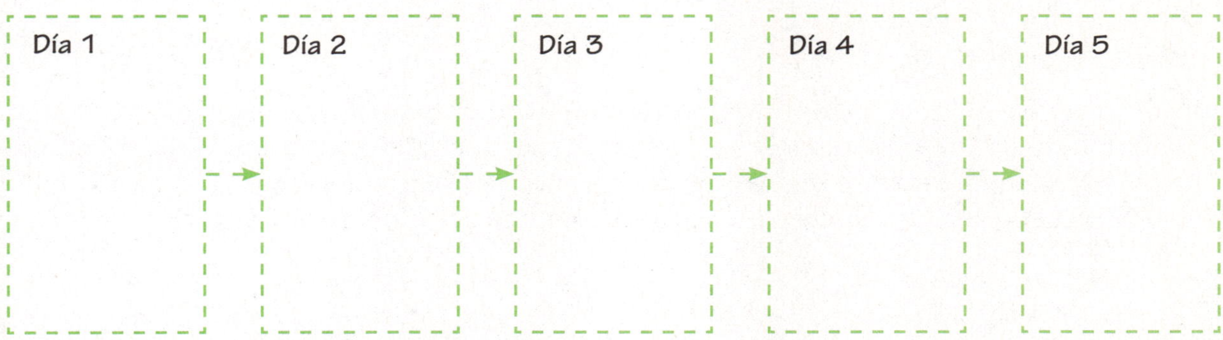

2. **Destreza de lectura:** Bob tomó control de la tropilla después de _____________

    ____

    ____

    ____.

Coméntalo Hablar como los animales

Bob se compara con un caballo y dice que los mustangs lo aceptaron como si fuera uno más. Él le habla a su caballo, Warrior, como a un amigo. Comenta con un compañero lo que Warrior le diría a Bob si pudiera hablar.

Warrior diría ____.

Escríbelo Punto de vista

En un cuento, los personajes tienen puntos de vista diferentes. Bob cuenta esta historia desde su punto de vista. Escribe otra vez la historia desde el punto de vista de los mustangs.

Los mustangs dirían _______________________________________

____

____.

El tigre que sería rey · La hormiga y la paloma · El león y los toros · Un niño inválido

The Tiger Who Would Be King · The Ant and the Dove · The Lion and the Bulls · A Crippled Boy

Destreza de lectura

Una **causa** es un suceso, una acción o un sentimiento que lleva a un resultado. El resultado es un **efecto**. Un efecto puede tener más de una causa. **Vuelve a leer** los pasajes importantes para averiguar la relación entre un suceso y sus causas. Anota en el cuadro los sucesos y las acciones que produjeron un efecto.

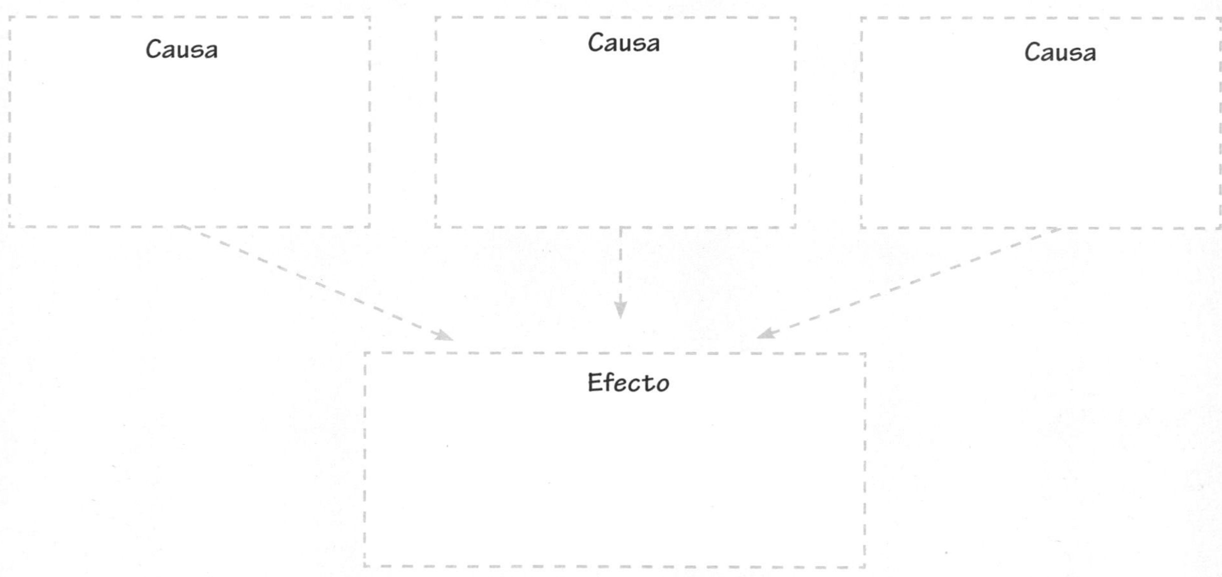

Análisis literario

Las **fábulas** y los **cuentos folclóricos** son parte de la tradición oral. La tradición oral es la tradición de transmitir canciones, cuentos y poemas de boca en boca de una generación a otra.

- Las **fábulas** son cuentos que enseñan una lección o tienen una moraleja. En general, los personajes son animales.

- Los **cuentos folclóricos** tienen héroes, aventura, magia y romance. Estos cuentos suelen entretener y enseñar una lección.

Algunas fábulas y cuentos folclóricos tienen finales **irónicos** o sorprendentes. Los finales son irónicos porque no son como uno espera.

Vocabulario

Estas palabras están subrayadas en el cuento. Escucha cada palabra. Dila. Luego, lee la definición y la oración de ejemplo.

repeler *v.* **Repeler** significa rechazar o repulsar.

> *El zorrino usa su secreción para repeler a los atacantes.*

monarca *s.* Un **monarca** es el soberano único y exclusivo de un estado.

> *El monarca llegó al poder por la fuerza.*

sobresaltado *adj.* Estar **sobresaltado** significa estar asustado.

> *El niño, sobresaltado, dio un grito.*

Vocabulary

These words are translations of the words underlined in the story. Listen to each word. Say it. Then, read the definition and the sample sentence.

repulse (ree PULS) *v.* To **repulse** means to drive back or repel an attack.

> *A skunk uses its spray to repulse attackers.*

monarch (MAHN ark) *n.* A **monarch** is the single or sole ruler of a state.

> *The monarch took power by force.*

startled (STAHRT uhld) *adj.* **Startled** means surprised.

> *The startled boy let out a scream.*

A. Práctica: Completa cada oración con la palabra correcta de vocabulario.

1. Me desperté en medio de la noche _____________________. Pensé que alguien había entrado a mi casa.

2. Kyle descubrió la mejor forma de _____________________ a los mosquitos.

3. Muchos países todavía tienen _____________________.

B. English Practice: Complete each sentence with the correct vocabulary word.

1. The football team was able to _____________________ the offensive play.

2. The _____________________ passed control of the kingdom to his daughter.

3. Naomi appeared _____________________ when the doorbell rang.

"El tigre que sería rey" · "La hormiga y la paloma"

Resumen "El tigre que sería rey" cuenta la historia de una pelea entre los animales para demostrar que a veces nadie gana. "La hormiga y la paloma" demuestra que una buena acción se puede devolver en un momento inesperado.

Summary "The Tiger Who Would Be King" tells the story of a fight among the animals to show that sometimes no one wins. "The Ant and the Dove" shows that a good deed can be repaid at an unexpected time.

 ## Escribir acerca de la Gran pregunta

¿Cuánto nos influyen nuestras comunidades? Completa esta oración:

Cuando los miembros de una **comunidad** cooperan y se **apoyan** unos a otros, pueden

____.

Guía para tomar notas

Usa esta tabla para enumerar las acciones de los personajes en "El tigre que sería rey" y "La hormiga y la paloma". A continuación, explica por qué cada personaje realiza cada acción.

Personaje	Qué hace	Motivación o razón para hacerlo
Tigre	Pelea contra el león.	Quiere ser el rey de los animales.
León		
Paloma		
Hormiga		

"El tigre que sería rey"

James Thurber

Una mañana, el tigre se despertó en su casa de la jungla y le dijo a su esposa que él era el rey de todos los animales.

—El rey de todos los animales es Leo, el león —le contestó ella.

—Hace falta un cambio —dijo el tigre—. Todas las criaturas piden a gritos un cambio.

La tigresa prestó atención, pero no oyó ningún grito, excepto los gemidos de sus cachorros.

—Para cuando salga la luna, seré el rey de todos los animales —anunció el tigre—. Y la luna se vestirá de amarillo con **franjas** negras, en mi honor.

—Ya lo creo —dijo la tigresa, mientras cuidaba de sus crías, una de las cuales, un machito muy parecido a su papá, se había clavado una espina imaginaria en la pata.

El tigre merodeó por la selva hasta llegar a la cueva del león.

—Sal de allí —rugió el tigre—. ¡Ven a saludar al rey de los animales! ¡El rey ha muerto! ¡Que viva el rey!

Dentro de la cueva, la leona despertó a su esposo.

—El rey quiere verte —le dijo.

—¿Qué rey? —preguntó el león entre bostezos.

—El rey de los animales —le contestó.

—Yo soy el rey de los animales —rugió Leo, y salió furioso de su cueva, dispuesto a defender su **corona** contra el usurpador.

Fue una pelea feroz, y duró hasta la puesta del sol. Todos los animales de la selva se sumaron a la lucha; algunos tomaron partido por el tigre y otros, por el león. Todas las criaturas, desde el cerdo hormiguero hasta la cebra, participaron de la lucha por derrocar al león o por repeler al tigre; algunos no sabían a favor de quién peleaban, otros peleaban a favor de ambos, otros peleaban con el que tenían más cerca y otros peleaban sólo por pelear.

Palabras de uso diario

franjas *s.* líneas de color largas y delgadas

corona *s.* lo que identifica a un rey o una reina

Activar conocimientos previos

Muchas películas y libros cuentan historias sobre este conflicto entre los animales. Si has visto o leído alguna de ellas, ¿puedes decir qué animales peleaban entre sí?

____

____

____

Desarrollar el vocabulario en inglés: Identificar cognados

Los cognados son palabras que comparten el mismo origen o raíz. En el fragmento que está enmarcado por un corchete, subraya los cognados en español de estas palabras en inglés: *tiger, jungle, lion, animals.*

Verifica tu comprensión 

¿Por qué el tigre exclama "El rey ha muerto, ¡viva el rey!"?

____

____

Desarrollar el vocabulario en inglés: Identificar cognados

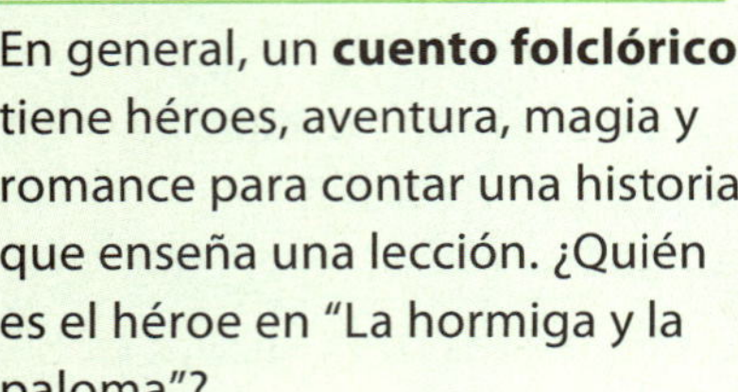

En el párrafo que está enmarcado por un corchete, subraya los cognados en español de estas palabras en inglés: *gibbous, horrified, minutes, monarch.*

Análisis literario 

En general, un **cuento folclórico** tiene héroes, aventura, magia y romance para contar una historia que enseña una lección. ¿Quién es el héroe en "La hormiga y la paloma"?

____

____

____

Destreza de lectura

¿Cuál es el **efecto** de la acción de la paloma en "La hormiga y la paloma"?

____

____

____

—¿Por qué peleamos? —alguien preguntó al cerdo hormiguero.

—Por el antiguo orden—contestó el cerdo hormiguero.

—¿Por qué estamos dejando la vida? —alguien preguntó a la cebra.

—Por el nuevo orden —contestó la cebra.

Cuando salió la luna, amarilla y gibada[1], brilló sobre una selva inmóvil y enmudecida, salvo por un guacamayo[2] y una cacatúa[3] que gritaban horrorizados. Todos los animales estaban muertos, excepto el tigre, quien tenía los días contados, y veía cómo se iban los minutos. Era el monarca de todo cuanto veía, pero no le servía de nada.

MORALEJA: Mal puedes ser rey de los animales si no hay animales sobre quienes reinar.

"La hormiga y la paloma" Cuento popular ruso

León Tolstoy

Una hormiga sedienta fue a beber al arroyo. De pronto, quedó atrapada en un remolino que casi la arrastra.

Justo en ese momento pasaba una paloma con una ramita en el pico. La paloma soltó la **ramita** para que el pequeño insecto tuviera de dónde agarrarse. Y así fue que la hormiga se salvó.

Días después apareció un cazador que intentó atrapar a la paloma con su red. Cuando la hormiga vio lo que pasaba, fue caminando hasta donde estaba el hombre y lo picó en el pie. Sobresaltado, el hombre soltó la red. Y la paloma, pensando que uno nunca sabe cuándo ni cómo se recompensarán las buenas acciones, se fue volando.

Palabras de uso diario

ramita *s.* rama muy delgada

1. **gibada** *adj.* iluminada más de la mitad pero no por completo
2. **guacamayo** *s.* loro chillón y de colores brillantes de América Central o del Sur
3. **cacatúa** *s.* loro con cresta de plumaje blanco con tinte amarillo o rosado

Piensa en la selección
Thinking About the Selection

1. El tigre comenzó a pelear con el león porque ________________________

    ____

    ____

    ____ .

2. **Destreza de lectura:** "El tigre que sería rey" termina con una pelea entre todos los animales de la selva. Esta pelea es un efecto o resultado. Enumera dos **causas** o razones de la pelea en la selva.

    ____

    ____

3. **Análisis literario:** Los **fábulas** y los **cuentos folclóricos** comparten algunos elementos. Usa esta tabla para describir los elementos de las fábulas y los cuentos folclóricos de las dos historias. Enumera los personajes de cada cuento. Luego, describe la moraleja o lección que enseña cada uno.

Título	Personajes	Moraleja o lección
El tigre que sería rey		
La hormiga y la paloma		

Coméntalo   **Cómo tratar a los demás**

¿Cuál es la **idea** en común que comparten las dos historias acerca de cómo deben tratarse las personas mutuamente? Comenta lo que piensas con un grupo pequeño de compañeros. Asegúrate de fundamentar tus ideas con los detalles de los cuentos.

Las personas deben tratarse mutuamente ________________________

____

____ .

Vocabulario

Estas palabras son traducciones de las palabras que están resaltadas en el cuento. Escucha cada palabra. Dila. Luego, lee la definición y la oración de ejemplo.

calumnioso *adj.* Si una declaración se describe como **calumniosa**, significa que contiene argumentos falsos y perjudiciales.

No creas sus palabras calumniosas.

atraer *v.* **Atraer** significa tentar o interesar.

La música te puede atraer a la fiesta.

oficial *adj* . Algo que es **oficial** es formal y a menudo dictado por una figura de autoridad.

Aquí se vende el uniforme oficial de Niño Explorador.

Vocabulary

These words are highlighted in the selection. Listen to each word. Say it. Then, read the definition and the example sentence.

slanderous (SLAN duh rus) *adj.* If a statement is described as **slanderous**, it means it is untrue and damaging.

Do not believe her slanderous words.

lure (LooR) *v.* To **lure** is to tempt or attract.

The music will lure you to the party.

official (uh FISH ul) *adj.* Something that is **official** is formal and often prescribed by an authority.

The official Boy Scout uniform is sold here.

A. Práctica: Completa cada oración con la palabra correcta de vocabulario.

1. A muchos jóvenes les están comenzando a ___________________ los deportes acuáticos.

2. El informe sobre el incendio resultó ser ___________________.

3. Mañana se celebra la fiesta ___________________ de graduación.

B. English Practice: Complete each sentence with the correct vocabulary word.

1. A recent ___________________ story hurt the actress's public image.

2. The thief tried to ___________________ the guard dog with some food.

3. The ___________________ report declared that the fire was an accident.

"El león y los toros" · "Un niño inválido"

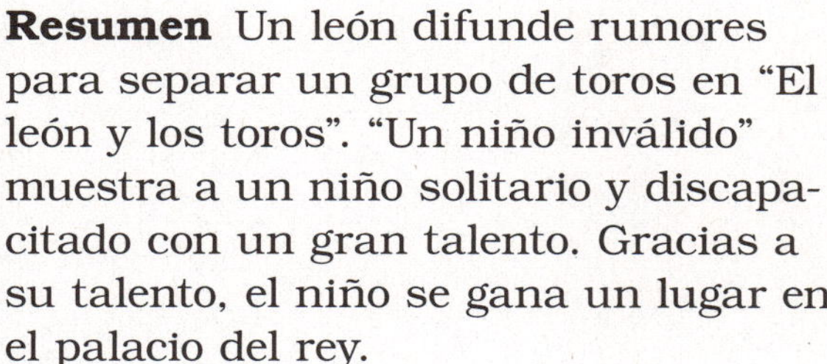

Resumen Un león difunde rumores para separar un grupo de toros en "El león y los toros". "Un niño inválido" muestra a un niño solitario y discapacitado con un gran talento. Gracias a su talento, el niño se gana un lugar en el palacio del rey.

Summary A lion spreads rumors to break apart a group of bulls in "The Lion and the Bulls." "A Crippled Boy" shows a lonely, disabled boy with a great skill. His skill earns him a place at the king's palace.

Escribir acerca de la Gran pregunta

¿Cuánto nos influyen nuestras comunidades? Completa esta oración:

Si una persona se aprovecha de los demás de su grupo y tiene éxito el resultado

puede ser ____.

Guía para tomar notas

Usa esta tabla para anotar los detalles importantes de "El león y los toros" y "Un niño inválido".

Personaje	¿Qué problema enfrenta?	¿Cómo resuelve el problema?
León		
Theo		

Piensa en la selección
Thinking About the Selection

1. En las dos historias, los personajes principales resuelven problemas. Completa con los detalles de los cuentos.

   El león y los toros

   Problema: ____.

   Solución: ____.

   Un niño inválido

   Problema: ____.

   Solución: ____.

2. **Destreza de lectura:** Una **causa** es un suceso o acción que trae como resultado un **efecto**. Los toros que se alejan en "El león y los toros" es una causa que lleva a un efecto. ¿Cuál es ese efecto?

   ____

   ____

3. **Análisis literario:** Usa esta tabla para identificar los elementos de las fábulas y los cuentos folclóricos de las dos historias.

Título	Personajes	Moraleja o lección
El león y los toros		
Un niño inválido		

Escríbelo   **¿Qué milagro?** En "Un niño inválido", la habilidad de Theo de hacer que los oficiales dejaran de hablar se llama "milagro". ¿Crees que Theo podría pensar que sus experiencias fueron un milagro? Escribe en un diario lo que Theo podría haber escrito acerca de su propio "milagro".

   Hoy, un milagro ____

   ____

   ____.

Prólogo de El jinete de ballenas • Arachne
Prologue from The Whale Rider • Arachne

Destreza de lectura

Una **causa** es un suceso, una acción o un sentimiento. Una causa hace que suceda algo. Un **efecto** es lo que sucede. Un efecto puede ser la causa de otro evento.

Busca palabras clave como *porque, entonces* y *como resultado.* Estas palabras señalan una relación de causa y efecto. **Haz preguntas** para comprender las relaciones de causa y efecto. Algunas preguntas son:

- "¿Qué sucedió?"

- "¿Por qué sucedió?"

Análisis literario

Los **mitos** son cuentos sobre las acciones de los dioses o héroes. Cada cultura tiene sus propios mitos. Los mitos pueden hacer muchas cosas. Pueden contar el origen del mundo. Pueden explicar algo de la naturaleza, como un trueno. Un mito puede enseñar una lección. Puede afirmar un valor, como el coraje. Usa esta tabla para analizar los mitos a medida que lees.

Personajes	Explicación

Mito

Valor	Lección

Vocabulario

Estas palabras están subrayadas en el cuento. Escucha cada palabra. Dila. Luego, lee la definición y la oración de ejemplo.

ataviada *v.* Estar **ataviado** con algo es estar vestido.

La actriz llegó a la ceremonia de premios ataviada con traje de fiesta.

resplandeciente *adj.* Algo **resplandeciente** es muy brillante.

El diamante resplandeciente destelló con la luz del sol.

descendientes *s.* Los **descendientes** son familiares de personas que vivieron hace mucho tiempo.

Algunos descendientes de los fundadores de la ciudad aún viven en este vecindario.

Vocabulary

These words are translations of the words underlined in the story. Listen to each word. Say it. Then, read the definition and the sample sentence.

clad (KLAD) *v.* To be **clad** in something is to wear it.

Celebrities clad in evening gowns arrived at the awards show.

dazzling (DAZ ling) *adj.* Something **dazzling** is very bright.

The dazzling diamond sparkled in the sun.

descendants (di SEN duhnts) *n.* **Descendants** are the relatives of people who lived long ago.

Some descendants of the city's founders still live in this neighborhood.

A. Práctica: Completa cada oración con la palabra correcta de vocabulario.

1. Los ______________________ de Napoleón viven en Europa.

2. La princesa llegó a la fiesta ______________________ con un sombrero de plumas y un vestido largo.

3. La luz de la mañana era ______________________ y el cielo estallaba en colores.

B. English Practice: Complete each sentence with the correct vocabulary word.

1. He was ______________________ in a heavy coat to protect him from the cold weather.

2. The fireworks gave off a ______________________ display in the night sky.

3. My mother located other ______________________ of my great-grandfather.

"Arachne"
Olivia E. Coolidge

Resumen Este mito describe cómo comenzaron a existir las arañas. En esta historia, una joven chica llamada Arachne teje una hermosa tela. Se jacta de su trabajo porque está orgullosa de su tela. Pero su orgullo enfurece a la diosa Atenea. Atenea castiga a Arachne por ser tan orgullosa.

Summary This myth describes how spiders came to be. In this tale, a young girl named Arachne weaves a beautiful cloth. She brags because she is proud of her cloth. Her bragging makes the goddess Athene angry. Athene punishes Arachne for her pride.

Escribir acerca de la Gran pregunta

¿Cuánto nos influyen nuestras comunidades? Como muchos mitos, "Arachne" enseña una lección importante. Completa esta oración:

Las historias que se transmiten de **generación** en generación muchas veces

enseñan lecciones sobre **valores** como ________________________________.

Guía para tomar notas

Completa esta tabla con los detalles sobre Arachne y Atenea que se encuentran en el mito.

	Arachne	Atenea
Quién es	Una joven griega	La diosa griega de la sabiduría, las artes y la guerra
Cómo es		
Cómo actúa		

Destreza de lectura 

Una **causa** es un suceso, una acción o un sentimiento que hace que algo suceda. Un **efecto** es lo que sucede. ¿Cuál es la causa de que los trabajos de Arachne se conozcan en toda Grecia?

____

____

____

Desarrollar el vocabulario en inglés: Identificar cognados

Los cognados son palabras que comparten el mismo origen o raíz. En el párrafo que está enmarcado por un corchete, subraya los cognados en español de estas palabras en inglés: *protagonist, famous, talented.*

Análisis literario 

Los **mitos** son historias de ficción que describen las acciones de héroes o dioses. Lee el tercer párrafo. Subraya en el texto lo que indica que este cuento es un mito.

"Arachne"
Olivia E. Coolidge

La protagonista de esta historia es Arachne, una joven griega. Arachne no era rica ni famosa ni hermosa. Venía de una aldea pequeña donde su padre era conocido por su destreza para teñir, o colorear, la lana con hermosos colores. Pero Arachne era más talentosa que su padre: hilaba la lana y obtenía un hilo muy suave, con el que luego hacía hermosas telas en un telar.

◆ ◆ ◆

Arachne era pequeña y estaba pálida de tanto trabajar. Tenía los ojos claros y el cabello de un color castaño grisáceo, pero era rápida y se movía con gracia, y sus dedos eran tan ágiles que era difícil seguir sus rápidos movimientos. Sus hilos eran tan suaves y parejos, sus telas tan finas, sus **bordados** tan espléndidos, que sus productos no tardaron en hacerse famosos en toda Grecia. Nadie había visto algo igual.

◆ ◆ ◆

Muchos venían de lugares lejanos para verla trabajar. Todos decían que seguramente la diosa Atenea le había enseñado a Arachne esa impresionante destreza. Pero Arachne era muy orgullosa y no quería que creyeran que había aprendido su destreza de nadie, ni siquiera de una diosa. Les decía que ni la mismísima Atenea era capaz de hilar telas más bellas que las suyas.

Un día, una humilde anciana le advirtió a Arachne que no era prudente decir que era mejor que uno de los dioses. La anciana le dijo que debía conformarse con ser la mejor hilandera y tejedora

---

Palabras de uso diario

bordado *s.* diseño cosido en la tela

humana. Pero Arachne se enojó y le gritó a la anciana. Le dijo que había desafiado a Atenea a una competencia de hilado y tejido, pero que Atenea no había tenido el valor de presentarse.

◆ ◆ ◆

Al oír estas palabras, la anciana arrojó su bastón al piso y se irguió. Todos los **espectadores** de la escena vieron asombrados cómo la anciana se convertía en una mujer alta y bella, <u>ataviada</u> con un largo y <u>resplandeciente</u> manto blanco. El terror se apoderó de todos, pues bien sabían que estaban en presencia de Atenea. La propia Arachne se ruborizó durante un instante, pues nunca había creído realmente que la diosa pudiera oírla.

◆ ◆ ◆

Pero Arachne, además de orgullosa, era terca, así que llevó a Atenea a un telar, donde comenzaron la competencia de hilado y tejido. Ambas hicieron telas hermosas, pero la diosa era más rápida.

Atenea tejió una tela con un dibujo que era una advertencia para Arachne. En el medio del dibujo estaba la diosa. En las esquinas, se veían las cosas horribles que les habían pasado a los seres humanos que habían desafiado a los dioses. Atenea terminó su tejido y dio un paso atrás. Cuando Arachne vio el dibujo de Atenea, se enojó. En su tela, Arachne dibujó las maldades que los dioses y las diosas habían cometido en el pasado.

◆ ◆ ◆

Cuando la diosa vio este insulto bordado con colores brillantes en el telar de Arachne, no esperó a que se compararan las telas: dio un paso adelante, con sus ojos grises llenos de rabia, y destrozó la obra de Arachne. Y luego golpeó a Arachne en la cara. Arachne se quedó

Palabras de uso diario

espectadores *s.* personas que observan los hechos sin participar en ellos

Destreza de lectura 

¿Cuál es la **causa** de que Atenea se enoje?

____

____

Desarrollar el vocabulario en inglés: Identificar cognados

En el párrafo que está enmarcado por un corchete, subraya los cognados en español de estas palabras en inglés: *terror, presence, instant.*

Análisis literario 

Los mitos a menudo enseñan valores. ¿Qué valor es el que mete en problemas a Arachne?

____

¿Cómo se sentían los griegos respecto de este valor?

____

Verifica tu comprensión 

¿Qué sucede con Arachne al final de la historia?

____

____

____

Destreza de lectura 

¿Qué sucede cuando Arachne intenta ahorcarse? Subraya el texto que lo indica.

Verifica tu comprensión 

Según el mito, ¿cuál es el origen de las arañas? Subraya la oración que lo indica.

quieta un momento, tratando de contener la ira, el miedo y el orgullo.

—No pienso seguir viviendo después de semejante insulto —exclamó. Arrancó una soga que colgaba del muro, hizo un **lazo** y trató de ahorcarse.

La diosa tocó la soga y tocó a la doncella.

—Vivirás, muchacha malvada —le dijo—. Seguirás viviendo e hilando, tú y tus <u>descendientes</u>. Cuando los hombres te miren recordarán que no es prudente enfrentarse con Atenea.

◆　◆　◆

El cuerpo de Arachne empezó a cambiar. Pronto, todos vieron una araña pequeña, de un color castaño grisáceo, que colgaba de un hilo delgado. Todas las arañas descienden de Arachne. Cada vez que los griegos veían una araña, recordaban que no era prudente que los humanos dijeran que eran iguales a los dioses.

Palabras de uso diario

lazo *s.* lazada hecha con una cuerda

Piensa en la selección
Thinking About the Selection

1. Completa el cuadro comparando a Arachne antes y después de la competencia con Atenea.

<table>
<tr><td>Antes:</td><td>→</td><td>Después:</td></tr>
</table>

2. **Destreza de lectura:** Una **causa** es un suceso o sentimiento que hace que algo suceda. Un **efecto** es lo que sucede. Completa con las causas y los efectos en "Arachne".

   Causa: Archane desafía a Atenea. **Efecto:** _______________________________

   Causa: _______________________ **Efecto:** Atenea toca la soga y toca a Archne.

   Causa: El diseño de Arachne muestra las maldades que cometieron los dioses.

   Efecto: ____

3. **Análisis literario:** Los **mitos** se pueden usar para enseñar a las personas creencias y valores. ¿Qué valores se enseñan con este mito?

   ____

   ____

Escríbelo ¿Cómo es ser una araña?

Piensa en cómo fue la vida de Arachne después de convertirse en araña. Escribe un cuento corto sobre la vida de la araña Arachne.

   Como araña, Arachne ____

   ____

   ____ .

Vocabulario

Estas palabras son traducciones de las palabras que están resaltadas en el cuento. Escucha cada palabra. Dila. Luego, lee la definición y la oración de ejemplo.

traqueteo *s.* Un **traqueteo** es una vibración.

> *El traqueteo de las cacerolas me mantuvo despierto.*

anhelo *s.* Un **anhelo** es un deseo profundo o ansioso.

> *Mi anhelo era estar en casa.*

cumbre *s.* La **cumbre** es el punto más alto.

> *Un elevador nos llevó hasta la cumbre de la montaña.*

Vocabulary

These words are highlighted in the story. Listen to each word. Say it. Then, read the definition and the example sentence.

clatter (KLA tuhr) *n.* **Clatter** is a rattling sound.

> *The clatter of pots kept me awake.*

yearning (YERN ing) *n.* **Yearning** is a deep or anxious longing.

> *I had a yearning to be home.*

apex (AY peks) *n.* The **apex** is the highest point.

> *The lift took us to the apex of the mountain.*

A. Práctica: Completa cada oración con la palabra correcta de vocabulario.

1. El Monte Everest es la _________________ más alta del mundo.

2. El _________________ más grande de Sara era ver a sus abuelos.

3. El tren pasó velozmente y se oyó un _________________ en el andén.

B. English Practice: Complete each sentence with the correct vocabulary word.

1. We heard the _________________ of dishes in the kitchen.

2. The stray dog looked at our food with _________________.

3. I was thrilled to see the singer perform at the _________________ of her career.

Prólogo de "El jinete de ballenas"

Witi Ihimaera

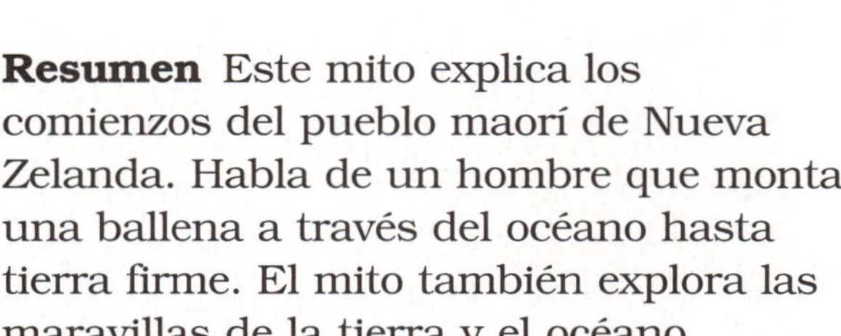

Resumen Este mito explica los comienzos del pueblo maorí de Nueva Zelanda. Habla de un hombre que monta una ballena a través del océano hasta tierra firme. El mito también explora las maravillas de la tierra y el océano.

Summary This myth explains the beginnings of the Maori people of New Zealand. It tells of a man who rides a whale through the ocean and onto land. It also explores the wonders of the land and the ocean.

 ### Escribir acerca de la Gran pregunta

¿Cuánto nos influyen nuestras comunidades? Las leyendas y los mitos, que se transmiten por generaciones, reflejan lo que es importante para una cultura. Esta leyenda muestra cómo el mar y sus criaturas son importantes para los maoríes de Nueva Zelanda. Completa esta oración:

Las leyendas antiguas sobre los **valores** de una cultura pueden **influir** a la

comunidad moderna para ____.

Guía para tomar notas

Usa esta tabla para anotar los detalles importantes de la selección.

¿Qué sienten la tierra y el mar?	¿A dónde van los seres fantásticos?	¿Cuándo se produce el primer avistamiento?	¿Cómo sabe el pez volador que el momento ha llegado?	¿Quién llega a la tierra en la ballena?
La tierra y el mar sienten un gran vacío y anhelo.				

Piensa en la selección
Thinking About the Selection

1. Completa las oraciones de la red con información del jinete de ballenas.

El jinete de ballenas

El jinete de ballenas se veía _____________________.

Físicamente, el jinete de ballenas era muy _____________________.

El jinete de ballenas sentía _____________________.

2. **Destreza de lectura:** Una **causa** hace que algo suceda. Un **efecto** es lo que sucede. Completa las causas y los efectos de Prólogo de *El jinete de ballenas*.

   Causa: La tierra y el mar sienten un gran vacío. **Efecto:** _____________________

   Causa: El jinete de ballenas reza por el último arpón. **Efecto:** _____________________

   Causa: _____________________ **Efecto:** El pez volador salta para mirar más allá del horizonte.

3. **Análisis literario:** Los **mitos** son historias que enseñan lecciones o cuentan el origen del mundo. ¿Qué se enseña en este mito?

   ____

Escríbelo   **La espera** El jinete de ballenas lanza el último arpón pero le dice que espere hasta que las generaciones futuras lo necesiten. ¿Por qué el arpón sería importante para las generaciones futuras? Comenta tus ideas con un compañero.

   Creo que el último arpón ____

   ____.

León, don Oso y don Conejo • Por qué el caparazón de Tortuga no es suave
He Lion, Bruh Bear, and Bruh Rabbit • Why the Tortoise's Shell Is Not Smooth

Destreza de lectura

El **propósito** de la lectura es la razón por la cual lees el texto. Puedes elegir leer por un propósito que tienes antes de leer. A veces, tu propósito depende del tipo de texto que leerás.

Establecer un propósito te ayuda a concentrarte en tu lectura. Puedes establecer un propósito para:

- aprender sobre un tema

- comprender más

- llevar a cabo una acción

- leer por placer

Ojear el texto antes de comenzar a leer. Esto te dará una pista de lo que leerás. También te ayudará a establecer un propósito. Usa esta tabla para anotar los detalles a medida que ojeas el texto.

Detalles del texto	Lo que sugieren los detalles sobre el texto
Título	
Imágenes	
Comienzos de párrafos	

Análisis literario

Los escritores usan la **personificación** para dar características humanas, como el habla, a cosas no humanas. En general, la personificación se usa en cuentos folclóricos para dar características humanas a personajes animales. Las acciones de los personajes animales se pueden usar para mostrar características, comportamientos o problemas humanos de manera divertida.

Vocabulario

Estas palabras están subrayadas en el cuento. Escucha cada palabra. Dila. Luego, lee la definición y la oración de ejemplo.

astuta *adj.* Ser **astuto** es tener malicia o picardía.

La mujer pudo escapar por ser astuta.

orador *s.* Un **orador** es una persona que puede hablar bien en público.

El equipo de debate lo hizo un gran orador.

costumbre *s.* Una **costumbre** es una manera usual de hacer algo.

La costumbre de nuestra familia era cenar a las ocho.

Vocabulary

These words are translations of the words underlined in the story. Listen to each word. Say it. Then, read the definition and the sample sentence.

cunning (KUHN ing) *adj.* Someone who is **cunning** is sly or crafty.

The woman could escape because she was cunning.

orator (OHR uh ter) *n.* An **orator** is a person who can speak well in public.

The debate team made him an excellent orator.

custom (KUHS tuhm) *n.* A **custom** is a usual way of doing something.

Our family's custom was to eat dinner at eight.

A. Práctica: Completa cada oración con la palabra correcta de vocabulario.

1. Mark ganó las elecciones de la clase porque es un gran ___________________.

2. Mi hermano tiene una ___________________ que me crispa los nervios.

3. La leona no fue muy ___________________ y cayó en la trampa.

B. English Practice: Complete each sentence with the correct vocabulary word.

1. The spy was ___________________ and got past the enemy troops.

2. Paola is an excellent ___________________ who often speaks at events.

3. Liam's ___________________ is to complete his homework each day after school.

"Por qué el caparazón de Tortuga no es suave"

Chinua Achebe

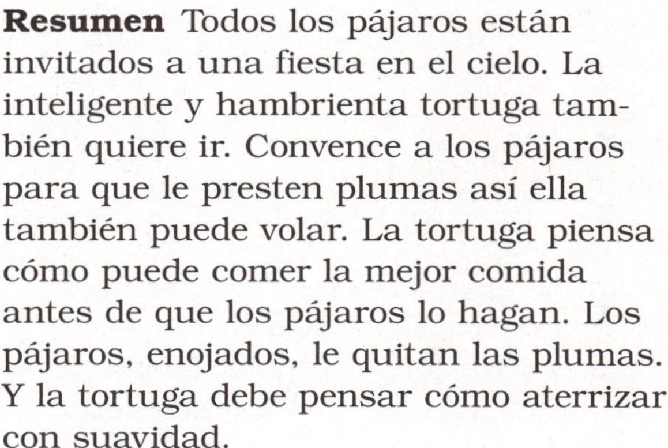

Resumen Todos los pájaros están invitados a una fiesta en el cielo. La inteligente y hambrienta tortuga también quiere ir. Convence a los pájaros para que le presten plumas así ella también puede volar. La tortuga piensa cómo puede comer la mejor comida antes de que los pájaros lo hagan. Los pájaros, enojados, le quitan las plumas. Y la tortuga debe pensar cómo aterrizar con suavidad.

Summary All of the birds are invited to a feast in the sky. The hungry, clever tortoise wants to go along. He gets the birds to give him feathers so that he can fly. Tortoise figures out a way to eat the best food before the birds can get to it. The angry birds take back their feathers. Tortoise must figure out how to land softly.

 Escribir acerca de la Gran pregunta

¿Cuánto nos influyen nuestras comunidades? En "Por qué el caparazón de Tortuga no es suave", Tortuga engaña a los pájaros y los deja hambrientos mientras él se da un banquete. Completa esta oración:

Si una persona se aprovecha de los miembros de su comunidad, el grupo puede

responder a través de ____.

Guía para tomar notas

Completa esta la tabla con los acontecimientos que condujeron a que el caparazón de la tortuga se rompiera.

Primero	Segundo	Tercero	Cuarto	Último
Los pájaros están invitados a un banquete en el cielo.				El caparazón de la tortuga se rompe cuando cae a la tierra.

Análisis literario 

Personificación significa "dar a un animal o a un objeto características humanas". Encierra en un círculo ejemplos de personificación en el párrafo que está marcado por un corchete. ¿Qué te dice esto sobre Tortuga?

____

____

Desarrollar el vocabulario en inglés: Identificar cognados 

Los cognados son palabras que comparten el mismo origen o raíz. En el párrafo que está enmarcado por un corchete, subraya los cognados en español de estas palabras en inglés: *attention, animals, escaped.*

Destreza de lectura

El **propósito** de la lectura son las razones por las que lees un texto. ¿Qué propósito de lectura presenta el título del cuento?

____

____

"Por qué el caparazón de Tortuga no es suave"

Chinua Achebe

¿Alguna vez te han invitado a un banquete? ¿Recuerdas qué plato te gustó más? En *Por qué el caparazón de Tortuga no es suave* verás cómo una tortuga astuta engaña a sus amigos los pájaros y devora un banquete en el cielo que, en realidad, era para ellos.

Al comienzo del cuento, Ekwefi empieza a contarle la historia de la tortuga a su hija Ezinma:

◆　◆　◆

Voces bajas, interrumpidas a veces por canciones, le llegaban a Okonkwo desde las chozas de sus esposas, a medida que cada mujer y sus niños contaban cuentos populares. Ekwefi y su hija, Ezinma, estaban sentadas sobre un tapiz en el suelo. Era el turno de Ekwefi de contar un cuento.

—Hubo una vez —comenzó Ekwefi— en que todos los pájaros fueron invitados a un banquete en el cielo. Ellos estaban muy contentos y comenzaron a prepararse para el gran día. Se pintaron los cuerpos con la tintura roja del cam[1], haciendo hermosos diseños.

"Tortuga vio todos estos preparativos y pronto descubrió de qué se trataba. Nada que pasara en el mundo de los animales escapaba su atención; Tortuga era muy astuto".

◆　◆　◆

Hay escasez de alimentos y hace dos meses que Tortuga no come una buena comida. Planea la manera de ir al banquete que se celebrará en el cielo.

◆　◆　◆

—Pero no tenía alas —dijo Ezinma.

—Paciencia —le contestó su madre—. Así es el cuento. Tortuga no tenía alas, pero fue a ver a los pájaros y les pidió que le permitieran ir con ellos.

___

1. **cam** *s.* madera dura de África Occidental que produce una tintura roja

«"—Te conocemos muy bien —contestaron los pájaros, cuando lo habían escuchado—. Tú eres muy astuto y desagradecido. Si te permitimos venir con nosotros, pronto vas a empezar con tus **maldades.**

"—Ustedes no me conocen —dijo Tortuga—. Soy un hombre diferente. He aprendido que el hombre que les causa problemas a otros, también se causa problemas a sí mismo.

"Tortuga tenía una lengua melosa y en poco tiempo todos los pájaros estaban de acuerdo en que había cambiado y cada uno de ellos le dio una pluma, con las que Tortuga se hizo dos alas"».

◆　◆　◆

Al fin llega el gran día. Tortuga se pone muy contento cuando él y los pájaros salen volando juntos. Los pájaros le piden a Tortuga que diga unas palabras en la fiesta porque él es un gran orador. Tortuga les dice que, cuando a uno lo invitan a un gran banquete, debe adoptar un nombre nuevo para la **ocasión.** Ninguno de los pájaros conoce esa costumbre. Pero saben que Tortuga sabe mucho sobre las costumbres de diferentes lugares. Así que cada uno adopta un nombre nuevo. Tortuga se hace llamar *Todos Ustedes.* Finalmente, llegan al cielo y sus anfitriones se alegran de verlos.

◆　◆　◆

«Después de que se habían presentado y comido las nueces de cola[2], la gente del cielo puso delante de sus invitados los platos más deliciosos que Tortuga jamás había visto o con los que había soñado jamás. La sopa se sirvió caliente, directamente del fuego y en la misma olla en la que la habían cocinado, llena de pedazos de carne y pescado. Tortuga comenzó a oler la comida ruidosamente. Había puré y potaje de batatas[3], cocido con aceite de palma y pescado fresco. También había vasijas de vino de palma. Cuando todo estaba servido delante de los invitados, un hombre de entre la gente del cielo se adelantó y probó un poco de cada plato. Luego, invitó a los pájaros a comer. Pero Tortuga se paró de un salto y preguntó:

Palabras de uso diario

maldades *s.* mal comportamiento

ocasión *s.* acontecimiento o ceremonia importante

---

2. **nueces de cola** *s.* semillas del árbol de cola africano. Estas semillas contienen cafeína y se usan para elaborar refrescos y medicamentos.

3. **potaje de batatas** *s.* guiso espeso elaborado con camote

Destreza de lectura

Los lectores intentan averiguar sobre qué trata un cuento cuando lo **ojean.** Echa un vistazo al principio de cada párrafo de esta página. ¿Qué crees que sucederá en esta parte del cuento?

____

____

____

Desarrollar el vocabulario en inglés: Identificar cognados

En el párrafo que está enmarcado por un corchete, subraya los cognados en español de estas palabras en inglés: *orator, invite, occasion.*

Análisis literario

La **personificación** incluye que los animales actúen y se comporten como seres humanos. Encierra en un círculo el texto que muestre qué crédulos son los pájaros o qué fácil es engañarlos.

Verifica tu comprensión

¿Tortuga causa problemas en el banquete? Escribe un resumen de las acciones de Tortuga en las siguientes líneas. ¿Fue correcta tu predicción?

____

____

____

Desarrollar el vocabulario en inglés: Identificar cognados

En el párrafo que está enmarcado por un corchete, subraya los cognados en español de estas palabras en inglés: *parts, jars, furious*.

Verifica tu comprensión

¿Cómo se hace llamar Tortuga en la cena? Subraya el texto que lo indica.

«"—¿Para quién han preparado este banquete?
"—Para todos ustedes —contestó el hombre.
"Tortuga se volvió hacia los pájaros y dijo:
"—Ustedes recuerdan que mi nombre es *Todos Ustedes.* La costumbre aquí es servir primero al representante y a los otros después. Les van a servir cuando yo haya terminado de comer"».

◆ ◆ ◆

Tortuga se come las mejores partes de cada plato y bebe dos jarras de vino de palma. Engorda tanto que su caparazón se llena. Los pájaros rezongan enojados. Algunos picotean los huesos que Tortuga ha tirado al suelo. Otros están demasiado furiosos para comer. Los pájaros se preparan para volar de regreso a casa. Antes de partir, cada pájaro le quita a Tortuga la pluma que le ha prestado. Ahora Tortuga no tiene plumas para volar a casa. Entonces, les pide a los pájaros que le lleven un mensaje a su esposa. Loro, que está más enojado que los demás, acepta llevar el mensaje.

◆ ◆ ◆

«"—Dile a mi esposa —dijo Tortuga— que saque todas las cosas blandas de la casa y que cubra el patio con ellas, para que yo pueda saltar del cielo sin correr mucho peligro.
"Loro prometió dar el mensaje y se fue volando. Pero cuando llegó a la casa de Tortuga, le dijo a la esposa que sacara todas las cosas duras de la casa. Y así, ella sacó

las azadas, machetes[4], lanzas, escopetas y hasta el cañón de su esposo. Tortuga vio desde el cielo que su esposa estaba sacando cosas de la casa, pero estaba muy lejos para ver qué cosas eran. Cuando todo parecía estar listo, Tortuga saltó. Cayó y siguió cayendo, hasta que empezó a temer que nunca iba a parar. Después, con un ruido como el de su cañón, se estrelló en el patio"».

—¿Se murió? —preguntó Ezinma.

—No —contestó Ekwefi—. Pero su caparazón se rompió en muchos pedazos. Como en el barrio había un curandero muy bueno, la esposa de Tortuga lo llamó. El curandero recogió todos los trozos del caparazón y se los pegó a Tortuga. Por eso el caparazón de Tortuga no es suave.

4. **machetes** *s.* cuchillos largos y de hojas duras

Destreza de lectura 

Recuerda el **propósito** que **estableciste** al principio del cuento. Vuelve a indicar tu propósito aquí. ¿Alcanzaste tu propósito mientras leías? Explica.

____

____

____

Desarrollar el vocabulario en inglés: Identificar cognados

En el fragmento que está enmarcado por un corchete, subraya los cognados en español de estas palabras en inglés: *cannon, tortoise.*

Análisis literario 

A veces, la **personificación** muestra comportamientos humanos de manera divertida. ¿Qué comportamiento humano muestra el autor de manera divertida en este cuento?

____

____

Piensa en la selección
Thinking About the Selection

1. Da un ejemplo de uno de los engaños de Tortuga y Loro. Incluye el motivo y el resultado de cada engaño.

Tortuga	Loro
Tortuga estaba	Loro estaba

2. **Destreza de lectura:** El **propósito** de la lectura es la razón por la cual lees un texto. ¿Cuál sería tu propósito para leer un artículo de no ficción sobre tortugas?

   ____

3. **Análisis literario:** La **personificación** da características humanas a cosas no humanas. Analiza la personificación de Tortuga. Primero, enumera las maneras en que Tortuga se comporta como animal. Luego, enumera las maneras en que se comporta como ser humano.

   Nombre del personaje: Tortuga

   Características animales: _______________________________

   Características humanas: _______________________________

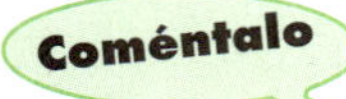

¿Todo es justo?

Tortuga y Loro tenían motivos para engañar como lo hicieron. ¿Crees que fue justo de parte de ellos hacer trampas? Comenta tus ideas con un compañero. Asegúrate de fundamentarlas con detalles del cuento.

   Creo que fue justo porque _______________________________.

   Creo que no fue justo porque _____________________________.

Vocabulario

Estas palabras son traducciones de las palabras que están resaltadas en el cuento. Escucha cada palabra. Dila. Luego, lee la definición y la oración de ejemplo.

cordial *adj.* Ser **cordial** es ser afectuoso y amable.

Recibimos una cordial bienvenida de parte de nuestros anfitriones.

matorral *s.* Un **matorral** es un terreno denso con arbustos y árboles pequeños.

El conejo se escondió en el matorral.

esquelético *adj.* Si algo es **esquelético** es muy delgado, flaco y huesudo.

El cachorro esquelético parecía hambriento.

Vocabulary

These words are highlighted in the story. Listen to each word. Say it. Then, read the definition and the example sentence.

cordial (COHR juhl) *adj.* To be **cordial** is to be warm and friendly.

We received a cordial welcome from our hosts.

thicket (THIK it) *n.* A **thicket** is a dense growth of shrubs, bushes, or small trees.

The rabbit was hiding in the thicket.

scrawny (SKRAW nee) *adj.* If something is **scrawny,** it is very thin, skinny, and bony.

The scrawny puppy looked hungry.

A. Práctica: Completa cada oración con la palabra correcta de vocabulario.

1. Después de estar unos días perdido, el perro volvió a casa cansado y _________________.

2. La nueva secretaria de la escuela es muy _________________.

3. Para llegar al lago primero hay que atravesar un pequeño _________________.

B. English Practice: Complete each sentence with the correct vocabulary word.

1. A _________________ salesperson greeted us at the store.

2. Chantal trimmed the _________________ in her back yard.

3. Charles Dickens wrote a book about a _________________ orphan.

"León, don Oso y don Conejo"

Virginia Hamilton

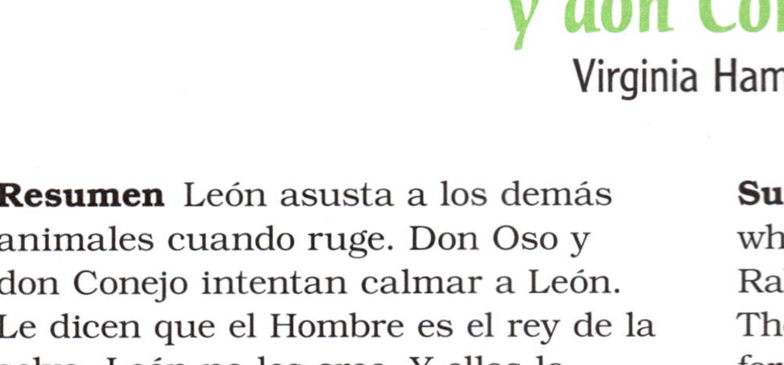

Resumen León asusta a los demás animales cuando ruge. Don Oso y don Conejo intentan calmar a León. Le dicen que el Hombre es el rey de la selva. León no les cree. Y ellos lo acompañan a ver al Hombre. El Hombre hace algo que calma a León.

Summary He Lion scares the animals when he roars. Bruh Bear and Bruh Rabbit try to get he Lion to calm down. They tell him that Man is the king of the forest. He Lion does not believe them. They take him to see Man. Man does something that makes he Lion be quiet.

 ## Escribir acerca de la Gran pregunta

¿Cuánto nos influyen nuestras comunidades? En "León, don Oso y don Conejo", todos los animales se unen para intentar resolver un problema. Deciden consultar con los miembros más sabios de su comunidad. Completa esta oración:

Tiene sentido **hacer participar** a un miembro sabio de la **comunidad** en un

problema cuando ____

____ .

Guía para tomar notas

Completa esta tabla para describir a cada personaje del cuento.

Personaje	León	Don Oso	Don Conejo	Hombre
Detalles del personaje	León ruge fuerte y asusta a los pequeños animales. Cree que es el rey de la selva.			

Piensa en la selección
Thinking About the Selection

1. Usa la siguiente tabla para ordenar a los personajes del cuento según sus poderes físicos. Los cuadros deberán incluir a León, don Oso, don Conejo y al Hombre.

_________________________________ *es el más poderoso.*

León es el segundo más poderoso.

_________________________________ *es el tercero más poderoso*

_________________________________ *es el menos poderoso.*

2. **Destreza de lectura:** El **propósito** de la lectura es la razón por la cual lees un texto. ¿Cuál fue tu propósito para leer este cuento folclórico?

____

3. **Análisis literario:** La **personificación** da características humanas a cosas no humanas. Analiza la personificación de León. Primero, enumera las maneras en que León se comporta como animal. Luego, enumera las maneras en que se comporta como ser humano.

Nombre del personaje: León

Características animales: _______________________________________

Características humanas: _______________________________________

Escríbelo   **Más aventuras** Don Oso y don Conejo eran personajes folclóricos de los cuentos afroamericanos. Escribe una historia donde los dos tengan otra aventura con León. Incluye algunas de las palabras e ideas del cuento que has leído.

Don Oso y don Conejo ____

____.

Los tres deseos • La piedra
The Three Wishes • The Stone

Destreza de lectura

Establecer el propósito de la lectura puede ayudarte a concentrarte mientras lees. Un propósito que puedes establecer es **hacer conexiones.** Puedes hacer conexiones entre tu propia vida y lo que lees.

Éstas son tres maneras de hacer conexiones.

- Busca temas universales.

- Busca detalles que te cuenten sobre diferentes culturas.

- Busca ideas en el texto que puedan aplicarse a tu vida.

Análisis literario

El tema de una obra literaria es la idea básica que tiene sobre la vida. Un **tema universal** es una idea sobre la vida que se ha explicado muchas veces en muchas culturas diferentes. Entre los ejemplos de temas universales se incluyen la importancia del coraje, el poder del amor y el peligro de la codicia.

Para encontrar un tema universal, concéntrate en el personaje principal del cuento, los problema que tiene, los cambios que experimenta y los efectos de sus cambios.

Usa esta tabla para decidir el tema universal a medida que lees.

Personaje	
Cómo cambia el personaje	
Significado del cambio	
Tema universal	

Vocabulario

Estas palabras están subrayadas en el cuento. Escucha cada palabra. Dila. Luego, lee la definición y la oración de ejemplo.

exclamó *v.* Si alguien **exclamó** algo, lo dijo en voz alta.

> *"¡Alto ahí!", exclamó el guardia.*

generosidad *s.* La **generosidad** es la cualidad de ser generoso, amable con los demás.

> *Todos en el pueblo conocían la generosidad de su abuela.*

codicia *s.* La **codicia** es un deseo egoísta de tener más de lo que corresponde.

> *La codicia de Robin fue la razón por la que tomó todas esas galletas.*

Vocabulary

These words are translations of the words underlined in the story. Listen to each word. Say it. Then, read the definition and the sample sentence.

exclaimed (ex KLAYMD) *v.* If you **exclaimed,** then you said something loudly.

> *"Stop right there!" the guard exclaimed.*

kindness *n.* **Kindness** is the quality of being nice to other people and treating them well.

> *Her grandmother's kindness was known all over town.*

greed (GREED) *n.* **Greed** is a selfish desire for more than one's share of something.

> *Robin's greed was the reason she took all those cookies.*

A. Práctica: Completa cada oración con la palabra correcta de vocabulario.

1. La mujer fue recompensada por su gran ___________________.

2. La ___________________ de Sara no le permitía ser feliz.

3. El niño ___________________ que había visto aterrizar el avión.

B. English Practice: Complete each sentence with the correct vocabulary word.

1. The firefighter ___________________ that there was a blaze in the hallway.

2. Jamal's ___________________ is his finest trait.

3. The child demanded more gifts because of her ___________________.

"Los tres deseos"
Ricardo E. Alegría

Resumen Un leñador y su esposa viven juntos en el bosque. Son pobres pero felices. Un día, un extraño le regala a la esposa tres deseos. Los deseos traen problemas a la pareja. El leñador y su esposa descubren que la felicidad viene gracias al amor y no a la riqueza.

Summary A woodsman and his wife live together in the forest. They are poor but happy. One day a stranger gives the wife three wishes. The wishes cause problems for the couple. The woodsman and his wife discover that happiness comes from love and not from riches.

 ## Escribir acerca de la Gran pregunta

¿Cuánto nos influyen nuestras comunidades? Este cuento folclórico tiene un tema muy común: una pareja recibe tres deseos y descubre que no sabe cómo usarlos bien. Completa esta oración:

En muchas culturas, los **cuentos** donde alguien recibe tres deseos se transmiten

por **generaciones** porque estas historias enseñan _________________________

____.

Guía para tomar notas
Usa esta tabla para anotar lo que sucede cuando los personajes usan cada deseo.

Deseo	Resultado
La esposa desea accidentalmente que su esposo esté con ella.	El esposo aparece en la casa.

"Los tres deseos"

Ricardo E. Alegría

Hace muchos años había un leñero y su mujer que vivían en una casita en el bosque. Eran pobres pero felices. Y siempre compartían lo que tenían con los demás. Un día, mientras el leñero trabajaba en un lugar lejano del bosque, un anciano llegó a su casa. El anciano se había perdido y estaba hambriento. La mujer le dio algo de comer. Después de comer, el anciano dijo que la recompensaría por su <u>generosidad</u>.

◆ ◆ ◆

—Desde ahora en adelante, se les cumplirán tres deseos a ti y a tu esposo —respondió el viejo.

—Ay, ¡si mi esposo estuviera aquí para escuchar lo que usted ha dicho! —exclamó la mujer **sobrecogida** de alegría al escuchar las palabras del anciano.

No terminaban sus labios de pronunciar esas palabras cuando apareció el marido, hacha en mano. Se le había cumplido el primer deseo.

◆ ◆ ◆

Llena de alegría, la esposa del leñero abrazó a su marido y le contó lo que había pasado. El marido, sin pensarlo, se enojó con su esposa porque había gastado uno de los deseos. Nunca antes se había enojado con ella. La <u>codicia</u> había hecho que le gritara. Le dijo que era una tonta y que deseaba que le salieran orejas de burro. Y orejas de burro le salieron.

Cuando se tocó las orejas, la mujer comenzó a llorar. Su marido se apenó y corrió a consolarla.

◆ ◆ ◆

Palabras de uso diario

sobrecogida *adj.* sorprendida

Desarrollar el vocabulario en inglés: Identificar cognados 

Los cognados son palabras que comparten el mismo origen o raíz. En el fragmento que está enmarcado por un corchete, subraya los cognados en español de estas palabras en inglés: *pronounce, exclaimed, appeared.*

Análisis literario

Una manera de buscar un **tema universal** es concentrarse en los problemas que enfrentan los personajes del cuento. ¿Qué problema tienen el leñero y su mujer al principio del cuento?

____

____

____

Destreza de lectura 

Hacer conexiones entre un cuento y tu vida puede ayudarte a concentrarte a medida que lees. ¿Qué detalles del cuento se relacionan con tu vida?

____

____

____

Verifica tu comprensión 

¿Qué sucede finalmente con el leñero y su esposa? En las siguientes líneas, escribe un resumen de los acontecimientos que suceden al final del cuento.

____

____

____

____

Desarrollar el vocabulario en inglés: Identificar cognados

En el párrafo que está enmarcado por un corchete, subraya los cognados en español de estas palabras en inglés: *servants, power.*

Análisis literario 

El viejo revela el **tema universal** después de que a la esposa le desaparecen las orejas de burro. Encierra en un círculo el tema en el texto.

El viejo, que había observado todo en silencio, se les acercó y dijo:

—Hasta hoy ustedes fueron felices y nunca se habían **peleado.** Pero sólo saber que podían alcanzar la riqueza causó un cambio en los dos. No olviden que les queda solamente un deseo. ¿Qué quieren: riquezas, vestidos, sirvientes, poder?

El leñero abrazó fuertemente a su esposa, miró al anciano.

—Sólo queremos la felicidad que conocimos antes de que a mi mujer le salieran las orejas de burro —dijo.

◆ ◆ ◆

En cuanto el esposo habló, a la esposa le desaparecieron las orejas de burro. Se abrazaron y agradecieron por su felicidad. El anciano les dijo que se podía ser feliz y pobre, como se podía ser infeliz y rico. Como premio por su último deseo, el anciano les dio la mayor felicidad del mundo. Tuvieron un hijo y fueron felices para siempre.

Palabras de uso diario
peleado *v.* discutido

Piensa en la selección
Thinking About the Selection

1. Usa la siguiente tabla para resumir los tres deseos de la pareja.

Primer deseo	→	Segundo deseo	→	Tercer deseo

2. **Destreza de lectura:** Un **propósito** te ayuda a concentrarte a medida que lees. Anota cómo los detalles del cuento te ayudaron a lograr el propósito de hacer conexiones.

   Tema universal: Las personas suelen desear cosas que quizás no las hagan felices cuando las obtengan.

   Detalles culturales: ____

   Conexiones con la vida: ____

3. **Análisis literario:** Lee el primer párrafo del cuento. ¿Qué **tema universal** o mensaje sobre la vida sugiere la amabilidad y la buena voluntad de la pareja para compartir?

   ____

   ____

Pedir deseos

Supongamos que eres la esposa del leñero. ¿Qué deseo pedirías? Haz una lista con tus deseos y resume los motivos que tienes para elegirlos.

Deseo ____

____.

Vocabulario

Estas palabras son traducciones de las palabras que están resaltadas en el cuento. Escucha cada palabra. Dila. Luego, lee la definición y la oración de ejemplo.

situación grave *s.* Una **situación grave** es un suceso extraño, triste o peligroso.

La situación grave de Soraya también nos preocupaba.

júbilo *s.* **Júbilo** es una gran alegría o triunfo.

Podía sentir el júbilo de Frank al ganar la competencia.

débil *adj .* Si alguien es **débil,** no tiene fuerzas.

La mujer estaba débil después de pasar muchos días sin comer.

Vocabulary

These words are highlighted in the story. Listen to each word. Say it. Then, read the definition and the example sentence.

plight (PLYT) *n.* A **plight** is an awkward, sad or dangerous situation.

Soraya's plight was our concern too.

jubilation (JOO buh LAY shuhn) *n.* **Jubilation** is great joy or triumph.

I could sense Frank's jubilation at winning the competition.

feeble (FEE buhl) *adj.* If someone is **feeble,** he or she is weak.

The woman was feeble after so many days of not eating.

A. Práctica: Completa cada oración con la palabra correcta de vocabulario.

1. Ganar el campeonato nos llena de ___________________.

2. Después de tanto correr, Ana se sintió ___________________.

3. La ___________________ de muchos países es preocupante.

B. English Practice: Complete each sentence with the correct vocabulary word.

1. We watched a documentary about the ___________________ of rainforest animals.

2. The crowd cheered in ___________________ at the team's win.

3. I felt quite ___________________ after recovering from the flu.

"La piedra"
Lloyd Alexander

Resumen A Maibon le preocupa la vejez. Le brinda ayuda a un enano a cambio de un deseo. Maibon le pide una piedra que detenga el envejecimiento. El enano intenta advertir a Maibon sobre los riesgos de esta piedra. Pero las cosas no resultan como Maibon esperaba.

Summary Maibon is worried about getting old. He helps a dwarf in exchange for a wish. Maibon asks for a stone that will stop him from growing old. The dwarf tries to warn Maibon about such a stone. Things turn out differently than Maibon expects.

Escribir acerca de la Gran pregunta

¿Cuánto nos influyen nuestras comunidades? En el cuento, el deseo de Maibon tiene un efecto negativo sobre su familia y su granja. Completa esta oración:

Las acciones de una persona pueden afectar a los demás miembros de su **familia**

y **comunidad** porque ___________________________________

____.

Guía para tomar notas

Los acontecimientos provocan resultados en los cuentos. Los acontecimientos de "La piedra" se enumeran en la columna izquierda de la tabla. Anota los detalles de los resultados de estos acontecimientos.

Acontecimiento	Resultado
Maibon ayuda al enano.	El enano lo recompensa con un deseo.
El enano da a Maibon una piedra que detendrá el envejecimiento.	
Maibon se deshace de la piedra.	

Piensa en la selección
Thinking About the Selection

1. El deseo de Maibon tuvo algunos efectos inesperados. Usa la siguiente tabla para apuntar algunos de estos efectos.

<table>
<tr><td>

Causa:

Maibon deseaba no envejecer nunca.

</td><td>

Efectos:

1. Maibon detiene el envejecimiento.

2. ___________________________

____

3. ___________________________

____

</td></tr>
</table>

2. **Destreza de lectura:** Los lectores pueden **hacer conexiones** entre sus vidas y lo que leen. Anota cómo los detalles del cuento te ayudaron a lograr el **propósito** de hacer conexiones.

   Tema universal: Es importante dejar que la vida siga su curso natural.

   Detalles culturales: _______________________________________

   Conexiones con la vida: ___________________________________

3. **Análisis literario:** Un **tema universal** es una lección sobre la vida. Doli explica a Maibon por qué la piedra no se irá. ¿Qué tema universal se muestra en el cuento después de esta escena?

   ____

   ____

Buenas decisiones

¿Crees que Maibon debería haber elegido uno de los objetos que Doli sugirió, o crees que la piedra para detener el envejecimiento fue una mejor elección? Comenta tus ideas con un compañero. Asegúrate de fundamentar tus opiniones con los detalles del texto.

   Creo que Maibon debería haber elegido ___________________________.

El **vocabulario de la Gran pregunta** aparece en **verde**. El vocabulario académico de alta utilidad está <u>subrayado</u>.
Big Question vocabulary appears in **green**. High-utility academic vocabulary is <u>underlined</u>.

A

a regañadientes / grudgingly *adv.* de mala gana o con resentimiento

abandonado / abandoned dejó a alguien o algo y no regresó

abeja / bee *s.* insecto volador de cuerpo redondeado y peludo

abrazó / embraced *v.* rodeó con los brazos como muestra de afecto

ácido / sour *adj.* con el sabor fuerte y ácido de limón o vinagre

acompañar / escorting *v.* ir con otro

acompañó / accompanied *v.* fue en compañía de otro; se unió; se juntó

acuerdo / arrangement *s.* arreglo entre personas

acusadores / accusers *s.* personas que culpan

advertencia / warning *s.* señal de que algo es peligroso

agacharse / crouch *v.* bajar el cuerpo hasta el suelo y doblar las rodillas

agonizando / agonizing *v.* haciendo un gran esfuerzo; con mucho dolor

agotado / exhausted *adj.* muy cansado

agotar / exhaust *v.* terminar

aguantar / endure *v.* soportar

aguijón / sting *s.* órgano puntiagudo de algunos insectos

ahuecó / hollowed *v.* abrió una cavidad o un espacio dentro de algo

aislar / isolate *v.* considerar por separado

amonestado / admonishing *adj.* reprendido

anécdotas / anecdotes *s.* relatos cortos y entretenidos

anhelo / yearning *s.* deseo profundo

ansiosamente / anxiously *adv.* con preocupación o intranquilidad

ansioso / anxious *adj.* deseoso

añoraba / grieving *v.* extrañaba

apariencia / appearance *s.* aspecto

apoyar / support *v.* basar; fundar

apresurarse / scramble *v.* tener prisa para hacer algo

arranque / spasm *s.* ímpetu; inicio repentino de una actividad

arrojarse en picada / swoop *v.* descender del aire abruptamente

arrollador / engulfing *adj.* destructor; derribador; que puede sepultar

asedió / plagued *v.* molestó o importunó a alguien sin descanso

asfalto / asphalt *s.* mezcla que se usa para pavimentar carreteras

astuta / cunning *adj.* hábil; taimada

asunto / issue *s.* problema o punto en el que hay un desacuerdo

ataviada / clad *adj.* vestida

atentamente / intently *adv.* seriamente, con atención

atraer / lure *v.* tentar o interesar

atravesó / traversed *v.* cruzó

aúllan / howl *v.* hacen un ruido alto y triste

B

barranco / ravine *s.* hondonada profunda y extensa en la tierra

barreras / barriers *s.* algo que dificulta el progreso; obstáculo

brea / pitch *s.* sustancia oscura que se obtiene de la madera

bulto / bundle *s.* muchas cosas atadas a modo de paquete

C

calumnioso / slanderous *adj.* que da argumentos falsos y perjudiciales

capa / sheet *s.* superficie delgada y plana de hielo o cristal

caritativo / charitable *adj.* que presta ayuda a los necesitados

catástrofe / catastrophe *s.* desastre

cavernoso / cavernous *adj.* enorme y hueco; como una caverna

cierto / true *adj.* real; auténtico

citar / quote *v.* repetir las palabras de una fuente de información

clasificado / classified *adj.* secreto; disponible solo para ciertas personas

codicia / covetousness *s.* envidia; deseo de tener lo que posee otro

codicia / greed *s.* deseo egoísta de tener más de lo que corresponde

compadecer / sympathize *v.* compartir un sentimiento

compartir / share *v.* comunicar

compasión / sympathy *s.* comprensión de los sentimientos de otro

competir / compete *v.* contender; participar en un deporte o juego

complejo residencial / compound *s.* área con una o más edificaciones

compuesto / composed *adj.* formado por algo

compulsión / compulsion *s.* impulso irresistible

común / common *adj.* ordinario

comunicar / communicate *v.* compartir pensamientos o sentimientos, usualmente con palabras

comunidad / community *s.* grupo de personas que tienen un interés en común o que viven cerca unas de otras

con envidia / enviously *adv.* con celos

con indignación / indignantly *adv.* expresando ira o desprecio

concepto / concept *s.* idea general

conciencia / consciousness *s.* percepción

concluir / conclude *v.* finalizar

consciente / conscious *adj.* que está despierto o sabe lo que hace

condena / condemnation *s.* fuerte expresión de desaprobación

conexión / connection *s.* vínculo

confirmar / confirm *v.* corroborar

confiscaban / confiscated *v.* embargaban; acción que generalmente ejecuta el gobierno

confundió / mistook *v.* identificó incorrectamente; malentendió

conjetura / guess *s.* estimado basado en poca o ninguna información

conocer / become acquainted *v.* saber algo o familiarizarse con algo

conocimiento / knowledge *s.* el resultado del aprendizaje; lo que alguien sabe

consecuentemente / consequently *adv.* como resultado de algo

consideran / deem *v.* opinan; juzgan

consoló / consoled *v.* alivió la pena

consumo / consumption *s.* uso de alimentos o bebidas; utilización

contiguo / nigh *adv.* cercano

convencer / convince *v.* persuadir; incitar a aceptar cierto punto de vista

convenció / coaxed *v.* persuadió de manera sutil

coral / choral *adj.* relacionado con un grupo de cantantes o un coro

cordial / cordial *adj.* afectuoso

corresponder / correspond *v.* acordar en algo o asemejarse

costumbre / custom *s.* lo que se hace comúnmente

creencia / belief *s.* convencimiento de que algo es de una manera

críptico / obscure *adj.* enigmático

crudo / crude *adj.* sin pulir; sin detalles terminados

cuestionar / question *v.* poner en duda

cultura / culture *s.* conjunto de costumbres de un grupo

cumbre / apex *s.* punto más alto

cumbre / summit *s.* la parte más alta

custodia / custody *s.* protección o supervisión

D

de mala gana / reluctantly *adv.* sin voluntad; sin entusiasmo

débil / feeble *adj.* sin fuerza

decisión / decision *s.* elección

declinar / decline *v.* rechazar

defender / defend *v.* proteger

deficiencia / deficiency *s.* escasez o carencia

deleitándome / savoring *v.* degustando o apreciando con placer

demente / demented *adj.* loco

demostrar / demonstrate *v.* probar

desafío / challenge *s.* un reto; el acto de cuestionar

descarriarse / go astray *v.* alejarse del camino correcto

descendientes / descendants *s.* hijos, nietos, bisnietos de una persona

descomunal / massive *adj.* muy grande e imponente

desconcertado / bewildered *adj.* confundido por algo complejo

desconcertó / mystified *v.* dejó perplejo; aturdió

deseosa / eager *adj.* que tiene un fuerte deseo de hacer algo

desordenado / disordered *adj.* confuso, sin orden

despiadado / pitiless *adj.* cruel

desploman / plunging *v.* caen repentinamente

desvanecer / vanish *v.* desaparecer

determinar / determine *v.* decidir

devastó / ravaged *v.* destruyó

devoró / devoured *v.* comió con ansia o apresuradamente

diálogo / dialogue *s.* conversación

dignidad / dignity *s.* cualidad de una persona que merece aprecio o trato con honor; comportamiento con orgullo

dilución / dilution *s.* proceso mediante el cual se diluyen los componentes mezclándolos

dimensiones / dimensions *s.* alcance o importancia; tamaño

discutir / argue *v.* debatir, tener un desacuerdo verbal

disonancia / dissonance *s.* par o grupo desagradable de sonidos

dispersa / disperses *v.* distribuye en varias direcciones

distinguir / distinguish *v.* diferenciar; considerar por separado

distorsionó / distorted *adj.* torció de tal manera que cambia la forma

distraído / absent-minded *adj.* olvidadizo

distraído / distracted *adj.* que no se puede concentrar

diverso / diverse *adj.* en cantidad y variado; de orígenes diferentes

dudar / hesitate *v.* estar indeciso

E

elocuente / eloquent *adj.* persuasivo y expresivo

emigró / emigrated *v.* se marchó de un país para establecerse en otro

entrar sin autorización / trespass *v.* pasar a territorio ajeno sin permiso

entre / amid *prep.* en el medio de; rodeado de

equipado / equipped *adj.* con lo necesario

escabullirse / slip away *v.* escaparse sin que nadie lo note

escasa / scarce *adj.* insuficiente

esculpe / sculpts *v.* da forma

esforzarse / strive *v.* luchar; tratar de hacer algo con esfuerzo

espinoso / thorny *adj.* lleno de espinas

espléndido / superb *adj.* excelente

esplendor / splendor *s.* belleza impresionante; magnificencia

esquelético / scrawny *adj.* muy delgado, flaco y huesudo

estancamiento / doldrums *s.* acción de estar estancado o inactivo

estiró / craned *v.* se extendió para ver mejor

estoico / stoic *adj.* que no demuestra emoción ante sucesos tristes o dolorosos

estrecho / narrow *adj.* de extensión limitada; que no es ancho

estructura / fabric *s.* armazón

estudiar / study *v.* observar a fondo

estudio / study *s.* búsqueda o investigación de un tema

etiqueta / etiquette *s.* buenos modales en actos sociales

evaluar / measure *v.* reconocer el valor de algo

evidencia / evidence *s.* prueba que apoya una aseveración o argumento

evidente / evident *adj.* muy claro

evolucionó / evolved *v.* creció gradualmente; se desarrolló

examinar / examine *v.* estudiar a fondo; observar detenidamente

excedente / surplus *adj.* cantidad mayor a la que se necesita

excepcional / rare *adj.* fuera de lo común

exclamó / exclaimed *v.* dijo algo en voz muy alta

exigir / exact *v.* pedir con energía y autoridad

expectativas / expectations *s.* sensación de que algo está por ocurrir o deseo de que algo ocurra

expresión / expression *s.* figura retórica

exudar / exude *v.* emitir; rezumar

F

fallecimiento / demise *s.* muerte

fama / fame *s.* reconocimiento de mucha gente

familia / family *s.* personas de relación consanguínea

fantasía / fantasy *s.* producto de la imaginación; ficción

fascinado / fascinated *adj.* atraído fuertemente a algo interesante

feroz / ferocious *adj.* salvaje y peligroso

ficción / fiction *s.* lo inventado o imaginado

formada / constituted *v.* hecha de algo

fragante / fragrant *adj.* que tiene un aroma agradable

fragmentos / fragments *s.* pequeños pedazos de algo

frenético / frenzied *adj.* que actúa de manera alocada y desenfrenada

fuente / source *s.* persona o texto que provee información

G

ganar / win *v.* vencer

generación / generation *s.* personas que viven en un mismo período de tiempo y/o son de la misma edad

gesto / gesture *s.* movimiento de la mano o del cuerpo para demostrar o señalar

golpear / thrash *v.* mover de manera repentina y violenta un cuerpo contra otro

gradualmente / gradually *adv.* que se desarrolla lentamente durante un período

grato / peaceable *adj.* armonioso; tranquilo

grupo / group *s.* conjunto o agrupación, como de personas

guarida / lair *s.* cueva o lugar donde se guarecen los animales salvajes

H

habitado / inhabited *adj.* ocupado por personas o animales que viven allí

hambriento / ravenous *adj.* que tiene mucha hambre

hambruna / famine *s.* escasez de alimentos

hecho / fact *s.* idea o pensamiento real o verdadero

hereditario / hereditary *adj.* característica que se pasa de generación en generación

hinchado / billowing *adj.* inflado

historia / history *s.* sucesos del pasado de una persona, un país, etc.

hogareño / homey *adj.* que genera el sentimiento de estar en el hogar

holgazán / idle *adj.* ocioso, desocupado; que no trabaja; inactivo

horrible / horrid *adj.* espantoso

huir / flee *v.* alejarse apresuradamente del peligro, escaparse

humilde / humble *adj.* modesto

humillado / humiliated *adj.* avergonzado

I

ideales / ideals *s.* modelos o estándares de excelencia o perfección

ignorancia / ignorance *s.* falta de conocimiento, educación o experiencia

ignorar / ignore *v.* no prestar atención

imitar / imitate *v.* copiar; emular

impaciente / impatient *adj.* molesto por algún retraso

imperfección / flaw *s.* defecto

inanición / starvation *s.* falta extrema de alimento

incluir / integrate *v.* agregar algo a un grupo

increíble / unbelievable *adj.* que no es probable; difícil de tomar por cierto

incrustado / embedded *adj.* fijado fuertemente en otro material

individualidad / individuality *s.* forma en la que alguien o algo se diferencia de otros

inevitablemente / inevitably *adv.* que no se puede eludir

infame / infamous *adj.* que tiene mala reputación

influencia / influence *v.* poder o efecto sobre algo

inmenso / immense *adj.* enorme

inmóvil / motionless *adj.* quieto

inquirió / inquired *v.* preguntó

inscripción / inscription *s.* algo escrito o grabado en algún material

instintivamente / instinctively *adv.* automáticamente, sin pensar

interesante / interesting *adj.* que llama la atención o despierta interés

invernal / wintry *adj.* muy frío

investigar / investigate *v.* examinar detenidamente

involucrar / involve *v.* incluir; estar comprometido en algo

iridiscente / iridescent *adj.* que muestra colores distintos cuando se observa desde diferentes ángulos

irracional / irrational *adj.* sin razón

J

júbilo / jubilation *s.* gran alegría

juego / game *s.* tipo de diversión en el que suele haber un ganador

juramento / vow *s.* promesa o compromiso

juzgar / judge *v.* formar una opinión o pronunciar juicio

L

lamentar / rue *v.* arrepentirse

lenguaje / language *s.* sistema de comunicación entre personas o seres

límite / limit *s.* punto en el que no se puede seguir; extremo máximo

lisiado / crippled *adj.* persona que tiene una incapacidad física que previene el movimiento normal de los brazos y las piernas; el uso del equivalente en inglés de esta palabra para referirse a una persona es ofensivo

lucha / battle *s.* pelea; gran disputa

lujo / luxury *s.* placer especial

lustroso / sleek *adj.* liso y brillante

M

magullar / bruise *v.* herir superficialmente al atacar

malentendido / misapprehension *s.* mala interpretación

malicioso / malicious *adj.* que tiene o demuestra malas intenciones

marchar fatigosamente / trudge *v.* caminar de manera cansada o con mucho esfuerzo

matorral / thicket *s.* terreno denso de arbustos y pequeños árboles

matricular / enroll *v.* inscribir

mensaje / message *s.* comunicación escrita o verbal

métodos / methods *s.* maneras de hacer las cosas

migró / migrated *v.* se fue de un lugar a otro

mimoso / cuddly *adj.* que le encantan las caricias y los abrazos

minúsculo / minuscule *adj.* muy pequeño; pequeñito

miraron / glanced *v.* observaron

modo / mode *s.* manera de actuar o ser

monarca / monarch *s.* soberano

morder / gnaw *v.* apretar y cortar con los dientes

mortal / mortal *adj.* que puede morir

murmuró / murmured *v.* hizo un sonido bajo y continuo

N

negociar / negotiate *v.* decidir; llegar a un acuerdo

nervioso / nervous *adj.* preocupado o asustado por algo

no verbal / nonverbal *adj.* que no involucra o usa palabras o el habla

O

observador / observant *adj.* que nota las cosas rápidamente

observar / observe *v.* notar o ver

obstáculos / obstacles *s.* desafíos que dificultan tener éxito

obstinación / obstinacy *s.* terquedad

ofensa / offense *s.* acto perjudicial; violación de la ley

ofensivo / offensive *adj.* desagradable

oficial / official *adj.* formal; dictado por una figura de la autoridad

ondulado / undulating *adj.* que se mueve en oleadas, como una serpiente

opinión / opinion *s.* punto de vista personal o creencia

orador / orator *s.* persona que habla bien en público

P

paralizar / transfix *v.* detener

parpadear / flicker *v.* titilar

participación / participation *s.* el acto de tomar parte en un evento o actividad

pasado / olden *adj.* antiguo; viejo

pasillo / aisle *s.* pasaje largo, a menudo entre filas de asientos

peculiar / peculiar *adj.* extraño

perder / lose *v.* fallar o fracasar en un juego o disputa

perseguidores / pursuers *s.* personas que buscan para capturar

perseguir / pursue *v.* seguir; tratar de alcanzar algo

persistir / persist *v.* rehusarse a darse por vencido

personalidad / personality *s.* el conjunto de comportamientos y sentimientos que definen a un individuo

perspectiva / perspective *s.* punto de vista

petición / petition *s.* documento firmado para solicitar algo

placentero / pleasant *adj.* agradable, apacible

poco ético / unethical *adj.* que no respeta los estándares morales de un grupo

por lo tanto / hence *adv.* por eso

prejuicioso / prejudiced *adj.* que tiene sentimientos hostiles e irracionales contra un grupo

preludio / prelude *s.* introducción

presumir / surmise *v.* inferir sin evidencia; figurarse

presuntuosamente / smugly *adv.* se refiere a las personas que muestran extrema satisfacción consigo mismas

preventivo / precautionary *adj.* algo que se hace para evitar daño o peligro

probable / liable *adj.* que tiene posibilidades altas de ocurrir

probar / prove *v.* establecer la veracidad de algo, como una aseveración

propósito / purpose *s.* intención

proveer / provide *v.* suministrar

prueba / test *s.* método o proceso de probar o desmentir algo

pulsando / pulsating *v.* latiendo o palpitando a cierto ritmo

R

rabia / rage *s.* ira

raramente / seldom *adv.* que no ocurre a menudo

rastro / trace *s.* huella que deja algo o alguien a su paso

reacción / reaction *s.* respuesta a algo dicho o hecho

reacio / reluctant *adj.* que demuestra duda o poca voluntad

realista / realistic *adj.* sensato; relacionado a la realidad

reconocer / recognize *v.* saber y recordar

recuerdo / memory *s.*

referir / refer *v.* aludir a algo o a alguien, como una autoridad o experto

reflexionando / reflecting *v.* pensando detenidamente

reflexionar / reflect *v.* pensar en algo o considerar

registrado / recorded *v.* anotado

regordete / stubby *adj.* bajo y grueso

remordimiento / repentance *s.* gran arrepentimiento; sentimiento de pena por haber actuado incorrectamente

repelente / hideous *adj.* muy feo

repeler / repulse *v.* rechazar un ataque; alejar algo con fuerza

repleto / teemed *v.* lleno de

represalias / retaliation *s.* castigo para vengarse de un daño

repugnante / disgusting *adj.* asqueroso e inaceptable

residente / resident *adj.* que vive en un lugar en particular

resistir / resist *v.* oponerse activamente; negarse a ceder

resolver / resolve *v.* decidir; finalizar

resplandeciente / dazzling *adj.* muy brillante

resplandor / splendor *s.* brillo

responder / respond *v.* contestar

responsabilidades / responsibilities *s.* obligaciones

retorcer / wince *v.* moverse por causa de dolor

retribuyó / repaid *v.* hizo o dio a cambio de algo

reunión / reunion *s.* congregación de personas que han estado separadas

revelar / reveal *v.* mostrar; descubrir

revolución / revolution *s.* cambio total o radical

revuelve / rummages *v.* mueve cosas de un lado a otro para buscar algo

rondar / prowl *v.* moverse por un lugar silenciosamente y en secreto

runrunea / whirs *v.* vuela o se mueve rápidamente emitiendo un zumbido

rutina / routine *s.* proceso habitual

S

sarnoso / mangy *adj.* que tiene una enfermedad que hace que pierda su pelaje

satisfacer / fulfill *v.* cumplir con lo necesario o con una obligación

sembró / sowed *v.* plantó semillas

sentir / sentiment *s.* manera formal de decir "opinión"

sensato / sensible *adj.* lógico; práctico; inteligente

simbolizar / symbolize *v.* representar

similar / similar *adj.* semejante

sin cesar / incessantly *adv.* constantemente; continuamente

sistemático / systematic *adj.* ordenado

situación grave / plight *s.* suceso muy extraño, triste o peligroso

sobrecogido / awed *adj.* con sentimientos de temor y asombro

sobresaltado / startled *adj.* sorprendido

solicitudes / applications *s.* formularios que se completan para hacer una petición

solté / released *v.* dejé de sostener

sombrío / dismal *adj.* que causa tristeza o melancolía

soprano / soprano *s.* persona que puede cantar dos octavos o más por encima del do central

suavemente / mildly *adv.* de forma delicada

súbitamente / abruptly *adv.* repentinamente; inesperadamente

sublime / sublime *adj.* majestuoso; impresionante por su belleza

sujetó / bound *v.* amarró

supervivencia / survival *s.* permanencia

suplicar / beseech *v.* rogar

suplicó / pleaded *v.* rogó

T

temporada / season *s.* período en el que se realizan ciertas actividades

temporalmente / temporarily *adv.* por algún tiempo

tendencia / trend *s.* inclinación general o moda

testigo / witness *s.* persona que ve algo, como un accidente o delito

tímidamente / timidly *adv.* con temor o modestia

tipo / fellow *s.* hombre o joven

tirano / tyrant *s.* gobernador cruel

traiciones / treacheries *s.* actos desleales

tranquilamente / leisurely *adv.* sin apuro

transportar / transport *v.* llevar de un lugar a otro

traqueteo / clatter *s.* vibración

trotó / trotted *v.* se movió a un ritmo entre la caminata y la carrera

triunfalmente / triumphantly *adv.* mostrando el placer de tener éxito

U

único / unique *adj.* sin otro de su especie

V

valores / values *s.* creencias de una persona o grupo

verbal / verbal *adj.* que involucra o usa palabras o el habla

vergüenza / embarrassment *s.* nervios e incomodidad frente a otros

vigilancia / vigilance *s.* supervisión

vigorosamente / vigorously *adv.* con fuerza o energía

viro / swerve *v.* giro

visual / visual *adj.* que se puede ver o entender por medio de la vista

Z

zumbido / drone *s.* sonido continuado y bronco

ALITERACIÓN / Alliteration La *aliteración* es la repetición de sonidos consonánticos iniciales. Los escritores usan la aliteración para atraer la atención hacia ciertas palabras o ideas, para imitar sonidos y crear efectos musicales.

ALUSIÓN / Allusion La *alusión* es una referencia a una persona, un lugar o una obra literaria o de arte muy conocida. Las alusiones le permiten al escritor expresar ideas complejas sin explicarlas. La comprensión de una obra literaria depende, con frecuencia, de reconocer sus alusiones y el significado que llevan implícito.

AMBIENTE / Atmosphere; Mood El *ambiente* es el sentimiento que le transmite a un lector una obra literaria o un pasaje.

ANALOGÍA / Analogy La *analogía* establece una comparación entre dos o más cosas que tienen algunas semejanzas pero que también se diferencian.

ANÉCDOTA / Anecdote El *anécdota* es un relato breve sobre un suceso interesante, divertido o extraño. Los escritores usan anécdotas para entretener al lector o dar a entender un punto.

ANTAGONISTA / Antagonist El *antagonista* es un personaje o una fuerza que está en conflicto con el personaje principal, o protagonista.
Ver *conflicto* y *protagonista.*

ARGUMENTO DEL AUTOR / Author's Argument El *argumento del autor* es la posición que el autor presenta apoyándose en razones.

AUTOBIOGRAFÍA / Autobiography La *autobiografía* es la historia del autor, narrada por él mismo. Una autobiografía puede tratar de la vida entera o sólo parte de la vida de una persona.
Como las autobiografías tratan de personas y sucesos reales, son un tipo de obra de no ficción. La mayoría de las autobiografías se escriben en primera persona.
Ver *biografía, no ficción* y *punto de vista.*

BIOGRAFÍA / Biography La *biografía* es un tipo de obra de no ficción en la que el escritor narra la historia de la vida de otra persona. La mayoría de las biografías hablan de personas famosas o admirables.

Aunque las biografías son obras de no ficción, las mejores biografías tienen las mismas características que una buena narración.
Ver *autobiografía* y *no ficción.*

CARACTERÍSTICAS DEL PERSONAJE / Character Traits Las *características, o rasgos, del personaje* son las cualidades, actitudes y los valores que tiene o demuestra un personaje; por ejemplo, responsabilidad, inteligencia, egoísmo o terquedad.

CARACTERIZACIÓN / Characterization La *caracterización* es el acto de crear y desarrollar un personaje. Los autores usan dos métodos de caracterización: directa e indirecta. Al usar la caracterización directa, el escritor establece las *características del personaje,* o sus cualidades.

Cuando un autor describe a un personaje de manera indirecta, se apoya en el lector para que saque conclusiones sobre las cualidades del personaje. Algunas veces, el escritor dice lo que otros participantes de la historia dicen y piensan del personaje.

CARTAS / Letters La *carta* es una comunicación escrita de una persona a otra. En las cartas personales, el escritor comparte con otra persona o grupo información, pensamientos y sentimientos. Aunque las cartas normalmente no se escriben para ser publicadas, a veces se publican más adelante con el permiso del autor o de la familia del autor.

CAUSA Y EFECTO / Cause and effect Un efecto es algo que ocurre. Una causa es la razón por la que algo ocurre. A veces un efecto tiene más de una causa. A veces una causa tiene más de un efecto. Algunas palabras clave que implican *causa y efecto* son *porque, en consecuencia, como resultado* y *para que.*
Ver *personaje* y *motivo.*

CIENCIA FICCIÓN / Science Fiction La *ciencia ficción* combina elementos de ficción y fantasía con hechos científicos. Muchas historias de ciencia ficción se ambientan en el futuro.

CLÍMAX / Climax El *clímax,* también llamado momento culminante, es el punto de acción más alto de la trama. Es el momento de mayor tensión, cuando el resultado de la trama está en suspenso.
Ver *trama.*

COMEDIA / Comedy La *comedia* es una obra literaria, especialmente una obra de teatro ligera, a menudo humorística o satírica, que tiene un final feliz. Las comedias generalmente tienen personajes comunes que enfrentan dificultades o conflictos pasajeros. Los tipos de comedia incluyen la *comedia romántica,* que trata de problemas entre amantes, y la *comedia de costumbres,* que es una representación satírica de la vida social de una sociedad.

COMPARAR Y CONTRASTAR / Compare and Contrast *Comparar y contrastar* es buscar semejanzas y diferencias entre las cosas. Una palabra clave que indica semejanza es *como*. Algunas palabras clave que indican diferencias son *pero* y *al contrario*.

CONFLICTO / Conflict El *conflicto* es una lucha entre fuerzas opuestas. El conflicto es uno de los elementos más importantes de los cuentos, las novelas y las obras de teatro porque es el que motiva la acción. Hay dos tipos de conflicto: externo e interno. El *conflicto externo* se produce cuando un personaje lucha contra alguna fuerza exterior; por ejemplo, contra otra persona. Otro tipo de conflicto externo se puede generar entre un personaje y una fuerza de la naturaleza.

El *conflicto interno* ocurre en la mente del personaje. El personaje lucha para tomar una decisión, realizar una acción o superar un sentimiento.
Ver *trama.*

CONFLICTO EXTERNO / External Conflict
Ver *conflicto.*

CONFLICTO INTERNO / Internal Conflict
Ver *conflicto.*

CONNOTACIONES / Connotations La *connotación* de una palabra es el grupo de ideas asociadas con la palabra que se suman al significado explícito de ésta. La connotación de una palabra puede ser personal, basada en experiencias individuales. Con frecuencia, las connotaciones culturales—aquellas reconocidas por la mayoría de las personas de un grupo—determinan la selección de palabras del autor.
Ver también *denotación.*

CONTEXTO CULTURAL / Cultural Context El *contexto cultural* de una obra literaria es el entorno económico, social e histórico en el que se sitúan los personajes. Esto incluye las actitudes y las costumbres de aquella cultura y el período histórico.

CONTEXTO HISTÓRICO / Historical Context El *contexto histórico* de una obra literaria incluye los sucesos políticos y sociales y las modas de la época en que ocurre. Cuando un suceso ha ocurrido en el pasado, conocer la época histórica puede ayudar al lector a comprender el entorno, el trasfondo, la cultura y el mensaje, igual que las actitudes y acciones de los personajes. El lector tiene que tomar en cuenta también el contexto histórico en que el autor estaba creando la obra, que puede ser distinto de la época del entorno de la obra.

CUENTO / Short Story El *cuento* es una obra de ficción breve. Al igual que la novela, el cuento presenta una serie de sucesos, o una trama. La trama suele tratar de un conflicto central que el personaje principal, o protagonista, enfrenta. Los sucesos de un cuento comunican generalmente un mensaje sobre la vida o la naturaleza humana. Este mensaje, o idea central, es el tema del cuento.
Ver *conflicto, trama* y *tema.*

CUENTO FOLCLÓRICO / Folk Tale El *cuento folclórico* es un cuento creado oralmente que luego se pasa de persona a persona verbalmente. Los cuentos folclóricos se originaron entre personas que no sabían leer ni escribir. Estas personas se entretenían contándose cuentos, que muchas veces trataban de héroes, aventura, magia o romance. Con el tiempo, los investigadores modernos recogieron estos cuentos y los escribieron. Los cuentos folclóricos reflejan las creencias y el entorno cultural del lugar de origen.
Ver *fábula, leyenda, mito* y *tradición oral.*

DENOTACIÓN / Denotation La *denotación* de una palabra es su significado en el diccionario, independiente de otras asociaciones que la palabra pueda tener. La denotación de la palabra *lago,* por ejemplo, es "una masa de agua en el interior de un territorio". "Sitio de vacaciones" y "lugar donde se pesca bien" pueden ser connotaciones de la palabra *lago.*
Ver también *connotación.*

DESARROLLO / Development Ver *trama.*

DESCRIPCIÓN / Description La *descripción* es un retrato, en palabras, de una persona, un lugar o un objeto. La escritura descriptiva utiliza imágenes que apelan a los cinco sentidos: la vista, el oído, el tacto, el gusto y el olfato.
Ver *imágenes.*

DIALECTO / Dialect El *dialecto* es una variedad lingüística hablada por las personas de una región o un grupo particular. Los dialectos se diferencian en la pronunciación, gramática y selección de palabras. El idioma inglés se divide en muchos dialectos. El inglés británico es diferente del inglés de los Estados Unidos.

DIÁLOGO / Dialogue El *diálogo* es una conversación entre personajes. En los poemas, las novelas y los cuentos, el diálogo suele estar precedido por una raya para indicar las palabras exactas de la persona que habla.

En una obra de teatro, el *diálogo* va precedido por los nombres de los personajes, seguidos por dos puntos.

DIARIO / Journal El *diario* es una crónica de sucesos y de los pensamientos y sentimientos del escritor acerca de lo sucedido, escrita diaria o periódicamente. Los diarios personales normalmente no se escriben para ser publicados, pero a veces se publican más adelante con el permiso del autor o de la familia del autor.

DICCIÓN / Diction La **dicción** es la selección de palabras del escritor y la forma en que el escritor combina esas palabras. La dicción es parte del estilo de un escritor y se puede describir como formal o informal, sencilla o rebuscada, común o técnica, sofisticada o popular, anticuada o moderna.

DISCURSO / Speech El **discurso** es una obra que se presenta oralmente a un público. Existen muchos tipos de discursos aptos para casi cualquier tipo de evento público. Entre los tipos de discursos están el **dramático,** el **persuasivo** y el **informativo.**

DRAMA / Drama El **drama** es una historia escrita para que la representen actores. Aunque el drama se escribe para presentarlo en escena, uno también puede leer el guión, o versión escrita, e imaginar la acción. El **guión** de un drama incluye el diálogo y las instrucciones de escenografía. El **diálogo** son las palabras que dicen los actores. Las **instrucciones de escenografía,** generalmente impresas en letra cursiva, indican cómo los actores deben verse, moverse y hablar. Las instrucciones también describen el entorno, los efectos de sonido y la iluminación.

DRAMATURGO / Playwright El **dramaturgo** es la persona que escribe obras de teatro. Se considera que William Shakespeare ha sido el dramaturgo más importante de la literatura inglesa. Federico García Lorca es considerado uno de los dramaturgos más importantes de la literatura española moderna.

ENSAYO / Essay El **ensayo** es un escrito corto en prosa de no ficción sobre un tema particular. La mayoría de los ensayos tienen un sólo tema central y una introducción, un cuerpo y una conclusión claros.

Hay muchos tipos de ensayos. El **ensayo informal** utiliza un lenguaje informal y conversacional. El **ensayo histórico** ofrece hechos, explicaciones y aclaraciones sobre sucesos históricos. El **ensayo expositivo** presenta una idea principal dividida en partes. El **ensayo narrativo** cuenta la historia de una experiencia real. El **ensayo informativo** explica un proceso. El **ensayo argumentativo** tiene como propósito presentar una tesis y defenderla con argumentos. El **ensayo humorístico** utiliza el humor para lograr el propósito del autor. El **ensayo reflexivo** se enfoca en un suceso o experiencia, e incluye las percepciones personales acerca de la importancia del suceso.
Ver **texto expositivo, narración** y **persuasión.**

ENTORNO / Setting El **entorno** de una obra literaria establece el tiempo y lugar de la acción. La acción incluye todos los detalles de un lugar y el tiempo: el año, la hora del día, hasta el clima. El lugar puede ser un país, estado, región, comunidad, vecindario, edificio, institución u hogar específico. Los detalles como los dialectos, ropa, costumbres, y modos de transporte se utilizan frecuentemente para establecer el entorno. En la mayoría de los relatos, el entorno sirve como trasfondo, o un contexto en que los personajes interactúan. El entorno puede ayudar también a crear un sentimiento, o ambiente.

ESCENA / Scene La **escena** es un segmento de acción continuo en el acto de un drama.
Ver **drama.**

ESCENA RETROSPECTIVA / Flashback La **escena retrospectiva** es la escena de un relato que interrumpe la secuencia de sucesos y que relata sucesos que ocurrieron en el pasado.

ESCENIFICACIÓN / Staging La **escenificación** incluye el entorno, la iluminación, el vestuario, los efectos especiales y la música que forman parte de una representación dramática.
Ver **drama.**

ESTABLECER EL PROPÓSITO DE LA LECTURA / Establish a Purpose for Reading Cuando **establecemos el propósito de una lectura,** abordamos el texto con un objetivo particular al que queremos llegar o con una pregunta específica que queremos responder. Establecer el propósito de la lectura guía la comprensión al concentrar nuestra atención en información específica.

ESTILO DEL AUTOR / Author's Style El **estilo** es la forma en que el autor escribe normalmente. Hay muchos factores que determinan el estilo de un autor, incluyendo la selección de palabras, el tono, el uso de elementos característicos como lenguaje figurado, dialecto, rima, métrica o ritmo; estructuras y patrones gramaticales, longitud de las oraciones y métodos de organización típicos.

ESTRIBILLO / Refrain El **estribillo** o refrán es un grupo de versos que se repite a lo largo de un poema o una canción. Aunque algunos estribillos son versos sin sentido, muchos aumentan el suspenso o destacan los personajes y el tema.

ESTROFA / Stanza La **estrofa** es un grupo de versos que tienen, por lo general, longitud y patrón (de ritmo, métrica) parecidos y que están separados por una línea en blanco. La estrofa en la poesía se parece a un párrafo de la prosa: declara y desarrolla sólo una idea principal.

EXPRESIÓN IDIOMÁTICA / Idiomatic Expression
La *expresión idiomática* es una expresión que tiene un significado particular en un idioma o una región. Por ejemplo, en español, la expresión "tomar el pelo" a alguien significa burlarse de alguien.

FÁBULA / Fable La *fábula* es un cuento o poema corto, generalmente con personajes que son animales, que enseña una lección o moraleja. La moraleja comúnmente se presenta al final de la fábula.

FICCIÓN / Fiction La *ficción* es un género literario en prosa que narra hechos de personajes y sucesos imaginarios. Los cuentos y las novelas son obras de ficción. Algunos escritores basan sus historias de ficción en sucesos y personajes reales, agregando personajes inventados, diálogos, entornos y tramas. Otros escritores se basan solamente en la imaginación.
Ver *narración, no ficción* y *prosa.*

FICCIÓN HISTÓRICA / Historical Fiction En la *ficción histórica,* algunos sucesos, lugares o personas reales se incorporan a un relato ficticio, es decir, una historia inventada.

FIGURA LITERARIA / Figure of Speech Ver *lenguaje figurado*

FINAL SORPRESA / Surprise Ending El *final sorpresa* es una resolución inesperada. El lector tiene cierta expectativa sobre el final basada en los detalles de la historia. Muchas veces, un final sorpresa es *presagiado,* o insinuado, en el transcurso de la obra. Ver *presagio* y *trama.*

GÉNERO / Genre El *género* es una categoría o tipo de literatura. La literatura comúnmente se divide en tres géneros principales: la poesía, la prosa y el drama. Cada género principal se divide, a su vez, en géneros inferiores, como los siguientes:

1. *Poesía:* poesía lírica, poesía concreta, poesía dramática, poesía narrativa, poesía épica

2. *Prosa:* ficción (novelas y cuentos) y no ficción (biografía, autobiografía, cartas, ensayos e informes)

3. *Drama:* drama serio y tragedia, drama cómico, melodrama y farsa

Ver *drama, poesía* y *prosa.*

HAIKU / Haiku El *haiku* es una forma de poesía japonesa formada por tres versos. El primer y el tercer verso tienen cinco sílabas. El segundo verso tiene siete sílabas. El escritor de haiku utiliza imágenes para crear un dibujo unido y vivo, comúnmente de una escena de la naturaleza.

HECHO Y OPINIÓN / Fact and Opinion Un *hecho* es algo que se puede comprobar. Los hechos se basan en evidencia. Las *opiniones* son ideas y se basan en la interpretación de la evidencia.

HÉROE / HEROÍNA / Hero / Heroine El *héroe* o la *heroína* es un personaje que actúa de una manera noble o que causa inspiración. Con frecuencia los héroes o heroínas luchan para superar obstáculos y problemas que encuentran en su camino. Originalmente, la palabra "héroe" se usaba solamente para referirse a personajes masculinos, mientras los personajes femeninos heroicos siempre se llamaban heroínas. Hoy en día se acepta el uso de "héroe" para referirse tanto a las mujeres como a los hombres.

HUMORISMO / Humor El *humorismo* es una técnica que pretende evocar risa. Aunque el propósito de la mayoría de los humoristas es entretener, el humorismo puede utilizarse para transmitir un tema serio.

IDEA PRINCIPAL Y DETALLES / Main Idea and Details La *idea principal* es la idea más importante sobre un tema. Los *detalles* son partes pequeñas de información que apoyan la idea principal.

IMÁGENES / Images Las *imágenes* son palabras o frases que apelan a uno o más de los cinco sentidos. Los escritores utilizan las imágenes para describir cómo se ven, se oyen, se sienten, a qué saben y a qué huelen los personajes. Frecuentemente los poetas son quienes pintan imágenes, o dibujos de palabras, que apelan a tus sentidos. Estos dibujos ayudan a sentir y experimentar el poema completamente.

IMAGINERÍA / Imagery Ver *imágenes.*

INFERIR / Infer Cuando *inferimos* algo, sacamos una conclusión basada en un detalle que el autor presenta en el texto.

INFLUENCIAS DEL AUTOR / Author's Influences Las *influencias del autor* son los elementos que influyen en la escritura de un autor. Estos factores incluyen el tiempo, el lugar en que nació y su herencia cultural o los sucesos mundiales que ocurrieron durante la vida del autor.

INFORMES PUBLICITARIOS / Media Accounts Los *informes publicitarios* son reportes, explicaciones, opiniones o descripciones que se escriben para la televisión, la radio, los periódicos y las revistas. Aunque algunos informes publicitarios informan solamente sobre hechos, otros incluyen pensamientos y reflexiones del escritor.

INSTRUCCIONES DE ESCENOGRAFÍA / Stage Directions Las *instrucciones de escenografía* son apuntes incluidos en un drama para describir cómo presentar o escenificar la obra. Las instrucciones de escenografía se escriben generalmente en cursiva, encerradas entre paréntesis o corchetes. Algunas instrucciones para el escenario describen los movimientos, el vestuario, los estados emotivos y la forma de hablar de los personajes.

IRONÍA / Irony La *ironía* es una contradicción entre lo que ocurre y lo que se esperaba que ocurriera. Hay tres tipos principales de ironía. La *ironía situacional* ocurre cuando un hecho contradice directamente la expectativa de los personajes o el público. La *ironía verbal* es algo contradictorio que se dice. En la *ironía dramática,* el público sabe algo que el personaje o narrador descubrirá más tarde.

LENGUAJE FIGURADO / Figurative Language El *lenguaje figurado* es el lenguaje escrito o hablado que no debe ser interpretado literalmente. Los muchos tipos de lenguaje figurado se conocen como *figuras literarias.* Las figuras literarias comunes incluyen la metáfora, la personificación y el símil. Los escritores utilizan el lenguaje figurado para expresar ideas de una manera vívida e imaginativa.
Ver *metáfora, personificación, símil* y *símbolo.*

LENGUAJE SENSORIAL / Sensory Language El *lenguaje sensorial* es la escritura o el habla que apela a uno o más de los cinco sentidos.
Ver *imágenes.*

LEYENDA / Legend La *leyenda* es una narración transmitida de generación en generación, que puede o no estar basada en hechos reales. Cada cultura tiene sus leyendas, o historias conocidas y tradicionales.
Ver *cuento folclórico, mito* y *tradición oral.*

LIMERICK / Limerick El *limerick* es un poema cómico de cinco versos con rima, métrica y un patrón de rima específicos. La mayoría de los *limerick* tienen tres acentos fuertes en las líneas 1, 2 y 5 y dos acentos fuertes en las líneas 3 y 4. La mayoría siguen el patrón de rima *aabba.*

LITERATURA FANTÁSTICA / Fantasy La *literatura fantástica* es un género literario caracterizado por la gran imaginación y la presencia de elementos que no se encuentran en la vida real. Entre los ejemplos de literatura fantástica se incluyen historias con elementos sobrenaturales, cuentos de hadas, historias con lugares y seres imaginarios e historias de ciencia ficción.
Ver *ciencia ficción.*

MARCO / Exposition En la trama de una historia o drama, el *marco,* o introducción, es la parte de la obra en que se presenta a los personajes y se indica el entorno y la situación inicial.
Ver *trama.*

METÁFORA COMPLEJA / Extended Metaphor Del mismo modo que en la metáfora normal, en la *alegoría o metáfora compleja* se habla sobre un tema como si fuera otra cosa. Sin embargo, la alegoría se distingue de la metáfora normal en que se hace una serie de comparaciones relacionadas.
Ver *metáfora.*

Métrica / Meter La *métrica* de un poema es su patrón rítmico. Este patrón se calcula según la cantidad de *sílabas,* o golpes, en cada verso. Para describir la métrica de un poema, léelo poniendo énfasis en las sílabas acentuadas de cada verso. La escansión es el proceso de determinar las sílabas acentuadas y no acentuadas, como en el siguiente verso:
Une **vues**tros **dos** ca**mi**nos
Como se puede ver, en este verso de ocho sílabas los acentos fuertes (indicados por las letras resaltadas) se sitúan en las sílabas impares, o sea, en la primera, tercera, quinta y séptima sílaba.

MITO / Myth El *mito* es una historia inventada que explica las acciones de dioses o héroes o los orígenes de elementos de la naturaleza. Los mitos son parte de la tradición oral. Se componen oralmente y se transmiten de generación en generación verbalmente. Cada cultura antigua tiene su propia mitología, o colección de mitos. El conjunto de los mitos griegos y romanos se conoce como la *mitología clásica.*
Ver *tradición oral.*

MOMENTO CULMINANTE / Turning Point
Ver *clímax.*

MORALEJA / Moral La *moraleja* es una lección que se enseña en una obra literaria. Las fábulas suelen terminar con una moraleja que se expresa directamente. Los poemas, las novelas, los cuentos o los ensayos sugieren frecuentemente una moraleja que no se expresa directamente. En estos casos la moraleja tiene que ser deducida por el lector, según otros elementos de la obra.
Ver *fábula.*

MOTIVACIÓN / Motivation Ver *motivo.*

MOTIVO / Motive El *motivo* es una razón que explica completa o parcialmente los pensamientos, sentimientos, acciones o palabras de un personaje. Los escritores hacen lo posible por que los motivos, o motivaciones, de sus personajes estén claros. Si los motivos de un personaje principal no están claros, el lector no podrá creer en el personaje.

Muchas veces los personajes están motivados por la necesidad, como tener comida y casa. También los motivan sentimientos como temor, amor y orgullo. Los motivos pueden ser obvios o estar ocultos.

NARRACIÓN / Narration La *narración* es un cuento o una novela que cuenta una historia. El acto de contar una historia se llama también *narración.* Cada obra es una narrativa. Una historia de ficción, no ficción, poesía o drama se llama narrativa.
Ver *narrativa, poema narrativo* y *narrador.*

NARRADOR / Narrator El *narrador* es un personaje u otra persona que cuenta una historia. La perspectiva del narrador presenta la manera en que éste ve las cosas. El narrador en tercera persona no participa en la acción pero la relata. El narrador en primera persona cuenta una historia y participa en la acción.
Ver *punto de vista.*

NARRATIVA / Narrative La *narrativa* es un relato. Una narrativa puede ser de ficción o de no ficción. Las novelas y los cuentos cortos son tipos de narrativas de ficción. Las biografías y autobiografías son narrativas de no ficción. Los poemas donde se relatan historias también son narrativas.
Ver *narrativa* y *poema narrativo.*

NO FICCIÓN / Nonfiction *No ficción* define el género en prosa que presenta y explica ideas o habla de personas, lugares, objetos o sucesos reales. Algunos tipos de no ficción son las autobiografías, las biografías, los informes, las cartas, los memos y los artículos periodísticos.
Ver *ficción.*

NOVELA / Novel La *novela* es una obra larga de ficción. Los elementos de la novela son: los personajes, la trama, el conflicto y el ambiente. El escritor de novelas, o novelista, desarrolla estos elementos. Además de la trama principal, la novela puede tener una o más tramas secundarias, o historias independientes relacionadas. Una novela también puede tener varios temas.
Ver *ficción* y *cuento.*

NOVELA CORTA / Novella La *novela corta* es una obra de ficción más larga que un cuento pero más corta que una novela.

ONOMATOPEYA / Onomatopoeia La *onomatopeya* es el uso de palabras que imitan sonidos. Algunos ejemplos de onomatopeyas en español son *¡Zas!* (golpe), *runrún* (zumbido), *tilín* (campanilla) y *clócló* (gallina). La onomatopeya puede ayudar a ubicar al lector dentro de la actividad de un poema.

OXÍMORON / Oxymoron El *oxímoron* es una figura literaria que une dos palabras opuestas o contradictorias para destacar una idea o situación que parece contradictoria o incongruente, pero que al examinarse más resulta tener algo de verdad.

PARAFRASEAR / Paraphrase *Parafrasear* es repetir una oración o una idea con tus propias palabras. Parafrasear nos puede ayudar a comprender mejor lo que leemos.

PAREADO / Couplet El *pareado* consiste en dos versos de poesía consecutivos con rima perfecta. Muchas veces, un pareado funciona como una estrofa.

PATRÓN RÍTMICO / Rhyme Scheme El *patrón rítmico* es un patrón regular de palabras que riman en un poema. Para indicar el esquema rítmico de un poema, se utilizan letras minúsculas. Cada rima se indica mediante una letra distinta.

PERSONAJE / Character El *personaje* es una persona o animal que participa en la acción de una obra literaria. El personaje *principal* es el personaje más importante de un cuento, un poema o una obra de teatro. El personaje *secundario* es el que participa en la acción pero no es el centro de la atención.
A veces, los personajes se clasifican como personajes planos o personajes redondos.
El *personaje plano* se caracteriza por una cualidad y es, con frecuencia, un estereotipo.
Por el contrario, un *personaje redondo* es más complejo y se caracteriza por muchas cualidades, incluyendo virtudes y vilezas. Los personajes también se pueden clasificar como dinámicos o estáticos.
Los *personajes dinámicos* cambian o se desarrollan a lo largo de la obra. Los *personajes estáticos* no cambian.
Ver *caracterización, héroe / heroína* y *motivo.*

PERSONAJE DE CONTRASTE / Foil El *personaje de contraste* es un personaje con comportamiento y actitudes que contrastan con los del personaje principal.

PERSONAJE DINÁMICO / Dynamic Character Ver *personaje.*

PERSONAJE ESTÁTICO / Static Character Ver *personaje.*

PERSONAJE SECUNDARIO / Minor Character Ver *personaje.*

PERSONAJE PLANO / Flat Character Ver *personaje.*

PERSONAJE PRINCIPAL / Main Character Ver *personaje.*

PERSONAJE REDONDO / Round Character Ver *personaje.*

PERSONIFICACIÓN / Personification La *personificación* es un tipo de lenguaje figurado en que se le atribuyen características humanas a un sujeto inanimado.

PERSPECTIVA / Perspective Ver *narrador* y *punto de vista.*

PERSUASIÓN / Persuasion La *persuasión* es una técnica que se utiliza en la escritura y el habla, que tiene como propósito convencer al lector o público para que adopte alguna opinión o para que siga algún plan de acción. Los editoriales y las cartas al editor de un periódico utilizan la persuasión. También la utilizan los anuncios publicitarios y los discursos que dan los candidatos durante sus campañas políticas. Ver *ensayo.*

PISTAS DEL CONTEXTO / Context Clues Puedes usar *pistas del contexto,* o palabras y frases que rodean una palabra desconocida, para determinar el significado de una palabra que no conoces.

POEMA CONCRETO / Concrete Poem El *poema concreto* es un poema con una disposición visual que sugiere el tema de la obra. El poeta dispone las letras, la puntuación y las líneas para crear una imagen o dibujo en la página.

POEMA LÍRICO / Lyric Poem El *poema lírico* es una poesía musical que expresa las observaciones y sentimientos de un narrador. El poema crea una impresión singular y unificada.

POEMA NARRATIVO / Narrative Poem El *poema narrativo* es una historia contada en verso. Los poemas narrativos tienen muchas veces todos los elementos de los cuentos, incluyendo personajes, conflicto y trama.

POESÍA / Poetry La *poesía* es uno de los tres géneros literarios principales; los otros son la prosa y el drama. La mayoría de los poemas utilizan un lenguaje muy conciso, musical y cargado de emoción. Muchos poemas también utilizan imágenes, lenguaje figurado y técnicas especiales como la rima. Los tipos más importantes de poesía incluyen la *poesía lírica, narrativa* y *concreta.* Ver *poema concreto, género, poema lírico* y *poema narrativo.*

PREDECIR / Predict Al *predecir* algo, o hacer predicciones, usamos el texto, gráficas y conocimientos previos para anticipar lo que puede ocurrir en un cuento o lo que puedes aprender de un texto. A medida que lees, la información nueva te puede llevar a predicciones nuevas o a cambiar tu predicción.

PRESAGIO / Foreshadowing El *presagio* es la forma en que el autor utiliza pistas para sugerir lo que podría pasar más adelante en la historia. Los escritores utilizan el presagio para acrecentar la expectativa de los lectores y generar suspenso.

PROBLEMA / Problem Ver *conflicto.*

PROPÓSITO DEL AUTOR / Author's Purpose El *propósito del autor* es la razón principal por la cual escribe. Por ejemplo, un autor puede tener la intención de entretener, informar o persuadir al lector, o de expresar algo. A veces el autor intenta enseñar una moraleja o reflexionar sobre una experiencia. Un autor puede tener más de un propósito al escribir.

PROSA / Prose La *prosa* es la forma común del lenguaje escrito. La mayoría de la escritura que no es poesía, drama o canción se considera prosa. La prosa es uno de los géneros literarios principales y puede ser de ficción o de no ficción. Ver *ficción, género* y *no ficción.*

PROTAGONISTA / Protagonist El *protagonista* es el personaje principal en una obra literaria. Muchas veces, el protagonista es una persona, pero puede ser también un animal. Ver *antagonista* y *personaje.*

PUNTO DE VISTA / Point of View El *punto de vista* es la perspectiva desde la cual se cuenta una historia. Esta perspectiva es la de un narrador situado fuera de la historia o la de un personaje dentro de la historia. Cuando la perspectiva es el *punto de vista de primera persona,* un personaje que utiliza el pronombre "yo" narra la historia.
Los dos tipos de *punto de vista de tercera persona,* limitado y omnisciente, se llaman "tercera persona" porque el narrador utiliza pronombres de tercera persona, como *él* y *ella,* para referirse a los personajes. No hay un "yo" que cuenta la historia. En los relatos hechos desde el *punto de vista de tercera persona omnisciente,* el narrador sabe y cuenta lo que cada personaje siente y piensa. En los relatos hechos desde el *punto de vista de tercera persona limitada,* el narrador relata los pensamientos y sentimientos internos de un personaje solamente y todo se ve desde la perspectiva de ese personaje. Ver *narrador.*

REPETICIÓN / Repetition La *repetición* es el uso repetido de cualquier elemento del lenguaje, como sonidos, palabras, frases, cláusulas u oraciones. La repetición se usa en la prosa al igual que en la poesía. Ver *aliteración, métrica, trama, rima* y *esquema rítmico.*

RESOLUCIÓN / Resolution La **resolución** es el resultado final del conflicto en una trama. Ver **trama.**

RESUMIR / Summarize Al **resumir,** repetimos las ideas principales de un texto o los sucesos de una trama. En un resumen, dejamos fuera los detalles de apoyo.

RIMA / Rhyme La **rima** es la repetición de sonidos al final de la palabra. Los poetas utilizan la rima para agregarle calidad lírica a sus estrofas y poner énfasis en ciertas palabras e ideas. Muchos poemas tradicionales tienen **rima final,** lo que significa que las palabras finales de los versos riman.
Otra técnica común es el uso de las **rimas internas,** o palabras que riman que se sitúan dentro del verso y no al final. La rima interna enfatiza también la calidad fluida de un poema.
Ver **patrón rítmico.**

RITMO / Rhythm El **ritmo** es el patrón de sílabas acentuadas y no acentuadas en el lenguaje hablado o escrito. Ver **Métrica.**

SACAR CONCLUSIONES / Draw Conclusions Cuando **sacamos conclusiones,** tomamos decisiones bien pensadas o damos una opinión razonable después de pensar en los hechos y los detalles de la lectura.

SELECCIÓN DE PALABRAS / Word Choice Ver **dicción.**

SIMBOLISMO / Symbolism El **simbolismo** es el uso de símbolos. El simbolismo juega un papel importante en muchos tipos de literatura. Puede destacar ciertos elementos que el autor desea enfatizar y agregar también niveles de significado.

SÍMBOLO / Symbol El **símbolo** es cualquier cosa que representa o significa otra cosa. Los símbolos están presentes en la vida diaria. Una paloma blanca con una rama de olivo en el pico es símbolo de paz. Una mujer con los ojos vendados sosteniendo una balanza en posición de equilibrio es símbolo de justicia. Una corona es el símbolo del estatus y autoridad del rey.

SÍMIL / Simile El **símil** es una figura literaria que utiliza la palabra "como" para hacer una comparación directa entre dos ideas distintas. Muchas veces, se usan símiles en el habla diaria, por ejemplo, decir "valiente como un león", "fuerte como un roble" y "bueno como el pan".

SUSPENSO / Suspense El **suspenso** es un sentimiento de incertidumbre y ansiedad sobre la resolución de los sucesos en una obra literaria. Los escritores generan suspenso al plantear preguntas en la mente del lector.

TÉCNICAS SONORAS / Sound Devices Las **técnicas sonoras** son técnicas que utilizan los escritores para darle un efecto musical a la escritura. Algunas de estas técnicas son: onomatopeya, aliteración, rima, métrica y repetición.

TEMA / Theme El **tema** es el mensaje central de una obra literaria. Un tema puede expresarse como una generalización, o declaración general, sobre los seres humanos o la vida. El tema de la obra no es un resumen de la trama. El tema es la idea central del escritor. Aunque un tema pueda expresarse directamente en el texto, con más frecuencia se presenta indirectamente. Cuando el tema se expresa indirectamente, o se insinúa, el lector tiene que descifrar el tema mirando lo que la obra revela sobre la gente o la vida.

TEMA UNIVERSAL / Universal Theme El **tema universal** es un mensaje sobre la vida que se expresa habitualmente en muchas culturas y épocas distintas. Los cuentos folclóricos, las épicas y los romances muchas veces se enfocan en temas universales como la importancia del valor, la fuerza del amor o el peligro de la avaricia.

TEXTO EXPOSITIVO / Expository Writing El **texto expositivo** tiene como objetivo explicar o informar sobre un tema.
Ver **ironía** y **moraleja.**

TONO / Tone El **tono** de una obra literaria es la actitud del escritor hacia su público y materia. A menudo, el tono puede describirse con un adjetivo solamente, como **formal** o **informal; serio** o **juguetón; amargo;** o **irónico.** Los factores que contribuyen al tono son selección de palabras, estructura de las oraciones, longitud de versos, rima, ritmo y repetición.

TRADICIÓN ORAL / Oral Tradition La **tradición oral** es la transmisión verbal de generación en generación de canciones, cuentos y poemas. Las canciones y los cuentos folclóricos, las leyendas y los mitos tienen su origen en la tradición oral. Nadie sabe quién fue el creador de estos cuentos y poemas.
Ver **cuento folclórico, leyenda** y **mito.**

TRAGEDIA / Tragedy La **tragedia** es una obra literaria, especialmente una obra de teatro, en que la acción termina en catástrofe para el personaje principal. En el drama de la antigua Grecia, el personaje principal era siempre una persona muy importante —un rey o héroe— y la causa de la catástrofe era un defecto trágico, o debilidad, en su carácter. El héroe trágico se enredaba en una secuencia de sucesos que terminaban inevitablemente en desastre. En el drama moderno, el personaje principal puede ser una persona común y corriente, y la causa de la tragedia puede ser algún mal de la sociedad misma. El propósito de la tragedia no es tan sólo crear sentimientos de miedo y compasión entre el público, sino también, en algunos casos, transmitir valores de grandeza y nobleza del espíritu humano.

TRAMA / Plot La *trama* es la secuencia de sucesos donde cada acción tiene su origen en un hecho anterior y causa el suceso próximo. En la mayoría de las novelas, los dramas, los cuentos y los poemas narrativos, la trama contiene personajes y también un conflicto central. La trama suele comenzar con un **marco** que introduce el entorno, los personajes y la situación básica. A esto le sigue el *incidente instigador,* que introduce el conflicto central. Así, el conflicto aumenta durante el *desarrollo* hasta llegar a un punto alto de interés o suspenso, que es el *clímax* o momento culminante. El clímax está seguido por la *acción descendente,* o final, del conflicto central. Los sucesos que ocurren durante la *acción descendente* son parte de la *resolución* o el *desenlace.* Algunas tramas no tienen todas estas partes. Algunas historias comienzan con el incidente instigador y terminan con la resolución.
Ver *conflicto.*

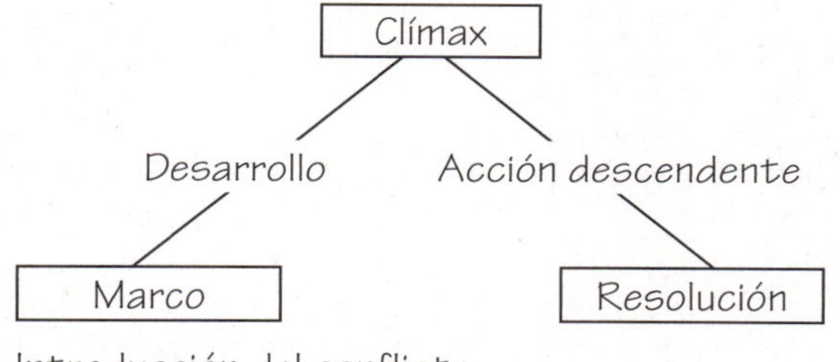

UNIDAD MÉTRICA / Foot Ver *Métrica.*

VERSO LIBRE / Free Verse El *verso libre* es la poesía que se escribe sin un patrón rítmico regular, o sea, sin métrica. El poeta tiene la libertad de escribir versos de cualquier longitud o con cualquier número de acentos, o golpes. El verso libre tiene, por ende, menos restricciones que el verso métrico, en el cual cada verso debe tener cierta longitud y cierto número de acentos.
Ver *Métrica.*

VOZ / Speaker La *voz* es el narrador imaginario que el poeta utiliza cuando escribe un poema. La voz es el personaje que narra el poema. Este personaje, o voz, muchas veces no se identifica por nombre. Pueden existir diferencias importantes entre el poeta y la voz del poema. Ver *narrador.*

Consejos para las conversaciones sobre literatura
A medida que lees y estudias literatura, las conversaciones con otros lectores te pueden ir ayudando a comprender y disfrutar de lo que has leído. Toma en cuenta estos consejos:

- **Identifica el propósito de la discusión**
El propósito de conversar sobre temas literarios es ampliar la comprensión de una obra poniendo a prueba tus propias ideas y escuchando las ideas de otros. No te vayas del tema y enfoca tus comentarios sobre lo que se está discutiendo. Comenzar con una pregunta específica te ayudará a guiar la discusión.

- **Comunícate eficazmente**
La comunicación eficaz requiere pensar antes de hablar. Planifica los argumentos que deseas presentar y decide cómo puedes expresarlos. Organiza estos argumentos en orden lógico y utiliza detalles del texto para apoyar tus ideas. Toma apuntes informales para mantener enfocadas tus ideas.
Recuerda que tienes que hablar con claridad y pronunciar las palabras lenta y cuidadosamente. Además, escucha atentamente cuando los demás hablen y evita interrumpirlos.

- **Considera otras ideas e interpretaciones**
Una obra literaria puede generar gran variedad de reacciones según el lector. Adopta una actitud abierta ante la idea de que muchas interpretaciones pueden ser correctas. Para apoyar tus ideas, señala los sucesos, descripciones, personajes u otros elementos literarios de la obra que te llevaron a esta interpretación. Para considerar las ideas de otra persona, decide si los detalles de la obra fundamentan o no la interpretación que ella presenta. Asegúrate de expresar la crítica de las ideas de otros en forma respetuosa.

- **Haz preguntas**
Haz preguntas para aclarar la comprensión de las ideas de otro lector. También puedes utilizar preguntas para llamar la atención a las áreas que puedan generar dudas, los puntos que se puedan discutir o los errores en los argumentos del hablante. Para avanzar en una discusión, se hace un resumen y se evalúan las conclusiones de los miembros del grupo.

Cuando te reúnas en grupo para hablar de literatura, usa una tabla como la siguiente para analizar la discusión.

Pregunta específica:
Tu reacción: Reacción de otro alumno:
Argumentos: Argumentos:

Consejos para mejorar la fluidez en la lectura
Cuando eras más pequeño, aprendiste a leer. Luego, leíste para ampliar tus experiencias o simplemente por placer. Ahora, debes leer para aprender. A medida que avanzas en la escuela, recibes cada vez más material de lectura.

Los consejos en estas páginas te ayudarán a leer con más fluidez, o sea, con facilidad y con la expresión correcta.

Mantener la concentración

Un problema común que enfrenta el lector es la pérdida de concentración. Cuando estás leyendo una tarea, puedes notar que vuelves a leer la misma oración varias veces sin comprenderla realmente. El primer paso para cambiar este hábito es darte cuenta de ello. Llegar a ser un lector activo y consciente te ayudará a sacar mayor provecho de las tareas. Practica estas estrategias:

- Mientras lees, tapa con un cartón pequeño lo que ya has leído. De esta forma, no podrás volver a leer sin darte cuenta de que estás leyendo lo mismo de nuevo.
- Fija un propósito para la lectura más allá de completar la tarea. Luego, lee activamente, haciendo pausas para hacer preguntas sobre el material que acabas de leer.
- Utiliza las instrucciones y notas de las Estrategias de Lectura / Reading Strategy que acompañan cada selección de este libro.
- Haz una pausa en la lectura después de cierta cantidad de tiempo (por ejemplo, 5 minutos) y resume lo que has leído. Para ayudarte con esta estrategia, utiliza las preguntas de Repaso de la lectura que acompañan cada selección en este libro. Lee de nuevo para buscar cualquier respuesta que no sepas contestar.

Leer frases

Los lectores competentes leen frases en vez de palabras individuales. Leer de esta forma te permite leer más rápidamente y entender más. Algunas ideas prácticas son:

- Los expertos recomiendan la estrategia de la lectura repetida para aumentar la fluidez. Escoge una selección del texto que no sea ni muy difícil ni muy fácil. Lee la misma selección en voz alta varias veces hasta que la puedas leer de forma fluida y sin errores. Cuando puedas leer la selección con fluidez, escoge otra selección y sigue practicando.
- Lee en voz alta con una grabadora. Luego, escucha la grabación y presta atención a la precisión, el ritmo y la expresión. También puedes leer en voz alta y compartir tus observaciones con un compañero.
- Utiliza los discos compactos del programa (*Hear It! Prentice Hall Literature Audio program*) para escuchar las selecciones leídas en voz alta. Mientras escuchas, sigue la lectura en tu libro y observa cómo el lector utiliza la voz y pone énfasis en ciertas palabras y frases.

Entender vocabulario clave

Si no entiendes algunas palabras de una tarea, puedes perder conceptos importantes. Por eso, es útil usar un diccionario cuando estés leyendo. Sigue estos pasos:

- Antes de comenzar a leer, ojea el texto buscando palabras o términos desconocidos. Busca el significado de estas palabras antes de leer.
- Usa el contexto, o las palabras, frases y oraciones que rodean lo que lees, como ayuda para determinar los significados de las palabras desconocidas.
- Si no entiendes el significado utilizando el contexto, consulta el diccionario.

Prestar atención a la puntuación

Cuando lees, presta atención a la puntuación. Las comas, los puntos, los signos de exclamación, los punto y comas y los dos puntos indican cuándo tienes que hacer una pausa. Indican también la relación entre grupos de palabras. Cuando reconoces estas relaciones, podrás mejorar la comprensión y la expresión. Observa esta tabla:

Signo de puntuación	Significado
coma	pausa breve
punto	pausa al final de una idea
signo de exclamación	pausa que indica intensidad
punto y coma	pausa más larga que la coma y más breve que el punto
dos puntos	pausa para llamar atención a lo que sigue

Uso de la Lista de fluidez en la lectura

Usa la lista que sigue cuando leas una selección. En un cuaderno, anota las destrezas que necesitas mejorar y revisa tu progreso cada semana.

Lista de fluidez en la lectura
- Ojea el texto buscando palabras difíciles o desconocidas.
- Practica la lectura en voz alta.
- Lee respetando la puntuación.
- Separa las oraciones largas en dos partes: el tema y el significado.
- Lee grupos de palabras para obtener el significado, en vez de leer palabras individuales.
- Lee con expresión (cambia el tono de voz para darle significado a las palabras).

La lectura es una habilidad que se puede mejorar con la práctica. Leer es la clave para mejorar la fluidez. Mientras más leas, más destrezas de lectura adquirirás.

Categoría gramatical / Parts of Speech

ADJETIVOS / Adjectives El **adjetivo** es una palabra que describe o le da un significado más específico a un sustantivo o un pronombre. Los adjetivos responden a las preguntas *¿qué tipo?, ¿cuál?, ¿cuántos/as?* o *¿cuánto?*.

El **adjetivo gentilicio** es un adjetivo que expresa origen o nacionalidad. Cuando *esto, ese* y *aquel* aparecen inmediatamente antes del adjetivo, estas palabras funcionan como **adjetivos demostrativos.**

ADVERBIOS / Adverbs El **adverbio** modifica un verbo, un adjetivo u otro adverbio. Los adverbios responden a las preguntas *dónde, cuándo, de qué manera o hasta qué punto*.

CONJUNCIONES / Conjunctions La **conjunción** es una palabra que une otras palabras o grupos de palabras. La **conjunción coordinante** (coordinating conjunction) conecta tipos o grupos semejantes de palabras.

La **conjunción subordinada** conecta dos ideas completas en la que una de ellas es la idea principal y la otra es la secundaria.

Lo conocerías *si* lo vieras.

INTERJECCIONES / Interjections La **interjección** es una palabra que expresa sentimientos o emociones y tiene independencia sintáctica.

—*¡Ay!* —dijo cuando…

PREPOSICIONES / Prepositions La **preposición** relaciona a un sustantivo o un pronombre que lo sigue con otra palabra de la oración.

La pelota rodó *debajo* de la mesa.

PRONOMBRES / Pronouns El **pronombre** es una palabra que reemplaza al sustantivo o cualquier palabra que actúa como sustantivo. El **pronombre personal** (personal pronoun) se refiere a (1) la persona que habla, (2) la persona a quien se habla o (3) la persona, el lugar o la cosa de la que se habla.

	Singular	Plural
Primera persona	yo, mí (conmigo)	nosotros/as
Segunda persona	tú, usted, ti (contigo), sí (consigo)	ustedes, vosotros/as, sí (consigo)
Tercera persona	él, sí (consigo), ella, sí (consigo),	ellos/as, sí ello (consigo)

El **pronombre demostrativo** (demonstrative pronoun) designa a una persona, cosa o lugar específico.

Éstas son las peras más jugosas que me he comido.

El **pronombre interrogativo** (interrogative pronoun) se utiliza para hacer una pregunta.

¿Quién es el autor de esa canción?

El **pronombre indefinido** (indefinite pronoun) se refiere a una persona, un lugar o una cosa que no es específica.

Algunos de los jugadores estaban cansados.
Espero que me traigan *algo*.

El **pronombre reflexivo** es una palabra que se usa cuando el sujeto se hace algo a sí mismo. Los pronombres reflexivos son: *me, te, se, nos*.

SUSTANTIVOS / Nouns El **sustantivo** es el nombre de una persona, de un lugar o una cosa. El **nombre común** (common noun) se usa para identificar a una persona, un lugar o una cosa cualquiera. El **nombre propio** (proper noun) se usa para identificar a una persona, un lugar o una cosa específica.

Nombre común	**Nombre propio**
escritor	Francisco Jiménez

VERBOS / Verbs El **verbo** es una palabra que indica una acción que ocurre o que alguien ejecuta, un tiempo específico, una condición o la simple existencia de algo. Un **verbo copulativo** (linking verb) une el sujeto con un atributo que representa o describe el sujeto. Un **verbo auxiliar** (helping verb) es un verbo que sirve para formar formas compuestas de los verbos o perífrasis verbales.

El **gerundio** es la forma invariable no personal del verbo que se forma con las terminaciones *–ando, -iendo* o *-yendo*. La perífrasis o frase con el gerundio se usa para expresar una acción progresiva o un matiz emotivo o enfático.

Estuvimos conversando toda la noche.

La **oración de infinitivo** se forma con una cláusula subordinada que tiene un verbo en infinitivo.

Quisiera *ir al cine por la tarde*.

Oraciones, frases y cláusulas / Sentences, Phrases, and Clauses

CLÁUSULAS / Clauses La **cláusula** es un grupo de palabras con un sujeto y un verbo. La **cláusula independiente** es una oración completa.

"Creo que es de Rachel".

La **cláusula subordinada** (subordinate clause) tiene sujeto y verbo pero no constituye una oración por sí sola; sólo puede ser parte de una oración.

"Aunque llegó tarde"

La **cláusula principal** tiene un sujeto y un verbo y funciona como una oración completa.

La **cláusula subordinada** tiene un sujeto y un verbo pero depende de la cláusula principal; constituye sólo una parte de la oración.

La **cláusula adjetival** es una cláusula subordinada que modifica a un sustantivo o a un pronombre. Cumple con la función de adjetivo respondiendo a la pregunta *qué clase/tipo* o *cuál*.

Se busca un empleado *que sea muy trabajador*.

La **cláusula adverbial** modifica al verbo, al adjetivo o a un adverbio. Cumple con la misma función de los adverbios y responde a las preguntas: dónde, cuándo, en qué forma, hasta qué punto, en qué condiciones y por qué.

El cazador fue *adonde se encontraba su presa*.

La **cláusula nominal** es una cláusula subordinada que cumple con la función de sustantivo.

La madre dijo *que llamaría*.

Paralelismo se refiere al uso de estructuras gramaticales similares para expresar ideas similares. Las oraciones con estructuras paralelas contienen estructuras gramaticales repetidas o tipos de frases o cláusulas repetidas dentro de una oración.

FRASES / Phrases La **frase** es un grupo de palabras, sin sujeto ni verbo, que actúa como una categoría gramatical.

La **frase preposicional** (prepositional phrase) es un grupo de palabras que incluye una preposición y un sustantivo o pronombre que actúa como el objeto de la preposición.

cerca del pueblo *con* ellos

La **frase adjetiva** (adjective phrase) es una frase preposicional que modifica a un sustantivo o pronombre al indicar de qué tipo es o cuál es.

La casa *de la esquina* es nueva.

La **frase adverbial** (adverbial phrase) es una frase preposicional que modifica a un verbo, un adjetivo o a un adverbio al indicar dónde, cuándo, cómo o cuánto.

Trae tu silla de montar *al establo*.

La **frase apositiva**, o **aposición** (appositive phrase), es un sustantivo o un pronombre con modificadores, que se coloca al lado de otro sustantivo o pronombre para agregar información y detalles.

El cuento, un *cuento de aventuras*, se desarrolla en el territorio Yukon.

En la **frase adverbial de participio** (participial phrase), el verbo está en participio y es modificado por un adjetivo u otra frase adverbial, o va acompañado por un complemento. En ese caso, la frase entera funciona como adjetivo.

Terminada la clase, se marchó a la biblioteca a estudiar para el examen.

La **proposición de infinitivo** (infinitive phrase) consta de un verbo en infinitivo con modificadores, complementos o un sujeto, en la cual todos actúan como categoría gramatical. Los verbos en infinitivo terminan *en -ar, -er, -ir*.

Me alegró *sentarme*.

ORACIONES / Sentences La **oración** es un grupo de palabras que consta de dos partes: un sujeto y un predicado. Juntas, estas partes expresan una idea completa.

Nosotros leímos ese cuento el año pasado.

Una **frase** es un grupo de palabras que no expresa una idea completa.

No inmediatamente.

Sujeto (Subject) El **sujeto** de una oración es la palabra o el grupo de palabras de lo que trata la oración. El **sujeto simple** es un nombre, pronombre o grupo de palabras que actúan como sustantivo y que no se pueden separar del sujeto. El **sujeto complejo** es el **sujeto simple** más modificadores. En esta oración el sujeto simple está en negrita.

Los **mensajeros** del *Pony Express* llevaban paquetes a grandes distancias.

Un **sujeto compuesto** (compound subject) tiene varios sujetos que ejecutan la acción que indica un mismo verbo y están unidos por una conjunción.

Ni el caballo ni el vaquero se veían cansados.

Predicado (Predicate) El **predicado** de una oración es el verbo o la frase verbal que indica lo que hace o la condición del sujeto. El **predicado simple** es el verbo o la frase verbal que no se puede separar del predicado. El **predicado complejo** es un predicado simple con modificadores o complementos. En el ejemplo que sigue, el predicado complejo está subrayado. El predicado simple está en negrita.

Los mensajeros del *Pony Express* **llevaban** paquetes a grandes distancias.

Un **predicado compuesto** (compound predicate) consta de dos o más verbos, unidos con una conjunción, que indican acciones del mismo sujeto.

Ella *estornudó y tosió* durante todo el viaje.

Complementos (Complements) El **complemento** es una palabra o un grupo de palabras que completa el significado del predicado de una oración. Existen diferentes tipos de complementos en español: objetos directos, objetos indirectos, complementos, predicados nominales y predicados adjetivos.

El **objeto directo** (direct object) es un sustantivo, pronombre o grupo de palabras que actúa como sustantivo y sobre el cual recae la acción de un verbo transitivo.

Vimos el *lanzamiento*.

El **objeto indirecto** (indirect object) es un sustantivo, pronombre o grupo de palabras que aparece junto a un objeto directo y nombra a la persona o cosa a quien se le da algo o por quien se ejecuta una acción.

Él le vendió un espejo a la *familia*.

El **predicativo objetivo** (object complement) es un adjetivo o sustantivo que aparece con un objeto directo y lo describe o representa.

Yo llamé a Megan mi *amiga*.

El **predicativo subjetivo** (subject complement) es un sustantivo, pronombre o adjetivo que aparece con un verbo copulativo e indica algo sobre el sujeto. Un complemento subjetivo puede ser un predicativo obligatorio o un predicativo no obligatorio.

El **predicativo obligatorio** (predicate nominative) es un sustantivo o pronombre unido a un atributo por medio de un verbo copulativo.

Kiglo era el *líder*.

El **predicativo no obligatorio** (predicate adjective) es un adjetivo que describe al sujeto de una oración y se relaciona con él por medio de un verbo no copulativo.

Roko llegó *exhausto*.

Tipos de oraciones (Types of Sentences)

Las oraciones pueden ser de varios tipos:

1. La **oración simple** (simple sentence) consta de una cláusula independiente.
2. La **oración compuesta** (compound sentence) tiene dos o más cláusulas independientes unidas por una coma y una conjunción coordinante, o por un punto y coma.
3. La **oración compleja** (complex sentence) consta de una cláusula independiente y una o más cláusulas subordinadas.
4. La **oración compuesta compleja** (compound-complex sentence) tiene dos o más cláusulas independientes y una o más cláusulas subordinadas.

Según su función, las oraciones se dividen en cuatro tipos:

1. La **oración enunciativa** (declarative sentence) sirve para expresar una idea y termina con un punto.
2. La **oración interrogativa** (interrogative sentence) se usa para formular preguntas y se escribe entre signos de interrogación.
3. La **oración imperativa o de mandato** (imperative sentence) expresa una orden o instrucción y puede terminar con un punto o ir entre signos de exclamación.
4. La **oración exclamativa** (exclamatory sentence) se usa para expresar sentimientos emotivos y se escribe entre signos de exclamación.

Uso de verbos, pronombres y modificadores

CASO DEL PRONOMBRE / Pronoun Case El **caso** de un pronombre es la forma que el pronombre adopta, según sea su función dentro de la oración. Hay cinco casos: nominativo, acusativo, dativo, preposicional y genitivo.

El **caso nominativo** se utiliza para nombrar o renombrar el sujeto de la oración. Los casos nominativos son: yo, tú, usted, él/ella, nosotros(as), vosotros(as), ustedes, ellos(as).

Como sujeto: *Ella* es valiente.

Renombra al sujeto: La valiente es *ella*.

El **caso acusativo** se utiliza como objeto directo. Los casos acusativos son: me, te, lo/la/se, nos, os, los/las/se.

Como objeto directo: Paola *me* llamó.

El **caso dativo** se utiliza como objeto indirecto. Los casos dativos son: me, te, le/se, nos, os, les/se.

Como objeto indirecto: Paola *le* dio una carta.

El **caso preposicional** se utiliza como término de una preposición. Los casos preposicionales son: mí, conmigo, ti, sí, usted, contigo, él, sí, consigo, ella, sí, consigo, ello, nosotros, nosotras, nos, ustedes, ellos, sí, consigo.

El **caso genitivo** se utiliza para expresar posesión u origen. Los casos genitivos son: el mío / la mía / los míos / las mías; el tuyo / la tuya / los tuyos / las tuyas; el suyo / la suya / los suyos / las suyas; el nuestro / la nuestra / los nuestros / las nuestras; el vuestro / la vuestra / los vuestros / las vuestras; el suyo / la suya / los suyos / las suyas.

El libro es *mío*.

CONCORDANCIA DE PRONOMBRES / Pronoun Agreement Los **pronombres** deben concordar con el antecedente en género y número. Los pronombres singulares concuerdan con el verbo en singular y los pronombres plurales concuerdan con el verbo en plural.

Incorrecto: *Todo* se *van* a solucionar.

Correcto: *Todo* se *va* a solucionar.

Los **pronombres indefinidos** adoptan formas de género y número, y deben concordar con el verbo. Los pronombres indefinidos más comunes son: uno(a)(s), alguno(a)(s), ninguno(a)(s), poco(a)(s), mucho(a)(s), demasiado(a)(s), todo(a)(s). Los pronombres indefinidos neutros *alguien*, *nada* y *nadie* tienen una sola forma (masculina y singular) y por eso los verbos que los acompañen deben concordar en ese género y número.

CONCORDANCIA ENTRE ADJETIVO POSESIVO Y SUSTANTIVO / Possessive Adjective and Antecedent Agreement Los **adjetivos posesivos** deben concordar en forma con el sujeto que es el poseedor y en número con la persona o cosa poseída.

Ana prestó varios de *sus* libros.

Ana y Federico recibieron *su* regalo de aniversario.

CONCORDANCIA ENTRE SUJETO Y VERBO / Subject-Verb Agreement Para hacer la concordancia entre el sujeto y el verbo, asegúrate de que ambos estén en el singular o en el plural. Cuando dos o más sujetos van unidos por *o* o *ni*, el verbo puede ir en singular o en plural en la mayoría de los casos. Si los sustantivos van seguidos de un adjetivo en plural, entonces el verbo debe ir en plural.

María *o* Ana recibirá la carta.

Ni María *ni* Ana recibirán la carta.

Los pantalones o las faldas blancas se aceptan.

MODIFICADORES / Modifiers El grado comparativo y el superlativo de la mayoría de los adjetivos y adverbios se forma de dos maneras. Para formar el grado comparativo, usa *tan… como, más… que* y *menos… que*. Para formar el grado superlativo, agrega los sufijos *-ísimo* o *-ísima* al adjetivo o al adverbio.

Con los adjetivos, también puedes usar *el más…, la más…, los más…* y *las más…* y luego la preposición *de* después del adjetivo.

Estas estructuras no deben usarse cuando la comparación resulta extraña: *El caballo es más rápido que la tortuga.*

PARTES PRINCIPALES / Principal Parts Los **verbos** tienen cuatro partes principales: el presente, el participio presente, el pasado y el participio pasado.

Los verbos tienen tres terminaciones: -ar (amar), -er (correr), -ir (vivir).

Verbos regulares (regular verbs) Los **verbos regulares** son los que siguen todas las conjugaciones de los tres modelos fijados de acuerdo con las terminaciones -ar, -er, -ir.

Amar	Temer	Vivir
am**o**	tem**o**	viv**o**
am**as**	tem**es**	viv**es**
am**a**	tem**e**	viv**e**
amam**os**	temem**os**	vivim**os**
am**áis**	tem**éis**	viv**ís**
am**an**	tem**en**	viv**en**

Verbos irregulares (irregular verbs) Los **verbos irregulares** son los que al conjugarse cambian de raíz en algunos casos o toman terminaciones distintas de las de los verbos regulares.

Infinitivo	Presente	Pasado
decir	digo	dije
hacer	hago	hice
ir	voy	fui
poder	puedo	pude
saber	sé	supe

TIEMPO VERBAL / Verb Tense El **tiempo verbal** indica si la acción o la condición se realiza en pasado, presente o futuro. Los verbos principales son: *el presente, el pretérito imperfecto, el pretérito indefinido, el futuro imperfecto, el pretérito perfecto, el pretérito pluscuamperfecto, el pretérito anterior, el futuro perfecto*. El *presente* expresa una acción que se realiza en el presente. El *pretérito imperfecto* expresa una acción que estaba en proceso o que era habitual en el pasado. El *pretérito indefinido* expresa una acción que ya ocurrió. El *futuro imperfecto* expresa una acción que ocurrirá. El *pretérito perfecto* expresa una acción que comienza en el pasado y continua en el presente. El *pretérito pluscuamperfecto* expresa una acción anterior a otra acción pasada. El *pretérito anterior* expresa una acción anterior a otra acción pasada expresada en el pretérito indefinido. El *futuro perfecto* expresa una acción que habrá terminado antes de que otra comience.

Glosario De Uso Común /
Glossary of Common Usage

a, ha: *A* se refiere a la preposición. *Ha* es la forma singular de la tercera persona del verbo haber.

Ulises viaja *a* Francia.

Doña Elena no *ha* venido.

acerca, acerca de: *Acerca* es la forma de la tercera persona singular del verbo "acercar". *Acerca de* significa "respecto a".

afectar/efectuar: *Afectar* significa producir una alteración o perjudicar algo. *Efectuar* tiene el significado de realizar una acción.

La crisis económica *afectó* a muchas personas.

Se *efectuaron* grandes compras.

aplicar/solicitar: *Aplicar* significa emplear, administrar o poner en práctica un conocimiento. *Solicitar* tiene el significado de hacer diligencias, pedir.

Es necesario *aplicar* la teoría.

El príncipe *solicita* la mano de Areta.

aún, aun: *Aún* con acento gráfico significa "todavía". Cuando *aun* no tiene acento gráfico quiere decir a "hasta", "también", "incluso".

bienes, vienes: *Bienes* se refiere a las riquezas, posesiones, generalmente materiales. *Vienes* es la forma de la segunda persona singular del verbo venir.

bote, vote: *Bote* significa un barco o un recipiente. *Vote* es una forma del verbo votar que significa manifestar la opinión o el voto.

bueno, bien: *Bueno* y *bien* derivan del sustantivo "bondad". *Bueno* es el adjetivo y *bien* es el adverbio.

calló, cayó: *Calló* es una forma del verbo callar y *cayó* es una forma del verbo caer.

como, cómo: Cuando *como* quiere decir "que" se escribe sin acento. *Cómo* con acento tiene el significado de "en qué forma".

donde, dónde: *Donde* es el adverbio relativo y tiene el significado de "en que, en el que". *Dónde* es el adverbio interrogativo que significa "en qué lugar" y se usa para formular preguntas.

Ese es el lugar *donde* Antonio nació.

¿*Dónde* está el Himalaya?

grande, mayor: Cuando los dos adjetivos, *grande* y *mayor*, se refieren a una persona, *grande* se usa para referirse al tamaño y *mayor* se emplea para referirse a la edad.

haber, a ver: *Haber* es el infinitivo del verbo haber y *a ver* es una expresión formada por la preposición a + el verbo ver y equivale a "a mirar".

hecho, echo: *Hecho* es una forma del verbo hacer que significa realizar una acción. *Echo* es una forma del verbo echar que significa "verter".

hojear, ojear: *Hojear* se utiliza generalmente para referirse a la acción de pasar las hojas en lugar de leer un libro, una revista, etc. *Ojear* significa "echar un vistazo", "mirar".

> Prefiero *hojear* el periódico en lugar de leerlo.
> *Ojéa*lo y dime si te gusta.

mas, más: Usa *mas* sin acento para expresar "pero" o "sino". Usa *más* con acento para expresar la idea de aumento, ampliación o superioridad.

o, u: Las letras *o* y *u* funcionan como conjunciones disyuntivas. Se reemplaza la letra *o* por la *u* cuando se antepone a una palabra que empieza con la vocal *o* o el sonido de *o*. De la misma manera, cuando se trata de números que empiezan con vocal como ocho y once, se debe usar la letra *u*.

porvenir, por venir: *Porvenir* es un sustantivo y quiere decir futuro. *Por venir* es una frase que se forma con la preposición "por" y el verbo "venir" y quiere decir que alguien o algo vendrá.

porqué, por qué: *Porqué* es el sustantivo masculino que tiene el significado de "causa o motivo". *Por qué* es la combinación de la preposición *por* y el pronombre o adjetivo interrogativo o exclamativo *qué*.

> La lucidez de su mente no alcanzaba a comprender los *porqués*.
> ¿*Por qué* me has hecho eso?

tu, tú: Usa el adjetivo posesivo *tu* para expresar posesión. Usa el pronombre personal *tú* para reemplazar a un sustantivo.

Normas De Uso / Mechanics

PUNTUACIÓN / Punctuation

COMA / Comma Usa la **coma**:

1. para separar miembros gramaticalmente equivalentes dentro de un mismo enunciado, salvo que éstos estén separados por las conjunciones *y, e, ni, o, u*.
2. para separar los miembros en una enumeración.
3. para separar adjetivos de igual rango o valor.
4. después de una frase o cláusula introductoria.
5. para separar expresiones explicativas y parentéticas.
6. con lugares compuestos de dos o más partes.
7. para separar las partes de las direcciones postales, las fórmulas de despedida en las cartas y para separar las unidades de los decimales en las cifras numéricas.

COMILLAS / Quotation Marks

1. La **cita directa** se usa para reproducir en forma exacta lo que dice una persona o sus pensamientos. En ambos casos, el texto se cierra con comillas al comienzo y al final.
2. La **cita indirecta** reproduce el significado de lo que la persona dijo o su pensamiento, pero no en las palabras exactas. Esta cita no requiere comillas.
3. En una cita directa, la coma y el punto se colocan generalmente fuera de las comillas.
4. Cuando la cita sea una pregunta o una exclamación, coloca los signos de interrogación o de exclamación dentro de las comillas. Cuando la cita sea parte de la pregunta o de la exclamación, coloca las comillas dentro de los signos.

DOS PUNTOS / Colon Usa los **dos puntos**:

1. después de una cláusula independiente que anuncia una enumeración.
2. en las fórmulas de saludo en las cartas formales e informales y en documentos.
3. para conectar oraciones o proposiciones relacionadas entre sí sin necesidad de utilizar otro nexo.

GUIÓN / Hyphen Usa el **guión** para separar los prefijos o los sufijos de la palabra, para separar las sílabas de una palabra o para unir ciertas palabras compuestas.

PUNTO Y COMA / Semicolon Usa el **punto y coma**:

1. para unir cláusulas independientes que no están unidas por una conjunción.
2. para unir cláusulas independientes o ítems en una serie que ya contiene comas.

PUNTUACIÓN AL COMIENZO Y AL FINAL / Marks

1. Coloca un **punto** después de terminar una oración declarativa, imperativa y después de la mayoría de las abreviaturas.
2. Coloca los **signos de interrogación** al comienzo y al final de una pregunta directa.
3. Coloca los **signos de exclamación** al comienzo y al final de una oración que exprese una emoción, una orden o una exclamación.

RAYA / Dash Usa la **raya** (o guión largo) para indicar un cambio abrupto de pensamiento, para hacer una aclaración o comentario dentro de una oración, o para reproducir un diálogo o una conversación entre dos o más personas.

> Jorge dijo: "Toma este libro —y señaló uno de sus libros favoritos—; te gustará mucho".

TÍTULOS / Titles

1. Los títulos de libros, periódicos, películas, canciones, obras de teatro o musicales se escriben en cursiva. En caso de que el título tenga más de una parte, el título general va en cursiva y el resto va con comillas simples.
2. Las comillas se usan para citar el título de un artículo, un poema, un capítulo de un libro, un reportaje o, en general, cualquier parte dependiente dentro de una publicación.

USO DE MAYÚSCULAS / Capitalization

1. Escribe con mayúscula la primera palabra de una oración.

La joven contempla el horizonte.

2. Escribe con mayúscula los sustantivos propios de personas y cosas. Los artículos y adjetivos que forman parte del nombre propio también van en mayúscula.

Diego Rivera   Río de La Plata   El Escorial

3. Escribe con mayúscula los tratamientos de cortesía cuando van seguidos del nombre de la persona o cuando se los usa para referirse a la persona directamente.

Su Majestad   Ingeniero Aragón   General Franco

4. Escribe con mayúscula los títulos de parentesco familiar cuando se refieran a una persona específica. Los títulos van en minúscula cuando van acompañados por un modificador que indica posesión.

Tío Manuel   la madre de María

5. Escribe con mayúscula la primera letra del título de una obra. No obstante, escribe con mayúscula los sustantivos y los adjetivos que forman el título de publicaciones periódicas y colecciones.

El tigre que sería rey.   Revista Noticias.

6. Escribe con mayúscula la primera letra y todos los sustantivos propios en las fórmulas de saludo y en la primera letra de las fórmulas de despedida en las cartas.

Estimado Sr. Ramírez: Sinceramente,

Ortografía / Spelling

REGLAS ORTOGRÁFICAS / Spelling Rules
Conocer las reglas de ortografía del español te ayudará a establecer **generalizaciones** acerca de cómo se deletrean las palabras.

REGLAS PARA DELETREAR LAS PARTES DE LAS PALABRAS / Spelling Rules
La raíz, el prefijo y el sufijo son las tres partes que se pueden combinar para formar palabras. En español, muchas de estas partes derivan del griego y del latín.

La **raíz** contiene el significado principal de la palabra.

Raíz y origen	Significado	Ejemplo
auto (gr.)	propio, por uno mismo	*aut*ónomo
vis (lat.)	ver	*vis*ual

El **prefijo** se compone por una o más sílabas que se colocan al comienzo de la palabra o raíz, a la que le agrega un determinado significado.

Prefijo y origen	Significado	Ejemplo
a, an-	ausencia, negación	*a*moral, *a*político
mono- (gr.)	único, sólo	*mon*arca, *mono*cultivo
supra-(lat.)	por encima	*supra*nacional

El **sufijo** se agrega al final de la palabra y puede cambiar el significado de la palabra o parte del enunciado.

Sufijo y origen	Significado	Categoría gramatical
-aje	efecto, semejante: aterriz*aje*	sustantivo
-ble (gr.)	capacidad o aptitud: amiga*ble*	adjetivo
-ear	repetición, de una acción: brom*ear*	verbo
-mente (lat.)	manera: fácil*mente*	adverbio

FORMACIÓN DE PALABRAS: AGREGAR SUFIJOS A LA RAÍZ / Rules for Adding Suffixes to Root Words
Los sufijos tienen por sí mismos un significado propio y sirven para cambiar o agregar un matiz al significado de la raíz de la palabra.

Los sufijos que se refieren a los pronombres o partículas pronominales (como los pronombres me, te, los, las, nos, les) se deben agregar al final de la forma del imperativo.

llama + me: lláma**me**	trae + las: tráe**las**
bebe + te: bébe**te**	acostemos + nos: acostémo**nos**

La terminación –ado/-ido se agrega al verbo y lo transforma en participio o adjetivo.

caminar + ado: camin**ado**

vivir + ido: viv**ido**

La terminación –ísimo/–ísima se agrega a los sustantivos para formar adjetivos superlativos.

bello + ísima: bell**ísima**

rico + ísimo: riqu**ísimo**

La terminación –ito/-ita se agrega a los sustantivos para formar sustantivos diminutivos.

cama + ita: cam**ita**

niño + ito: niñ**ito**

REGLAS ORTOGRÁFICAS / Ortographic patterns

En español, ciertos sonidos siguen determinadas reglas ortográficas. Por ejemplo, se escribe 'm' siempre antes de las letras 'b' y 'p', o se escribe 'm' delante de 'n'.

ta**mb**or	alu**mn**o
ca**mp**amento	a**mn**istía

Conocer las reglas ortográficas como éstas te puede ayudar a mejorar la ortografía.

FORMACIÓN DE PLURALES / Forming plurals

Se agrega –*s* a la forma singular en las palabras que terminan en vocal no acentuada o en *e* acentuada.

café	café**s**
plano	plano**s**

Se agrega –*es* a la forma singular cuando la palabra termina en consonante o en vocal acentuada.

campeón	campeon**es**
pedigrí	pedigrí**es**

Los sustantivos esdrújulos o graves que terminan en –s no varían en su forma plural.

la crisi**s**	las crisi**s**
la tesi**s**	las tesi**s**
el análisi**s**	los análisi**s**

Algunos sustantivos singulares pierden el acento cuando se transforman en plural.

régimen	reg**í**menes
carácter	car**a**cteres

PALABRAS EXTRANJERAS INCORPORADAS AL ESPAÑOL / Foreign Words Used in Spanish

Existen numerosas palabras extranjeras que se han incorporado al habla cotidiana y formal. En algunos casos se transfieren y en otros se "castellanizan", es decir, se adapta la escritura. El aprendizaje de estas palabras requiere el uso de la memoria. Consulta el diccionario siempre que tengas dudas.

laissez-faire	Pekín
jazz	escáner

¿Qué es un criterio de evaluación?

El criterio de evaluación es una herramienta, generalmente en forma de tabla o cuadrícula, que te ayuda a evaluar tu trabajo. Los criterios de evaluación son especialmente útiles para asignaciones orales y de escritura.

Para que tú u otras personas puedan evaluar tu trabajo, el criterio de evaluación ofrece ciertas pautas específicas que tu trabajo debe seguir. En este sentido, el criterio de evaluación sirve de ayuda para que tú o un evaluador pueda indicar el nivel de satisfacción o de insuficiencia con que te ceñiste a las pautas. El criterio de evaluación se usa a menudo para evaluar la escritura en exámenes estandarizados.

Usar un criterio de evaluación te ahorrará tiempo, ayudará a centrar tu aprendizaje y mejorar tu trabajo. Por ejemplo, si sabes cuál será el criterio de evaluación antes de comenzar a escribir un ensayo persuasivo, estarás pendiente de las normas que rigen ese tipo de ensayo mientras lo escribes. Al evaluar tu ensayo antes de entregárselo al maestro, te centrarás en las áreas específicas que tu maestro quiere que domines, o en áreas que representan dificultades para ti. En vez de revisar tu trabajo al azar para ver qué debes mejorar o para corregir errores, identificarás de manera clara y útil los elementos específicos en que te debes concentrar.

¿Cómo se construye un criterio de evaluación?

Un criterio de evaluación se puede construir de diferentes maneras.

- Tu maestro puede asignarle un criterio de evaluación a una asignación específica.

- Tu maestro puede llevarte a un criterio de evaluación que tu libro de texto incluye.

- Tu maestro puede construir un criterio para una asignación específica junto con la clase.

- Tú y tus compañeros de clase pueden construir un criterio de evaluación juntos.

- Tú puedes crear tu propio criterio de evaluación para evaluar tu trabajo.

¿Cómo me ayudará usar un criterio de evaluación?

Un criterio de evaluación te ayudará a evaluar tu trabajo usando como base un puntaje. El puntaje puede variar según el criterio de evaluación, pero generalmente abarca de 6 puntos a 1 punto, de 5 a 1, ó de 4 a 1, donde 6, 5 ó 4 es el puntaje más alto, y 1 es el más bajo. Si alguien utiliza un criterio para evaluar tu trabajo, el criterio de evaluación le da al evaluador un rango claro donde puede ubicar tu trabajo. Si tú estás usando el criterio de evaluación por tu cuenta, te ayudará a mejorar tu trabajo.

¿Cuáles son los tipos de criterios de evaluación?

- Un criterio de evaluación integral incluye pautas generales que se pueden seguir en una variedad de asignaciones. Consulta la pág. 296 para ver un ejemplo del criterio de evaluación integral.

- Un criterio de evaluación analítica funciona específicamente con una asignación en particular. Los elementos que se evalúan se relacionan directamente con problemas importantes específicos de esa asignación. Consulta las págs. 293 a 295 para ver ejemplos de los criterios de evaluación analítica.

Evaluación en una escala de 4 puntos / 4-Point Rubric

La siguiente tabla de criterios analíticos es un ejemplo del criterio para evaluar un ensayo persuasivo. Te ayudará a evaluar el enfoque, la organización, las ideas de apoyo y el desarrollo, y el uso del estilo y la gramática.

	Enfoque	Organización	Ideas de apoyo/Desarrollo	Estilo/Gramática
4	Demuestra una selección muy efectiva del vocabulario; se concentra claramente en la tarea.	Usa una estrategia de organización clara y consistente.	Presenta razones convincentes y bien desarrolladas para explicar su posición.	Usa transiciones; comete muy pocos errores de gramática.
3	Demuestra un buen uso del vocabulario; se concentra en la tarea de persuasión.	Usa una estrategia de organización clara con algunas inconsistencias.	Presenta dos o más razones relativamente desarrolladas para explicar su posición.	Usa algunas transiciones; comete pocos errores de gramática.
2	Muestra cierto uso del vocabulario; concentración mínima en la tarea de persuasión.	Usa una estrategia de organización inconsistente; la presentación no es lógica.	Presenta varias razones, pero pocas están desarrolladas; sólo desarrolla una razón.	Usa pocas transiciones; comete muchos errores de gramática.
1	Muestra falta de concentración en la tarea de persuasión.	No usa una estrategia de organización.	No presenta razones específicas o no las desarrolla.	No relaciona las ideas; comete muchos errores de gramática.

Evaluación en una escala de 5 puntos / 5-Point Rubric

Criterios de composición escrita	Puntaje				
Enfoque y coherencia: ¿Cuán bien se manifiesta su posición?	1	2	3	4	5
Organización: ¿Cuán organizado es su argumento o juicio?	1	2	3	4	5
Desarrollo de ideas: ¿Cuán persuasiva es su evidencia?	1	2	3	4	5
Convenciones: ¿Cuán correcto es su uso de cláusulas independientes?	1	2	3	4	5
Voz: ¿Cuán consistente es su estilo de composición escrita?	1	2	3	4	5

Evaluación en una escala de 6 puntos / 6-Point Rubric

La siguiente tabla de criterios analíticos es un ejemplo del criterio para evaluar un ensayo persuasivo. Te ayudará a evaluar la presentación, la posición, la evidencia y los argumentos.

	Presentación	Posición	Evidencia	Argumentos
6	El ensayo trata clara y efectivamente de un asunto desde más de una perspectiva.	El ensayo establece claramente una posición bien fundamentada con respecto al tema.	La evidencia está organizada de manera lógica, está bien presentada y apoya la posición.	Responde a las dudas del lector y aclara sus discrepancias efectivamente.
5	La mayor parte del ensayo trata de un asunto desde más de una perspectiva.	El ensayo establece una posición con respecto al tema.	La mayoría de la evidencia está organizada de manera lógica, está bien presentada y apoya la posición.	Responde y aclara la mayoría de las dudas y discrepancias del lector.
4	El ensayo trata de un asunto de manera aceptable desde más de una perspectiva.	El ensayo presenta de manera aceptable una posición con respecto al tema.	Muchas partes de la evidencia apoyan la posición; parte de la evidencia está desorganizada.	Responde y aclara de manera aceptable muchas dudas y discrepancias del lector.
3	El ensayo trata de un asunto desde dos perspectivas, pero no presenta la segunda perspectiva claramente.	El ensayo presenta una posición, pero no se fundamenta bien.	La posición se apoya en muy poca evidencia; parte de la evidencia está desorganizada.	Responde y aclara algunas dudas y discrepancias del lector.
2	El ensayo trata de un asunto desde dos perspectivas, pero no presenta la segunda perspectiva.	El ensayo presenta una posición con respecto al tema, pero no se puede fundamentar.	Poca evidencia apoya la posición y lo que se incluye está desorganizado.	Responde y aclara pocas dudas y discrepancias del lector.
1	El ensayo no trata de un asunto desde más de una perspectiva.	El ensayo no presenta una posición con respecto al tema.	No hay evidencia que apoye la posición.	No responde las dudas del lector ni aclara sus discrepancias.

Ejemplo del criterio de evaluación integral / Sample Holistic Rubric

Los criterios de evaluación integral como los que siguen se usan, con frecuencia, para evaluar asignaciones de escritura de evaluaciones estandarizadas. Observa que el criterio de evaluación se centra en el enfoque, la organización, los detalles de apoyo y el uso del estilo y la gramática.

Puntos	Criterios
6 puntos	• La escritura está bien centrada y se observa una buena comprensión del trabajo de escritura. • La escritura es completa, coherente y demuestra una progresión lógica de ideas. • Se desarrolla completamente la idea principal y los detalles de apoyo son específicos y sustanciales. • Se demuestra un dominio sólido del lenguaje y la escritura tal vez demuestra el uso de estrategias de escritura creativa características. • La estructura de las oraciones es variada, y la escritura solo incluye fragmentos incluidos con intención. • No hay casi errores de estilo.
5 puntos	• La escritura está bien centrada. • La escritura está bien organizada y demuestra una progresión lógica de ideas, aunque se observan algunas omisiones. • Se desarrolla completamente la idea principal y los detalles de apoyo son relevantes. • La estructura de las oraciones es variada, y la escritura solo incluye fragmentos incluidos con intención. • Se observa uso correcto del estilo.
4 puntos	• La escritura está bien centrada, pero se observan detalles externos en ocasiones. • Se observa un patrón de organización claro, pero en ocasiones hay fallas. • La idea principal se apoya en detalles pero el desarrollo es tal vez inconsistente. • La estructura de las oraciones no es fragmentada pero demuestra poca variación. • Por lo general, se aplica correctamente el estilo.
3 puntos	• La escritura está centrada, en su mayoría, pero tal vez interfieren detalles externos. • Se observa claramente un patrón de organización, pero la escritura no consta de una progresión lógica de ideas. • En general la idea principal se apoya bien en detalles, pero en ocasión los detalles son ilógicos. • En su mayoría la estructura de las oraciones es buena, pero no hay casi variación. • En general, el trabajo demuestra un conocimiento del estilo, pero hay algunos errores de ortografía.
2 puntos	• La escritura está relacionada con la tarea pero no está bien centrada. • No se observa mucho un patrón de organización y hay poca cohesión de ideas. • Los detalles de apoyo de la idea principal son inadecuados, ilógicos o no existen. • La estructura de las oraciones no es variada y presenta errores graves. • Se observan muchos errores de ortografía y estilo.
1 punto	• La escritura está muy poco relacionada con la tarea y no está bien centrada. • No se observa un patrón de organización o desarrollo. • El trabajo se observa fragmentado y no tiene una idea principal clara. • La estructura de las oraciones no es variada y presenta errores graves. • El significado se ve entorpecido por una mala selección del vocabulario y un pobre uso del lenguaje. • Se observan muchos errores ortográficos y de estilo.
No se puede evaluar	El trabajo se considera inevaluable si: • La respuesta no está relacionada con la tarea o es simplemente una reproducción de la instrucción. • La respuesta ha sido copiada de un trabajo publicado. • El estudiante no escribe una respuesta. • La respuesta es ilegible. • Las palabras incluidas en la respuesta no expresan un significado. • No hay una cantidad suficiente de texto que se pueda evaluar.

Tarjetas de vocabulario / Vocabulary Flash Cards

Las tarjetas de vocabulario muestran una selección de las palabras de vocabulario de la Unidad 1. La parte delantera de cada tarjeta muestra la palabra en inglés. La parte trasera muestra la traducción en español y una definición de la palabra con ejemplos de oraciones en ambos idiomas. Recorta las tarjetas y úsalas para estudiar las palabras que quieres recordar.

mildly	devoured	catastrophe
messy	charitable	murmured
recognize	grieving	mistook

suavemente: con dulzura
Su madre le hablaba <u>suavemente</u>.

mildly: softly, gently
His mother spoke to him <u>softly</u>.

desordenado: que no tiene orden
Con tantos niños en la casa, el dormitorio de Alex estaba <u>desordenado</u>.

messy: disordered
Alex's bedroom became <u>messy</u> with so many children in the house.

reconocer: conocer y recordar a alguien
No fue difícil <u>reconocer</u> a mi antiguo maestro apenas lo vi.

recognize: know and remember someone
I didn't find it difficult to <u>recognize</u> my former teacher as soon as I saw him.

devoró: comió rápidamente y con ansiedad
Estaba tan hambriento que <u>devoró</u> su comida.

devoured: ate quickly and anxiously
He was so hungry he <u>devoured</u> his meal.

caritativo: que ayuda a los necesitados
El sacerdote de esa iglesia es un hombre muy <u>caritativo</u>.

charitable: someone who helps people in need
The priest in that church is really a <u>charitable</u> man.

añoraba: recordaba con tristeza la ausencia de algo
Ella <u>añoraba</u> su patria porque estaba muy lejos.

grieving: remembering sadly the absence of something
She was <u>grieving</u> because she was so far away from her native country.

catástrofe: suceso que produce gran destrucción o daño
El terremoto fue una <u>catástrofe</u>.

catastrophe: an event that causes great destruction or harm
The earthquake was a <u>catastrophe</u>.

murmuró: habló en voz baja
Ella <u>mumuró</u> para que la maestra no la escuchara.

murmured: talked in a low voice
She <u>murmured</u> so that the teacher wouldn't hear her.

confundió: no pudo comprender o identificar
El niño <u>confundió</u> a su pequeña hermana con otra niña.

mistook: failed to understand or identify
The boy <u>mistook</u> his little sister for another girl.

Tarjetas de vocabulario / Vocabulary Flash Cards

Usa las siguientes fichas en blanco como modelo para crear tus propias tarjetas de vocabulario. Escribe una palabra en la parte delantera; luego, escribe la traducción en español, una definición y tus propios ejemplos de oraciones en la parte trasera.

Lista de vocabulario plegable / Vocabulary Fold-A-List

Usa esta lista plegable para aumentar tu vocabulario en inglés. Las palabras en español son una muestra del vocabulario de la Unidad 1. Dobla la página por la línea punteada para comprobar tu conocimiento de su significado en inglés.

Palabra en español	English Word
bulto	bundle
añoraba	grieving
lustroso	sleek
estructura	fabric
advertencia	warning
reflejados	reflected
suavemente	mildly
miraron	glanced
ignorándola	ignoring
reconocer	recognize
caritativo	charitable
murmuró	murmured
excepcional	rare
apresuráramos	scramble
vigorosamente	vigorously

Dobla / Fold

Lista de vocabulario plegable/Vocabulary Fold-A-List

Usa esta lista de vocabulario plegable en blanco como modelo para crear tus propias listas y aumentar tu vocabulario en inglés. Escribe las palabras de vocabulario en español en el lado izquierdo de la página. Escribe la traducción en inglés en el lado derecho de la página. Luego, evalúate tú mismo. Dobla la página por la línea punteada para comprobar tu conocimiento de las palabras en inglés.

Palabra en español	English Word
Palabra en español	English Word
Palabra en español	English Word
Palabra en español	English Word
Palabra en español	English Word
Palabra en español	English Word
Palabra en español	English Word

Dobla / Fold →

Registro de cognados / Cognates Log

Los cognados son palabras para las que existe una palabra similar y con el mismo significado en otro idioma. La siguiente tabla muestra una selección de los cognados de la Unidad 1. Apunta los demás cognados que aparecen en las selecciones. Escribe la palabra en español en la columna izquierda y su cognado en inglés en la columna derecha. Dobla la página por la línea punteada para comprobar tu conocimiento de los cognados.

Palabra en español	**English Cognate**
correcto	correct
historia	history
inspiración	inspiration
imposible	impossible
familia	family
Palabra en español	English Cognate
______________________	______________________
Palabra en español	English Cognate
______________________	______________________
Palabra en español	English Cognate
______________________	______________________
Palabra en español	English Cognate
______________________	______________________
Palabra en español	English Cognate
______________________	______________________

→ Dobla / Fold

Registro de cognados / Cognates Log

Usa la siguiente tabla como modelo para anotar los cognados que aparecen en las selecciones. Escribe la palabra en español en la columna izquierda y su cognado en inglés en la columna derecha. Dobla la página por la línea punteada para comprobar tu conocimiento de los cognados.

Palabra en español	English Cognate
Palabra en español	English Cognate
Palabra en español	English Cognate
Palabra en español	English Cognate
Palabra en español	English Cognate
Palabra en español	English Cognate
Palabra en español	English Cognate

Dobla / Fold ←

(Acknowledgments continued from page ii)

Dial Books for Young Readers, a division of Penguin Young Readers Group
Black Cowboy, Wild Horses written by Julius Lester and illustrated by Jerry Pinkney. Text copyright © 1998 by Julius Lester. Illustrations copyright © 1998 by Jerry Pinkney. "Gluskabe and Old Man Winter: Abenaki" by Joseph Bruchac from *Pushing Up the Sky*. Copyright © 2000 by Joseph Bruchac, text.

Paul S. Eriksson
"My Papa, Mark Twain" by Susy Clemens from *Small Voices* by Josef and Dorothy Berger. Copyright © 1966 by Josef and Dorothy Berger in arrangement with Paul S. Eriksson, Publisher.

Jean Grasso Fitzpatrick
"The Ant and the Dove" by Leo Tolstoy from *Fables and Folktales Adapted from Tolstoy*. Translated by Jean Grasso Fitzpatrick.

Samuel French, Inc.
"The Phantom Tollbooth" from *The Phantom Tollbooth: A Children's Play in Two Acts* by Susan Nanus and Norton Juster. Copyright © 1977 by Susan Nanus and Norton Juster. CAUTION: Professionals and amateurs are hereby warned that "The Phantom Tollbooth," being fully protected under the copyright laws of the United States of America, the British Commonwealth countries, including Canada, and the other countries of the Copyright Union, is subject to royalty. All rights, including professional, amateur, motion picture, recitation, lecturing, public reading, radio, television and cable broadcasting, and the rights of translation into foreign languages, are strictly reserved. Any inquiry regarding the availability of performance rights, or the purchase of individual copies of the authorized acting edition, must be directed to Samuel French, Inc., 45 West 25th Street, NY, NY 10010 with other locations in Hollywood and Toronto, Canada.

Harcourt Education Limited
"Why the Tortoise's Shell Is Not Smooth" by Chinua Achebe from *Things Fall Apart*. Copyright © 1959 by Chinua Achebe.

HarperCollins Publishers, Inc.
From *The Wounded Wolf* by Jean Craighead George. Text copyright © 1978 by Jean Craighead George.

Harvard University Press
"Fame Is a bee" (#1763) by Emily Dickinson from *The Poems of Emily Dickinson*, Thomas H. Johnson, editor, Cambridge, Mass.: The Belknap Press of Harvard University Press, Copyright © 1951, 1955, 1979, 1983 by the President and Fellows of Harvard College.

The Barbara Hogenson Agency, Inc.
"The Tiger Who Would Be King" by James Thurber, from *Further Fables for Our Time*. Copyright © 1956 James Thurber. Copyright © renewed 1984 by Rosemary A. Thurber.

Houghton Mifflin Company, Inc.
"Arachne" from *Greek Myths*. Copyright © 1949 by Olivia E. Coolidge; copyright © renewed 1977 by Olivia E. Coolidge.

Dr. Francisco Jiménez
"The Circuit" by Francisco Jiménez from *America Street: A Mulicultural Anthology Of Stories*. Copyright © 1993 by Anne Mazer.

Alfred A. Knopf Children's Books
"Jackie Robinson: Justice at Last" from *25 Great Moments* by Geoffrey C. Ward and Ken Burns with S.A. Kramer, copyright © 1994 by Baseball Licensing International, Inc.

PHOTO AND ART CREDITS

Cover: *Hand with Flowers*, Pablo Picasso, Art Resource, NY, © 2005 Estate of Pablo Picasso/Artists Rights Society (ARS), New York; **4:** Corel Professional Photos CD-ROM™; **10:** Silver Burdett Ginn; **16:** istockphoto. com; **22:** The Immortal, 1990, Chi-Fong Lei, Courtesy of the artist; **26:** Bettmann/CORBIS; **32:** Corel Professional Photos CD-ROM™; **36:** Courtesy National Archives; **41:** Getty Images; **45:** istockphoto. com; **52:** istockphoto. com; **57:** Corel Professional Photos CD-ROM™; **65:** Corel Professional Photos CD-ROM™; **73:** istockphoto.com; **80:** Courtesy of the Library of Congress; **86:** Corel Professional Photos CD-ROM™; **89:** Courtesy National Archives and Records Administration, College Park, Maryland, photo no. (NWDNS-412-DA-1377); **98:** Courtesy of the Library of Congress; **107:** istockphoto.com; **112:** Boulat Alexandra/Sipa; **121:** istockphoto.com; **126:** istockphoto. com; **130:** Courtesy of the Library of Congress; **136:** Courtesy of the Library of Congress; **140:** Corel Professional Photos CD-ROM™; **149:** Getty Images; **153:** © Bob Daemmrich; **158:** istockphoto.com; **164:** Courtesy of the Library of Congress; **169:** Illustration from Alice Through the Looking Glass by Lewis Carroll, John Tenniel, Photography by John Lei/Omni-Photo Communications, Inc.; **173:** istockphoto.com; **177:** NASA; **181:** istockphoto.com; **185:** Corel Professional Photos CD-ROM™; **189:** Corel Professional Photos CD-ROM™; **193:** Corel Professional Photos CD-ROM™; **224:** istockphoto.com; **232:** Corel Professional Photos CD-ROM™; **237:** Corel Professional Photos CD-ROM™; **241:** Pearson Education/PH School Division; **247:** istockphoto.com; **251:** Corel Professional Photos CD-ROM™ **258:** Corel Professional Photos CD-ROM™; **262:** Mitch Hrdicka/Getty Images; **267:** istockphoto.com;